SHORTER

SHORTER

WORK BETTER, SMARTER, AND LESS

쇼터 : 하루 4시간만 일하는 시대가 온다

알렉스 수정 김 방 지음
안기순 옮김

더퀘스트

쇼터: 하루 4시간만 일하는 시대가 온다

초판 발행 · 2020년 8월 8일
초판 2쇄 발행 · 2020년 8월 28일

지은이 · 알렉스 수정 김 방
옮긴이 · 안기순
발행인 · 이종원
발행처 · (주)도서출판 길벗
브랜드 · 더퀘스트
주소 · 서울시 마포구 월드컵로 10길 56(서교동)
대표전화 · 02)332-0931 | **팩스** · 02)322-0586
출판사 등록일 · 1990년 12월 24일
홈페이지 · www.gilbut.co.kr | **이메일** · gilbut@gilbut.co.kr

기획 및 편집 · 김세원 (gim@gilbut.co.kr), 유예진, 송은경 | **제작** · 이준호, 손일순, 이진혁
영업마케팅 · 정경원, 최명주, 전예진 | **웹마케팅** · 이정, 김선영 | **영업관리** · 김명자 | **독자지원** · 송혜란

본문디자인 · aleph design | **교정교열** · 공순례 | **CTP 출력 및 인쇄** · 북토리 | **제본** · 신정문화사

ISBN 979-11-6521-238-4 03320
(길벗 도서번호 090167)

정가 18,000원

독자의 1초를 아껴주는 정성 길벗출판사

길벗 | IT실용서, IT/일반 수험서, IT전문서, 경제실용서, 취미실용서, 건강실용서, 자녀교육서
더퀘스트 | 인문교양서, 비즈니스서
길벗이지톡 | 어학단행본, 어학수험서
길벗스쿨 | 국어학습서, 수학학습서, 유아학습서, 어학학습서, 어린이교양서, 교과서

페이스북 | www.facebook.com/market4.0
네이버 포스트 | post.naver.com/thequestbook

이 도서의 국립중앙도서관 출판예정도서목록(CIP)은 서지정보유통지원시스템 홈페이지(http://seoji.nl.go.kr)와 국가자료공동목록시
스템(http://www.nl.go.kr/kolisnet)에서 이용하실 수 있습니다. (CIP제어번호: CIP2020030065)

만일 주인들이 언제나 이성과 인간성이 명하는 바에 귀를 기울인다면, 노동자들의 과도한 열의를 부추기기보다는 때때로 억제할 필요가 있을 것이다. 모든 종류의 직업에 있어서 적당하게 일하는 사람이 건강을 가장 오래 유지할 수 있을 뿐만 아니라 1년에 걸쳐 가장 많은 양의 일을 수행한다는 것을 알 수 있다고 나는 확신한다.

— 애덤 스미스, 《국부론》

부의 전체적 성장은 가처분 시간disposable time을 창출하는 데 달려 있다.

— 카를 마르크스, 《정치경제학 비판 요강》

개인도 기업도
'뉴노멀'에 재빨리 대응해야 한다

이 책의 미국판은 주정부가 코로나19의 팬데믹 현상에 대응하기 위해 사업체에 문을 닫으라고 명령 내리기 직전인 2020년 3월 10일 서점에 등장했다. 보건 위기와 경제 위기가 함께 발생한 상황은 책을 출간하기에 결코 좋은 시기가 아니었다. 하지만 위기는 늘 기회와 함께 온다. 재택근무와 유연근무 등의 비상대책이 시행되는 과정에서 팬데믹 현상은 장기전의 조짐을 보였고, 많은 기업들은 보다 근본적으로 일하는 방식의 변화를 줘야 할 필요를 절감했다.

몇 년 전부터 화제가 되고 있는 주 4일 근무제에 대한 논의도 펜데믹을 계기로 더욱 가속화됐다. 직장인의 극심한 피로, 삶과 일의 균형, 생산성 향상 과제, 공중 보건을 둘러싼 고질적인 문제들에 대처하는 데 주 4일 근무제가 유용한 방안으로 떠오르고 있다.

일하는 시간을 지금보다 줄일 때 우리는 더욱 건강한 삶을 살 수 있다. 운동하고, 휴식을 취하고, 자신을 더욱 잘 보살필 시간이 늘어나기 때문이다. 워라밸에 더욱 신경 쓸 수 있으므로 만성적인 스트레스로 인한 질병으로 고통받을 가능성도 감소한다. 기업들은 주 4일 근무제로 전환하고 나서 직원이 사용하는 병가 일수가 급격히 줄어들었다고 보고한다. 주 5일에 했던 일을 4일 안에 끝내게 되었다는 여러 기업의 사례도 책 속에 있음은 물론이다. 연구 결과에 따르면 팬데믹이 발생하기 이전에 직장인들은 회의, 업무 방해, 기술로 인한 주의 산만, 다중작업 때문에 하루 평균 2시간을 소모했다. 이러한 비생산적인 요인들을 없애기만 해도 근무시간 단축 제도를 실현하는 기틀을 마련할 수 있다.

이 책에서는 기업이 생산성을 잃거나 직원들의 급여를 삭감하지 않고도 근무시간을 단축할 수 있다는 개념을 소개할 것이다. 물론 모든 회사가 다 주 4일 근무제를 시행해야 한다거나 금요일에 쉬어야 한다고 단순화해서 말하지 않는다. 주 30시간이든 35시간이든, 월요일 오전에 휴무하든 수요일에 휴무하든, 핵심은 근무시간을 줄이면서도 생산성과 직원 만족도를 더욱 끌어올리는 방법을 찾는 데 있다. 제도 자체는 업종과 규모와 상황에 따라 유연하게 설계할 수 있다.

주 4일 근무제로 전환하는 것이 하루아침에 이뤄지는 일은 아니다. 기업 운영 방식을 전면적으로 재고해야 하고, 얼마나 오래 일하느냐보다 몰입과 효율성에 가치를 두는 기업 문화를 구축해야 한다. 쉽지 않은 일이지만, 그럼에도 근무시간을 단축하면 이 책에서 소개한 기업들이 그렇듯 생산성 개선과 비용 절감에서 성과를 거둘 수 있다.

팬데믹이 발생하기 전, 이미 전 세계적으로 수백 곳의 기업들이 주 4일 근무제나 하루 6시간 근무제를 도입했다. 여기에는 업무 유연성이 큰 전문가 집단이나 창의적인 집단은 물론 근무시간을 줄이면 살아남기 어려우리라 생각되는 레스토랑, 콜센터, 자동차 정비소, 공장 등도 포함된다. 이들은 유례없는 팬데믹에 기업 폐쇄라는 도전에도 신속하게 대처할 수 있었다.

코펜하겐에 본사를 두고 있는 소프트웨어 및 디자인 대행사 앱션Abtion의 리더들은 2019년 주 4일 근무제로 전환하고 나서 직원들이 작업 마감일을 잘 지키고 좋은 제품을 디자인할 뿐 아니라 조직적인 난제도 해결할 수 있었다는 사실을 눈으로 확인했다. 결과적으로 2020년 3월 원격근무제로 전환하면서도 직원과 회사 모두 환경 변화에 빠르게 적응할 수 있었다. "다른 기업에서는 자신이 일하는 중이라는 사실을 계속 문서화해서 증명해야 하지만 우리 회사에서는 그럴 필요가 없습니다. 우리는 직원 모두 자신의 일을 충실히 하고 있다는 사실을 알고 있거든요." 최고생산책임자 보콘스코프^{Bo Konskov}가 말했다. 실제로 앱션은 원격근무제를 순탄하게 도입, 코로나19가 가장 심각한 순간에도 더욱 신속하게 업무를 재개할 수 있었다.

책에는 유니콘 기업 '우아한형제들'을 비롯해 근무시간 단축제를 시도한 한국의 다양한 스타트업 사례들도 등장한다.

지금처럼 경제가 위기에 빠진 상황은 기업이 주 4일 근무제로 전환하기에 좋지 않은 조건으로 보일 수 있다. 하지만 팬데믹 이전에 도약을 달성했던 기업들을 살펴보더라도 거의 예외 없이 특정 종류의 위기에 대응하고 있었다. 기업은 핵심 인물을 잃거나, 창업자의 건강에 문제가 생기거나, 기타 응급상황이 발생했을 때 급진적인 변화를 시도하는 추진력을 발휘한다. 요즘은 모두가 같은 도전에 직면해 있다는 사실이 다를 뿐이다. 지금이야말로 모든 기업이 유연성을 증진해야 하고, 민첩성을 더욱 단련해야 하며, 근무일로 제약을 받는 경우를 줄여야 한다.

코로나19는 사라지지 않을 것이다. 우리는 영화의 마지막이 아니라 첫 번째 시즌의 마지막에 다가서고 있을 뿐이다. 이러한 지금, 근무시간 단축제를 도입하는 기업들은 최근 팬데믹 위기에 더욱 활발해진 첨단기술 사용과 유연해진 작업환경을 기반으로 더

한층 성장을 꾀하게 될 것이다.

　　한국은 코로나19에 대한 대응에서도 세계의 모델이 되고 있는 만큼, 일의 미래를 시범적으로 보여줄 수 있는 독특한 기회를 손에 쥐고 있다. 근무일을 재설계하고, 기술을 최대한 활용하는 방법을 배우고, 새로운 업무습관을 개발하면 더욱 혁신적으로 일할 수 있다. 이제 우리는 예전과 같은 모습으로 돌아갈 순 없다. 하지만 시간을 두고 더욱 나은 방법을 찾아낼 수는 있다. 우리 모두가 더 행복해지는 미래를 위해 이 책이 의미 있는 마중물이 되길 바란다.

기업의 성장과 직원의 워라밸, 두 마리 토끼를 잡고 싶은가?

짧게 일하고 서핑을 즐기자!

하루 5시간 근무제에 대해 처음 듣고 나서 데이비드 로즈David Rhoads
는 자사에도 도입하면 좋겠다고 생각했다. 로즈가 이끄는 블루스트
리트캐피털Blue Street Capital은 IT 기업에 자금을 조달하는 회사로 캘
리포니아주 헌팅턴비치에 본사를 두고 있다. 헌팅턴비치는 서던캘
리포니아에 있는 유명한 서핑 도시다. 로즈는 열렬한 서핑광이다.
그래서 패들보드 회사인 타워패들보드Tower Paddle Boards가 하루 5시
간 근무제로 전환했다는 기사를 읽었을 때 더욱 흥미를 느꼈다.

타워패들보드는 슈테판 아르스톨Stephan Aarstol이 2010년에 창
업했으며, 스타트업을 위한 유명 TV 프로그램 〈샤크 탱크〉에 나가

투자를 받은 후 지속적으로 성장해왔다.

이 회사는 새로운 기술과 사업 운영 과정을 꾸준히 실험하고 있는데, 아르스톨은 이를 통해 제품의 판매 방식뿐 아니라 직원의 업무 수행 방식도 바꿀 수 있다고 확신했다. 주의를 분산시키는 요소를 제거해 가장 중요한 업무에 집중하고, 기술을 활용해 일상 업무를 자동화하고 까다로운 업무를 처리하면 업무 성과를 극적으로 개선할 수 있으리라고 봤다. 그러면 CEO인 자신도 서핑할 시간을 더 많이 가질 수 있을 것이다.

2015년 6월 아르스톨은 직원들에게 한 가지 제안을 했다. 오후 1시에 퇴근하더라도 자신의 업무를 다 해낼 수 있다면 급여를 변동 없이 지급하겠다는 것이다. 즉, 주어진 업무량을 소화할 수 있다면 근무시간을 줄여도 좋다는 뜻이다. 그는 여기서 더 나아가 직원들의 시급을 인상하는 동시에 회사 이익의 5%를 공유한다는 계획도 발표했다. 궁극적인 목표는 사업 목적을 수익 성장에서 기업 문화 구축으로 전환하는 것이었다.

어떤 현상이 벌어졌을까? 하루 5시간 근무제를 도입한다고 웹사이트에 발표한 당일, 타워패들보드는 창업 이래 처음으로 하루 매출 5만 달러를 달성했다. 이틀 후에는 이 기록을 다시 깼고, 2주 후에는 매출이 3배로 올랐다. 그달 말까지 약 140만 달러어치의 패들보드를 판매해 종전 월 판매 기록을 60만 달러나 초과했다.

로즈가 기사를 읽었을 당시 타워패들보드는 하루 5시간 근무제를 1년 가까이 시행하고 있었다. 매출이 두드러지게 증가했을 뿐 아니라 고객 역시 하루 5시간 근무제를 '열심히 일하고 열심히 노는' 관광 명소다운 방식으로 받아들였다. 기업의 매출은 500만 달러에서 720만 달러로 증가했다.

블루스트리트캐피털과 타워패들보드는 달라도 너무나 다른 기업이다. 전자는 첨단기술 투자를 유치하는 기업이고, 후자는 서핑 장비를 제작해 판매하는 기업이다. 하지만 로즈는 블루스트리트캐피털에서도 근무시간 단축제shorter workweek를 시행할 수 있다고 생각했고, 구체적인 방안을 검토했다. 2003년부터 회사를 운영해오는 과정에서 두 차례 '잔인한' 분기를 거친 그는 처한 상황을 임기응변식으로 해결하는 것은 정답이 아니라고 생각했다. 회사의 체질을 개선해야 했다. 직원들이 열심히 일하고 있긴 하지만, '비생산적이고 비합리적인 활동을 모두 없애면' 하루 근무시간을 5시간으로 줄일 수 있으리라고 생각했다. 고객들은 업무 개선이나 사업 확장에 필요한 자금을 조달하기 위해 블루스트리트캐피털에 의존하고 있었기에 고객을 만족시킬 방법도 찾아야 했다. 계약마다 내용이 달랐으므로 직원들은 고객과 전화 통화를 하느라 많은 시간을 들여야 했는데, 로즈는 방법을 찾아낼 수 있을 거라 확신했다.

"하루 5시간 근무제가 사업의 생산성을 높이는 엄청난 도구가 되리라 직감했습니다. 근무시간이 줄면 직원들도 개인적인 시간을 더 많이 갖게 될 거고요."

사업개발 관리자인 알렉스 가포드Alex Gafford는 로즈가 전체 회의에서 하루 5시간 근무제를 시행하겠다고 선언하던 장면을 이렇게 회상했다.

"나는 그날 너무 지쳐서 쓰러질 지경이었어요. 점심을 먹고 나서 몸은 피곤한데 이메일을 보내고 전화를 걸고 이런저런 업무를 처리해야 해서 아무리 빨라도 오후 5시까지는 사무실에 있어야 했죠. 그런데 로즈가 '이 회의가 끝나면 모두 퇴근해도 좋아요'라고 말하더군요. 우리는 무슨 영문인지 몰라 어리둥절한 표정으로 서로 쳐다봤습니다. 정말 예상치 못한 말이었으니까요. 로즈가 말을 이었습니다. '앞으로 90일 동안 실험해보려 하는 새로운 제도는…' 하고요."

로즈는 근무시간 단축제를 설명한 뒤, 타워패들보드의 사례를 들면서 하루 5시간 근무제를 시도하려는 이유를 이렇게 밝혔다.

"내가 누리는 생활방식을 여러분도 누렸으면 좋겠어요. 그러면 결국 여러분도 나만큼 성공하거나 나보다 더 크게 성공하리라 믿습니다."

직원들의 질문 공세가 시작됐고 로즈가 답변했다.

"아뇨, 급여를 삭감하는 일은 절대 없습니다."

"아뇨, 회사 사정이 좋지 않아서 근무시간을 줄이는 것이 아닙니다."

"그렇습니다. 새로운 제도는 90일 동안 실험적으로 시행해본

후에, 생산성이 유지되고 고객이 불평하지 않으면 영구적으로 시행할 예정입니다."

선임 판매 관리자의 한 사람으로서 가포드는 새 제도를 실험하기에는 업무량이 많지 않은 여름철이 시기적으로 좋다고 판단했다. 그는 당시를 이렇게 회상했다.

"새 제도를 실험하는 동안 다른 지시사항은 없었습니다. 우리 스스로 방법을 찾아내야 했어요."

로즈는 생산성 전문가들에게 들은 조언도 전달했다. 한 번에 여러 일을 하려고 하지 말고 가장 중요한 업무에 집중하라, 긴장한 근육을 풀고 혈액순환을 돕기 위해 목적의식을 갖고 의도적으로 휴식을 취하라 등이다. 하지만 대부분은 직원들이 나름대로 방법을 개발하도록 맡겨두었다.

타워패들보드와 달리 블루스트리트캐피털은 매출 주기가 길었으므로 한 분기만으로는 두드러진 수익 변화를 감지하기 어려웠다. 그렇지만 3개월이 지나자 하루 5시간 근무제가 핵심성과지표key performance indicator, KPI에 어떤 영향을 미치는지 어느 정도는 측정할 수 있었다. 블루스트리트캐피털의 KPI는 '영업사원 1명당 전화 통화 수'로, 전화 통화 수가 증가할 때 매출이 늘어난다고 볼 수 있다. 영업사원이 판매 목표를 달성해 회사를 계속 성장시키려면 고객에게 전화를 걸어 제품을 판매하고, 고객과 계속 연락하고, 새 고객에게 제품을 홍보해야 하기 때문이다. 하루 5시간 근무제를 실험하면서 어떤 현상이 일어났을까? 주당 근무시간을 8분의 3이나 단축했는데, 영업사원 1명당 전화 통화 수는 오히려 2배로 늘어났다.

비결이 무엇이었을까? 로즈는 "기업 문화가 전체적으로 바뀌었어요"라고 설명했다. 블루스트리트캐피털은 3개월의 실험 기간을 거쳐 2016년 말 하루 5시간 근무제를 정착시켰다. 이곳의 근무시간은 오전 8시부터 오후 1시까지다. 회사 수익은 하루 5시간 근

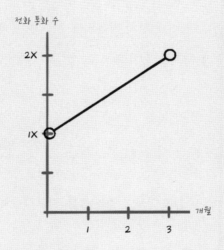

/ 90일 이후 블루스트리트캐피털의 주요 KPI /

90일의 실험 기간에 하루 근무시간을 3시간이나 줄였지만 영업사원 1명당 전화 통화 수는 2배로 늘었다.

무제를 시행한 첫해에 30%, 다음 해에 30%씩 매년 증가했고 직원
도 9명에서 17명으로 늘었다.

'서핑할 시간을 늘리기 위해 근무시간을 줄이자!'

이것만큼 서던캘리포니아에 어울리는 구호도 없다. 하지만 생
산성을 향상시키고 실적을 높이기 위해 근무시간을 줄인다는 건
얼핏 모순되는 주장으로 보인다. 일찍 퇴근하는 것이 일에 대한 헌
신과 열정을 증명한다고 생각하는 사람은 없을 것이기 때문이다.
금요일 밤늦게 상사에게 이메일을 받거나 고객이 갑작스럽게 요청
을 해왔을 때 우리는 '뭐, 어려운 일은 아니군. 하지만 어쨌거나 지
금은 금요일이니까 쉴 거야'라고 생각하지 않는다. 우리는 1년 내
내 사업이 돌아가고 세계 경제가 결코 멈추지 않는, 냉혹한 경쟁
속에서 살고 있다. 설사 생산성을 발휘해 업무를 일찍 마치더라도
언제든 다시 일에 뛰어들 준비를 하고 있기를 고객과 상사는 여전
히 기대할 것이다.

하지만 지난 몇 년 동안 전 세계적으로 다양한 산업의 수백 개
기업이 타워패들보드와 블루스트리트캐피털 같은 길을 걸어왔다.
급여를 삭감하지 않고, 생산성을 잃지 않고, 질을 포기하지 않고,
고객을 쫓아버리지 않으면서 근무시간을 단축한 것이다. 그렇게
하면서도 사업에서 발생하는 즉각적인 문제들을 해결하고 극적인
성과를 계속해서 내놓았다. 업무 방식을 개선하고 직장에 더욱 밝
은 미래를 창출하는 운동이 일어나고 있다.

일에서 문제는 무엇일까?

100년 전 철학자 버트런드 러셀Bertrand Russell과 경제학자 존 메이너드 케인스John Maynard Keynes는 2000년이 되면(두 사람에게는 80년 후이고 우리에게는 20년 전이다) 누구나 하루 3~4시간만 일하게 되리라고 주장했다. 그들이 살던 시대에는 기술의 발달, 노동조합의 요구, 교육 수준의 향상, 번영의 확대 덕분에 하루 평균 노동시간이 14시간에서 8시간으로 줄었다. 두 사람은 20세기 내내 기술이 지속적으로 발전하면서 생산성과 경제가 꾸준히 성장하고, 노동시간이 더욱 줄어들 것으로 생각했다.

하지만 러셀은 "현대 생산 수단은 모두에게 안락하고 안정적인 생활을 누릴 가능성을 제공하지만" 생산성 향상과 이익이 공장 소유주·기업 임원·투자자에게 돌아간다면, 동일한 진보라 하더라도 "어떤 사람에게는 과로를, 어떤 사람에게는 궁핍을 안기는 세상을 만드는 데 쓰일 가능성이 있다"라고도 경고했다. 안타까운 일이지만, 이 경고가 오늘날 노동의 모습에 더 가깝다.

미국은 제2차 세계대전 이후 엄청난 생산성 향상과 경제 성장을 이뤘는데도 정작 노동시간은 상대적으로 느리게 줄어들고 있다. 서구에서 대량 소비를 지향하는 경제가 성장하면서 대부분의 노동자에게는 노동시간 단축보다 꾸준히 늘어나는 임금과 노동시간이 더욱 바람직한 조건으로 굳어졌다. 1970년대에 경제 성장이 둔화하고 노동조합이 힘을 잃자 기업들은 공장을 해외로 이전하고, 업무를 외부 하청 업체로 돌리고, 안정적인 일자리를 시간제 임시직으로 대체하고, 직원에게 근무시간을 늘리라고 요구했다. 온라인 프리랜서 시장의 성장과 노동 수요를 예측하는 정교한 모델의 발달로 선진국에서 임시직을 선호하는 경제가 급격히 팽창하고 직업의 불안정성이 촉발됐다.

기업 임원들은 직원을 정리해고하거나, 제조와 운송 분야에서 세계적 네트워크를 활용하거나, '파괴적 혁신'을 통해 기존 기업을 업계에서 몰아냄으로써 자사 이익을 증대시킬 수 있다는 사실을 배웠다. 1990년대 실리콘밸리가 부상하면서 장시간 노동을 미화하는 새로운 노동·성공 모델이 등장했고, 일 중독자들이 영웅으로 떠올랐으며, 과도한 노동이 자랑스러운 훈장감으로 대우받았다. 결과적으로 현재 우리는 급격히 변화하고 불안정한 세상을 살아가고 있다. 이런 세상에서 과도한 노동은 누군가에게는 부를 안기는 원천이 됐고, 누군가에게는 생존하기 위해 어쩔 수 없이 감당해야 하는 짐이 됐다.

문제는, 이런 노동 방식은 개인·기업·경제에 큰 대가를 요구한다는 것이다. 노동자는 과도한 노동과 극도의 피로를 겪으며 잠재 수입과 행복, 창의성을 잃으므로 엄청난 대가를 치러야 한다. 과도한 노동에 시달리는 사람은 만성 질환과 우울증을 앓을 확률이 더 높다. 스탠퍼드대학교 경영대학원 교수 제프리 페퍼Jeffrey

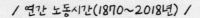

/ 연간 노동시간(1870~2018년) /

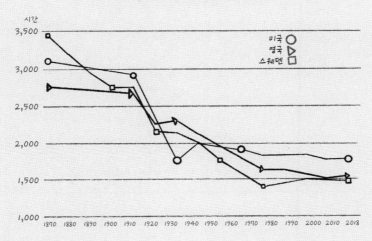

1870~2018년 미국, 영국, 스웨덴의 노동시간이다. 1870부터 1930년 사이에 노동시간이 크게 감소했으므로 러셀과 케인스는 2000년에 이르면 연간 노동시간이 1,000시간까지 줄어들 것으로 믿었다. 하지만 1970년대 이후 노동시간은 감소세가 현저히 약화됐고, 오히려 늘어나기도 했다.

Pfeffer는 잘못 설계된 업무 방식 탓에 치러야 하는 건강상 대가는 흡연만큼이나 심각하다고 주장했다.

과도한 노동은 기업의 생산성에도 역효과를 가져온다. 당연하게도, 과도하게 일하거나 극도의 피로에 싸인 직원은 제대로 휴식을 취한 직원보다 생산성이 낮기 때문이다. 업무 집중도가 더 낮고, 직장을 그만둘 가능성이 더 크고, 참여도가 더 떨어지고, 심지

/ 직업은 더욱 불안정해지고 있다 /

계약직, 임시직, 호출형 계약직 노동자의 비율(%)

미국	36
영국	10
일본	17

미국에서 계약직, 임시직, 호출형 계약직(zero-hour job, 고용주가 요청할 때만 일할 수 있는 근로 계약—옮긴이) 노동자의 비율이 극적으로 증가하고 있으며 다른 선진국들도 뒤를 따르고 있다.

어 직업 윤리를 무시하고 사고를 일으킬 가능성도 커진다. 설상가상으로 장래가 유망한 직원이 그만두면 큰 비용을 들여 그 자리를 메워야 한다. 법조계나 의료계처럼 장시간 근무, 높은 기준, 극심한 압박이 흔하게 발생하는 직업인 경우에는 특히 그렇다. 직원이 겪는 극도의 피로가 병가와 생산성 상실 등의 형태로 세계 경제에 유발하는 비용은 연간 약 3,000억 달러에 이른다.

특히, 일하는 여성으로 범위를 좁히면 문제는 더 심각하다. 직장 내 차별 문제를 수십 년 전부터 개선해온 나라에서도 여성들은 긴 근무시간 때문에 상사·직업·가족의 요구에 대처하기 어렵고, 자녀를 출산한 후에는 경력을 유지하기 어렵다. 지난 수십 년 동안 육아 휴직 제도를 개선하고, 유연근무제를 시행하고, 시간 관리 방

/ 과도한 노동은 세계적인 문제다 /

노동시간이 주당 평균 50시간 이상인 노동자의 비율(%)

터키	32.6
한국	25.2
일본	17.9
영국	12.2
미국	11.1
OECD 국가 평균	11.0
스웨덴	1.1
스위스	0.4

과도한 노동은 많은 선진국에서 흔히 발생한다.

법을 개선하길 권고하는 기업 정책을 펼쳤는데도 워라밸은 여전히 요원하다. 미국에서 1970년대부터 1990년대 후반까지 노동시장에 진입하는 유자녀 여성의 수는 계속 증가했다. 하지만 지난 20년 동안은 진입 비율이 제자리걸음을 하고 있으며, 가족 친화 정책은 효과를 발휘하지 못하고 있다.

정도가 다르기는 하지만, 미국·영국·일본의 예를 보면 어린

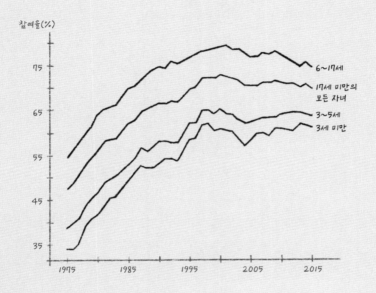

/ 막내 자녀의 나이를 기준으로 살펴본
미국 유자녀 여성의 노동시장 참여율(1975~2015년) /

참여율(%)

75 ━
65 ━
55 ━
45 ━
35 ━

6~17세
17세 미만의
모든 자녀
3~5세
3세 미만

1975   1985   1995   2005   2015

1975~2015년 막내 자녀의 나이를 기준으로 살펴본 유자녀 여성의 노동시장 참여율. 1990년대까지 꾸준히 증가했지만 지난 20년간 거의 제자리걸음을 했고, 이따금 감소하기도 했다.

자녀를 양육하느라 몇 년의 공백기를 거치는 동안 여성의 풀타임 노동시장 참여율은 현저히 낮아진다. 풀타임 일자리로 복귀했다 하더라도 남성(부양할 자녀가 있는 남성 포함)보다 임금과 평생 소득

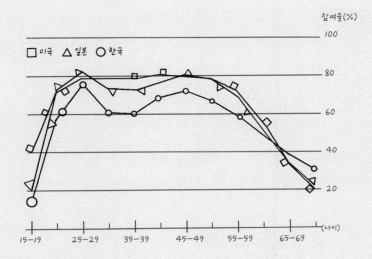

/ 나이에 따른 여성의 노동시장 참여율(2012년) /

참여율(%)

□ 미국 △ 일본 ○ 한국

15-19 25-29 35-39 45-49 55-59 65-69 (나이)

여성 취업의 'M 곡선'이다. 많은 국가에서 여성의 노동시장 참여율은 꾸준히 상승하다가, 가정을 형성하는 시점에서 하강하고, 그 후 한동안 낮은 상태를 유지한다. 곡선의 기울기는 나라마다 차이가 있는데, 이 그래프를 보면 미국의 곡선은 한국보다 평평하다.

이 적은 경우가 보통이다. 파트타임으로 일하거나 유연근무를 하더라도 자녀를 양육하며 일하는 것은 여성의 건강에 상당히 큰 영향을 미친다. 최근에 이뤄진 스트레스 관련 생체지표(일반적인 조사보다 좀더 객관적으로 스트레스를 측정하는 방법) 연구에 따르면, 자녀를 양육하면서 파트타임으로 일하거나 유연근무를 하는 여성이 겪는 스트레스 수준은 풀타임으로 일하는 여성보다 높았다.

과도한 노동을 숭배하는 경향은 직원의 채용과 유지, 직업적·경제적 안정, 피로 등에서 문제를 낳는다. 단편적인 해결책으로 일부 문제를 해결할 수 있을지는 모르지만 근본적으로는 속수무책이다. 이와 동시에 빈부의 격차가 점점 커지고, 현대 경제가 모든 사람에게 번영을 안기는 것이 아니라 엘리트 계층의 삶만 풍요롭게 하는 방향으로 설계됐다는 인식이 확산되면서 정치·경제 기관에 대한 불신과 불만, 포퓰리즘을 위험한 수위까지 끌어올리고 있다. 인공지능과 로봇을 포함한 신기술이 서서히 등장하면서 경제적 격차가 커지고, 일자리가 파괴되고, 세계 인구의 미래와 산업이 혼란에 빠질 위기를 맞이하고 있다.

미봉책을 쓰지 말고 다시 설계하라

현대 경제는 놀랍게 발전하고 있지만 지속 가능하지 않은 현상들을 낳고 있다. 미래를 보장해주겠다면서 노동자에게 시간과 충성을 내놓으라고 요구한다. 그러면서도 새로운 기술이나 생산성 향상으로 발생한 혜택을 노동자의 삶을 개선하는 데 쓰진 않는다. 노동자들은 균형과 지속 가능성을 느끼지 못하는 현재, 그리고 불확실성·혼란·불평등으로 가득한 미래의 틈새에 갇혀 있다. 미봉

책으로는 이 문제를 해결할 수 없다. 근본적인 변화와 문제 해결을 위해서는 좀더 규모가 크고 전체적인 접근 방식이 필요하다.

손쉽게 날씬해지거나 부자가 되는 '비결'을 알려주겠다고 큰 소리치는 인터넷 광고처럼 들릴지도 모르지만, 근무시간 단축이야말로 현재 제기되는 문제들의 해법이다. 과도한 노동에 가치를 두는 문화, 성 불평등, 경제 이익의 불평등한 분배, 극도의 피로와 경력 단축에 따른 막대한 간접비용 등의 문제를 효과적으로 해결하게 해준다.

나는 1년 동안 여러 기업을 방문하고 다양한 사례를 연구한 결과 주 4일 근무제, 하루 5~6시간 근무제 같은 근무시간 단축제를 시행하면 노동자가 업무에 더욱 집중해 생산성이 높아진다는 사실을 발견했다. 근무시간을 단축하면 직원의 채용을 늘리고 이직을 줄일 수 있다. 서비스직 노동자들은 더욱 좋은 서비스를 제공하기 위해 노력하고, 창의적인 노동자들은 더욱 창의성을 발휘하며, 레스토랑의 셰프나 종업원들은 더욱 활기차게 일하고, 영업사원들은 고객을 만나는 데 더욱 집중하게 된다. 근무시간을 단축하면, 아무리 부자라도 살 수 없는 상품인 '시간'을 사용해 생산성 향상에 따른 이익을 분배할 수 있다. 직원들이 일과 가정생활에 똑같이 관심을 기울이도록, 그리하여 좋은 노동자이자 훌륭한 부모가 되어 삶에 만족하도록 도울 수 있다.

전작《일만 하지 않습니다》를 출간하면서 나는 이 같은 체계적인 변화가 필요하다고 확신했다. 그 책에서는 과학 분야 노벨상 수상자, 저자, 화가, 작곡가를 비롯해 역사상 창의성이 매우 뛰어나고 위대한 결과물을 많이 낸 사람들을 추적했다. 그들은 세계 최고 수준의 작품을 창조했지만, 사람들이 흔히 생각하는 것처럼 온종일 일에만 매달린 건 아니었다. 맹목적으로 열심히 일하기보다 매일 4~5시간 정신을 집중해서 작업했고, 틈틈이 산책을 하거나 운동을 하는 등 다른 활동을 병행했다. 이는 시간을 제대로 사용하지 못하는 행동처럼 비칠 수도 있다. 하지만 심리학과 신경과학 분야에서 창의성을 주제로 진행한 최근 연구에 따르면, 인간의 뇌는 실제로 주의를 다른 곳에 기울일 때도 문제를 해결하기 위해 계속 작동하는 것으로 밝혀졌다. 정신을 집중해서 작업하다 짬짬이 휴식을 취하면 뇌가 재충전을 할 수 있어서 오히려 의식적으로 노력할 때 풀 수 없었던 문제의 해결책을 찾아낸다. '휴식'이 일에 맞서는 경쟁 상대가 아니라 파트너라는 얘기다.

책 홍보 과정에서 나는 언론에 출연할 때마다 휴식을 늘려야 한다고 계속 주장했다. 여기에 반기를 드는 사람은 거의 없었다. 오히려 이런 질문들이 쏟아졌다.

"저는 아침 9시부터 오후 5시까지 일하는데, 휴식이 가치 있다는 사실을 상사에게 어떻게 이해시킬 수 있을까요?"

"워킹맘이 좀더 쉴 수 있는 비결이 있나요? 조언 좀 해주세요."

물론 나는 대답을 알고 있었고, 과도한 노동은 역효과를 가져온다는 사실이 과학적으로 분명히 밝혀졌다고 대답했다. 과도한 노동은 기업에도 노동자에게도 스트레스를 안기고, 생산성을 해친다. 현명한 관리자들은 직원을 제때 퇴근시키고, 퇴근 후에는 이메일을 확인할 필요가 없다는 걸 알리며, 휴가를 쓰도록 권장하는 것이 가치 있다는 사실을 인정할 것이다. 사람들이 자신에게 주어진 시간을 직접 통제하겠다고 나서는 것은 좋은 현상이다. 실천하기는 쉽지 않지만 삶을 더욱 보람차게 사는 방식이기 때문이다.

하지만 솔직히 말하자면, 그 대답에 나 자신도 만족하지 못했다. 대개 우리는 매일의 업무 일정에 그다지 통제권을 갖지 못하는 환경에서 일한다. 더구나 어떤 사람들은 과도한 노동이 일상인 직업에 종사한다. 직원들에게 추가 수당을 주면서 계속 일을 시키는 것에 익숙한 관리자와 고용주에게 휴식은 생산성을 끌어내리는 장애물이다. 사람들은 자신에게 주어진 시간에 대해 스스로 인식하는 정도보다 많은 통제권을 갖고 있다는 사실을 깨달아야 한다. 하지만 자신에게 있는 통제권이 사회의 기대, 상사와 조직의 요구, 경제 상황 때문에 제약을 받는다는 사실도 인정할 수밖에 없다. 현실의 한계다. 나는 조언을 구한 워킹맘 청취자에게 이렇게 대답했다.

"워킹맘에게는 비결도 조언도 필요하지 않습니다. 그들에게 필요한 것은 아이가 없는 사람처럼 일하라고 기대하지 않고, 일하지 않는 사람처럼 아이를 키우라고 기대하지 않고, 어떤 상황에서도 누구나 정확히 같은 시간에 일하라고 요구하지 않는 것입니다.

워킹맘들은 자신에게 필요한 개인적인 조언은 이미 다 들었습니다. 이제는 구조적인 변화가 필요합니다."

얼마 후 일부 기업이 그 책의 주장을 실행에 옮기기로 했다는 소식을 들었고, 무척 반가웠다. 그 기업들은 주 4일 근무제나 하루 6시간 근무제를 도입해 근무시간을 20~25% 단축했는데 임금·생산성·수익성을 여전히 유지했다. 도쿄와 뉴욕에 있는 소프트웨어 기업들, 런던과 글래스고에 있는 광고대행사들, 노리치와 샌디에이고에 있는 금융서비스 기업들, 멜버른과 로스앤젤레스에 있는 천연유기농 화장품 제조사들, 코펜하겐과 팰로앨토에 있는 미슐랭 별점을 받은 레스토랑 등이 그랬다.

이 기업들의 CEO는 업계에 만연한 잘못된 관행을 자신들이 바로잡을 수 있다고 생각한다. 처음에는 근무시간을 단축했을 때 생산성이 저하되거나, 마감 시간을 지키지 못하거나, 고객·투자자·직원을 실망시킬까 봐 우려했다. 하지만 더 적은 시간에 같은 업무량을 처리할 방법들을 찾아냈고 생산성과 이익의 증가, 고객 만족, 인재 채용과 유지 방식의 개선이라는 혜택을 얻었다. 이제 근무시간 단축은 많은 기업 브랜드에서 중요한 비중을 차지하게 됐다. 모두가 미숙하고 산만하고 허덕이는 세상에서 목요일까지 일을 마칠 수 있다는 것은 경쟁자보다 효율적임을 뜻한다.

나는 미래학자로서 대대적인 사회적·경제적 변화를 최전선에서 이끌 수 있는 낯선 사건, 즉 '약한 신호'를 찾는 훈련을 해왔다. 내게는 근무시간 단축을 시도하는 기업들이 의미 있는 약한 신호로 보인다. 이처럼 젊은 소규모 기업들은 세계적으로 다양한 산업에 분산되어 있다. 그들은 서로를 알지 못하지만 같은 방향을 향해 나아가고 있으며, 아직 스스로 인식하진 못하지만 더욱 커다란 변화를 촉발하고 있다.

이 책에 관하여

내가 이 책을 쓴 이유는 근무시간 단축 운동을 소개하고, 여기에 합류하는 방법을 알리기 위해서다.

이 책에서는 주 4일 근무제라는 여정으로 기업을 이끌어가는 리더들을 만날 수 있다. 그 리더들이 어떻게 계획을 세웠는지, 어떤 근거로 실험 기간을 정했는지, 집중도와 효율성을 높이기 위해 근무시간을 어떻게 리디자인했는지 살펴볼 것이다. 주 5일에 하던 일을 4일에 해내기 위해 기업 문화와 업무 시스템을 어떻게 바꿨는지, 새 근무제에 보조를 맞추도록 고객을 어떻게 설득했는지도 살펴볼 것이다.

이 책에서는 회의를 효율적으로 진행하고, 기술을 용의주도하게 사용하고, 근무시간을 단축하는 데 유용한 혁신적 사고방식을 지원하는 방법을 소개한다. 주 4일 근무제가 기업·직원·고객에게 어떤 혜택을 안기는지도 설명한다. 기업이 어떻게 생산성을 높이고, 직원의 창의성을 북돋우고, 지속 가능한 방식으로 일자리를 유지하고, 고객에게 더욱 큰 행복과 만족을 안기는지 이야기할 것이다. 많은 기업이 근무시간 단축제를 도입해 성공한 반면 일부 기업은 실패했는데, 사례별로 그 원인도 추적할 것이다. 마지막으로 일과 시간을 리디자인함으로써 업무를 더욱 능숙하게 수행하고, 직장을 더욱 행복하고 성장하는 장소로 탈바꿈시키고, 일의 미래를 더욱 밝게 가꿔나가는 방법이 무엇일지 고찰할 것이다. 그 과정에서 최첨단 기업들이 어떤 도구들을 사용하고 시스템을 설계했는지 소개할 것이다.

근무시간 단축제는 우리가 일과 성공에 대해 그간 품고 있던 생각과 어긋나는 것으로 보일지 모른다. 따라서 우리가 가장 먼저 해야 할 것은 직업상의 관행을 거부하고 사회적 기대를 무시하는 일이다. 우리는 그렇게 할 수 있다. 근무시간을 단축하면 기업을 더욱 바람직하게 운영하고, 새 기술을 개발하도록 리더와 직원을 격려하고, 더 집중하고 협업하게 하며, 일자리를 더욱 지속 가능하게 만들고, 삶과 일의 균형을 개선할 수 있다. 심지어 환경을 보호하고, 교통량과 교통 체증을 줄이고, 사람들을 더욱 건강하게 만들 수 있다.

전 세계가 1년 내내 온라인 상태를 유지하면서 하나로 연결되어 있는 오늘날의 환경에서는 과도한 노동을 결코 피할 수 없는 숙명으로 생각하기 쉽다. 하지만 이 책에 소개된 기업들은 그렇지 않다는 것을 입증하면서 지금 당장 새로운 일의 미래를 설계할 수 있다고 주장한다.

이제 출발해보자.

SHORTER

일하는 장소와 시간은 물론
일의 미래 전반을
재설계할 때가 왔다

"아마도 내가 디자이너 출신이기 때문이거나 나의 개인적인 성향 때문이겠죠.

어떤 현상을 접했을 때 패턴을 찾아 뒤집어보거나 비틀어보는 것을 좋아하고,

특정 사물이 애초에 왜 그 모습인지를 곰곰이 생각해봅니다."

'우아한형제들'을 설립한 김봉진 CEO의 말이다.

그는 2015년 직원의 임금을 그대로 유지하면서 근무시간을 주당 37.5시간으로

단축했고, 2017년 3월 들어서는 주 35시간으로 더 줄였다.

"사업 진행 속도를 늦추려고 이 제도를 도입한 것이 아닙니다. 내가 세운 목표는

정신을 좀더 집중해서 일하는 직장을 만드는 것이었습니다. 삶의 방식을 바꾸려

면, 먼저 일하는 방식을 어떻게 바꿀 수 있을지 끊임없이 고민해야 합니다."

대한민국 서울, 소월로

"아마도 내가 디자이너 출신이기 때문이거나 나의 개인적인 성향 때문이겠죠. 어떤 현상을 접했을 때 패턴을 찾아 뒤집어보거나 비틀어보는 것을 좋아하고, 특정 사물이 애초에 왜 그 모습인지를 곰곰이 생각해봅니다."

모바일 앱 개발 기업 '우아한형제들'을 설립한 김봉진 CEO의 말이다. 김봉진 대표와 나는 서울에 있는 일식 레스토랑에서 만났다. 이야기를 나누는 동안 정교한 가이세키 요리를 담은 접시가 연신 나왔다. 주위가 조용해서 동석한 두 통역자의 목소리도 잘 들렸다.

한국은 근무시간 단축제를 시도할 법한 나라가 아니었다. 수십 년간 일본의 식민지 통치를 받고, 제2차 세계대전을 겪고, 한국전쟁을 치르며 국토가 황폐해진 한국은 1953년 당시 세계에서 가장 가난한 나라 중 하나였다. 하지만 70년 가까운 세월이 흐르면서 한국 경제는 3만 1,000배 성장하는 놀라운 기록을 세웠고, 연간 국내총생산이 1조 달러를 넘는 세계 15개국 대열에 진입했다. 현대, 삼성, LG처럼 강한 추진력과 첨단기술로 무장한 기업들은 자원이 부족하고 산이 많은 작은 나라를 세계적인 경제·문화 강국으로 발전시키는 데 기여했다. 하지만 발전에 따른 대가도 치러야 했다. 멕시코를 제외하고 한국은 세계에서 가장 오랜 시간 일하는 나라다. 1990년 이후 자살률이 3배 증가했다. 오죽하면 '일을 지나치게 많이 해서 사망하는 것'을 뜻하는 '과로사'라는 단어까지 생겨났겠는가.

하지만 이런 역사에도 불구하고, 아니면 이런 역사 때문에 많은 한국 기업은 근무시간을 단축하는 방법을 실험하고 있다. 2018년 한국 정부는 장시간 노동 때문에 발생하는 압박을 완화할 목적으로 노동시간을 주 48시간으로 제한하는 법을 통과시켰다. 직원을 채용하고 유지하느라 분투하는 기업들은 주 40시간 근무, 즉 주 4일에 하루 10시간 근무하는 선택사항을 제시하고 있다. 일부 기업은 더 나아가 주 4일 근무제나 주 35시간 근무제를 채택하고 있다. 그중에서 가장 잘 알려진 기업이 우아한형제들이다.

김봉진은 한국 기술 산업 분야에서 매우 유명한 기업가이고, 온라인 기반 오프라인online-to-offline, O2O 서비스 분야의 스타인 동시에 대개 보수적인 한국 비즈니스 세계에서 독보적인 인물로 알려져 있다. 한 전기에서 에둘러 언급했듯 "사건 많은 청소년기"를 거친 그는 서울예술대학에서 인테리어 디자인을 전공하고, 국민대학교 디자인대학원에 진학해 시각디자인으로 석사 학위를 받았다. 가구 제작 벤처 기업을 창업했다가 얼마 안 가 폐업하고, 나이키코리아와 현대카드에서 웹디자이너이자 예술 감독으로 근무하다가 2010년 우아한형제들을 공동 창업했다.

우아한형제들이 만든 주문 배달 서비스 앱인 '배달의민족'은 한국 스마트폰 앱 가운데 최초로 다운로드 수 1,000만 회를 돌파하면서 한국판 도어대시DoorDash나 딜리버루Deliveroo로 부상했다. 이 신생 기업은 작은 스타트업으로 시작해 2015년에는 직원이 500명인 기업으로 성장했고, 포춘코리아가 선정한 '일하기 가장 좋은 기업' 50위에 올랐으며, 김봉진은 한국 최고 CEO 명단에 안착했다.

김봉진은 이런 시점에서 누구도 예상하지 못한 결정을 내렸다. 직원들의 근무시간을 단축하기로 한 것이다. 당시 한국인은 세계에서 가장 장시간 일하고 있었고, 우아한형제들도 예외는 아니었다. 김봉진은 2015년 직원의 임금을 그대로 유지하면서 근무시간을 주당 37.5시간으로 단축했고, 2017년 3월 들어서는 주 35시간으로 더 줄였다.

"사업 진행 속도를 늦추려고 이 제도를 도입한 것이 아닙니다." 김봉진은 2019년 〈블룸버그〉 기자 샘 킴에게 이렇게 말했다. "내가 세운 목표는 정신을 좀더 집중해서 일하는 직장을 만드는 것이었습니다. 삶의 방식을 바꾸려면, 먼저 일하는 방식을 어떻게 바꿀 수 있을지 끊임없이 고민해야 합니다."

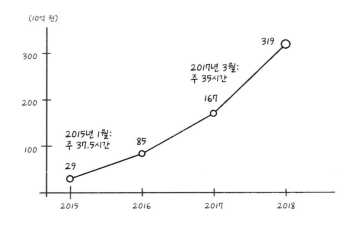

/ 우아한형제들이 거둔 수익 /

(10억 원)

300

200

100

2015년 1월:
주 37.5시간

29

85

2017년 3월:
주 35시간

167

319

2015   2016   2017   2018

나는 우아한형제들을 운영하면서 근무시간 단축제를 도입하기로 한 경위를 들려달라고 요청했다. 우아한형제들은 여느 운 좋은 스타트업과 마찬가지로 정신없는 창업 초기를 보냈고, 빠른 속도로 성장하면서 자본을 투입하며 밤낮을 가리지 않고 일했다.

하지만 결국 "시간을 더 쏟아서 일한다고 해서 생산성이 높아지는 것은 아니라는 사실을 깨달았습니다"라고 그는 회상했다. "IT 기업과 창의적인 기업에는 장시간 근무가 그다지 유용하게 작용하지 않습니다. (논리적으로) 근무시간과 생산성이 명확하게 연결되지 않는다면 기업은 근무시간을 최대한 늘리려 하는 대신에 직원이 더욱 효율적으로 일할 수 있도록 격려하고, 우리가 어떤 종류의 기업에서 어떤 종류의 일을 하고 있는지 상기시켜야 합니다."

김봉진은 "우리가 왜 주 40시간 근무를 당연하게 받아들이는지 궁금했어요"라고 덧붙였다. 유럽에서는 수십 년 동안 노동운동을 벌이고 정치 협상을 한 끝에 1800년대 말 노동시간을 주 40시간으로 제한하는 노동법이 처음 통과됐다. 그는 '왜 45시간도 아니고 35시간도 아니고 하필 40시간일까?'라는 의문을 품었다. '8시간 일하고, 8시간 휴식하고, 8시간은 개인적인 일을 하라'라는 개념은 19세기 이후 노조가 내세운 표어였지만, 우리는 왜 지금까지도 그 개념을 따르는 걸까? 우리가 다른 제도를 채택하지 못하게 가로막는 요소는 무엇일까?

혹시 투자자들이 반대하지는 않았느냐고 묻자 그는 이렇게 대답했다.

"아뇨, 나는 그냥 결정을 내리고 페이스북을 통해 발표했습니다. 투자자들은 그제야 소식을 들었죠." 카리스마가 넘치는 창업자이자 CEO인 김봉진은 투자자들의 반대를 그렇게 피했다. "다행히 투자자들도 '좋아요'를 눌렀어요."

투자자들은 김봉진의 결정을 찬성할 수밖에 없었다. 2015년 근무시간을 단축한 이후 우아한형제들의 연수익 성장률이 70~90%를 기록했기 때문이다. 2019년 7월까지 사용자는 300만에서 1,100만 명으로 증가했고, 월 주문량은 500만 건에서 3,500만 건으로 늘어났다.

2019년 기업가치 26억 달러를 달성한 우아한형제들은 기업가치가 10억 달러 이상인 스타트업을 가리키는 엘리트 글로벌 클럽 '유니콘' 대열에 진입했다. 올림픽공원을 굽어보는 새 건물에 입주했고 직원도 1,000명을 넘어섰다. 최근 5년 동안 직원은 400명에서 1,300명으로 3배 늘어났고, 현재 더욱 까다로운 기준을 적용해 직원을 채용하고 있으며, 삼성과 LG 같은 거대 기업과 경쟁할 수 있게 됐다. 주말을 보내고 월요일 오후에 근무를 시작하지만 회사의 혁신성은 줄어들지 않았다. 우아한형제들은 거대 기술 기업과 협업하면서 배달 드론과 로봇, 인공지능, 대화 인터페이스를 개발하고 있으며 온라인으로 제품을 판매할 수 있도록 전통적인 중소기업을 지원하는 새로운 서비스를 제공하고 있다. 우아한형제들이 출시한 기발한 앱들은 좋은 디자인을 사랑하는 한국 기업들의 특징을 보여주는 모델로, 사용하기 쉽고 재미있다.

많은 O2O 스타트업이 근무시간 단축제를 도입해 비슷한 성공을 거두고 있다. 즉, 근무시간을 단축하겠다는 결정은 자사에 이익을 안긴다. 나는 김봉진의 생각을 더 알아봐야겠다고 느꼈다. 그는 근무시간을 단축할 기회를 어떻게 잡을 수 있었을까?

변화를 위한 도구로서의 디자인 씽킹

김봉진은 이렇게 대답했다.

"대부분 기업은 다른 기업들의 행보를 지켜보면서 같은 길을 걷습니다. 하지만 모든 기업이 모두 같은 방식으로 사업을 하고 있다면 우리는 다른 방식을 선택해야 합니다."

자신은 디자인을 공부한 덕분에 다른 방식으로 생각하는 법을 배울 수 있었다고 말했다. 디자인 공부를 하면서 주제를 깊이 파고들고, 인습적인 사고에 도전하는 질문을 던지고, 대부분이 당연하게 받아들이는 상황을 면밀하게 관찰하는 훈련을 쌓았다고 했다. 그는 디자이너라는 정체성을 결코 포기하지 않았으며, 언젠가 기자에게 "사람들은 나를 CEO라고 부르지만 나는 여전히 디자이너이고, 요즘도 디자인을 하고 있습니다"라고 말하기도 했다. 그렇다고 그가 받은 디자인 교육 자체가 근무시간에 대해 다시 생각해보라고 영감을 준 것은 아니다. 일정 조정이나 통상적인 근무시간 변경에 대한 아이디어를 제공한 것도 아니다.

"사람들은 대개 디자인이 우뇌를 사용하는 좀더 감정적인 작

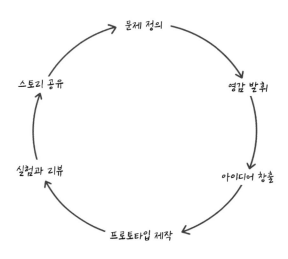

/ 디자인 씽킹 과정 /

- 문제 정의
- 영감 발휘
- 아이디어 창출
- 프로토타입 제작
- 실험과 리뷰
- 스토리 공유

업이라고 생각하지만 실제로는 매우 논리적인 작업이에요."

직관과 느낌은 중요하지만, 그 역시 좌뇌가 쌓은 토대를 필요로 한다. 따라서 근무시간 단축 계획을 세우면서 "이사들과 나는 많은 시간을 들여서 우리가 어떤 종류의 기업인지, 어떤 종류의 일을 하고 있는지, 시장을 어떻게 바꿀지 등을 생각했습니다"라고 그는 말했다. 단순히 철학적인 사고를 한 것이 아니었다. 제품을 다시 상상하거나 서비스를 리디자인하기 시작할 때 던지는 기본적인 질문들에 대해 생각했다.

근무시간 단축제를 주장하는 CEO는 김봉진만이 아니다. 내가 방문한 많은 기업에서 리더들은 근무시간 단축제의 프로토타입prototyping, 즉 기본 모델에 대해 이야기했다. 직원들은 함께 일하는 새로운 방식을 고안해내기 위해 협력했다. 기업들은 일정 기간 새로운 방식을 실험하고 평가하면서 관행을 개선하기 위해 끊임없이 새로운 시도를 했다. 이런 시도를 명시적으로 했든 암묵적으로 했든, 이 기업들은 근무시간을 단축할 방법을 알아내기 위해 '디자인 씽킹design thinking'이라는 동일한 접근법을 사용했다.

디자인 씽킹은 1970년대와 1980년대 실리콘밸리에서 발전했다. 당시 1세대 개인용 컴퓨터를 개발하는 작업을 하던 산업 디자이너들은 개인용 컴퓨터, 컴퓨터 마우스, 레이저프린터처럼 최첨단이지만 사용하기 힘들었던 기술을 누구나 사용할 수 있는 제품으로 바꾸기 위해 노력하고 있었다. 소수의 깨어 있는 디자이너들은 사용자들이 최첨단 기구로 무엇을 하고 싶어 하는지 이해하기 위해 사용자가 일하는 방식을 연구하고, 사용자의 필요에 맞는 제품을 개발해야 한다는 사실을 깨달았다. 따라서 탄탄한 기술적 기반을 갖춘 제품을 위한 공학과 재료과학은 물론, 사용자를 관찰하기 위한 심리학부터 인류학까지 다양한 분야에서 통찰력을 끌어냈다. 이처럼 문제 해결을 위한 통합적 사고인 디자인 씽킹은 시간이 지나면서 공식적인 일련의 과정으로 발전했다(스티브 잡스는 디자인 씽킹의 초기 지지자였고, 상당히 까다로운 고객이었다).

디자인 혁신 기업 IDEO의 온라인 학교인 IDEOU가 개발한 모델에서 디자인 씽킹 과정은 6단계로 나뉜다.

○ **문제 정의** 이 단계에서는 자신이 정말 해결하고 싶은 문제와 그 문제를 해결하는 데 사용할 방법을 깊이 생각한다. 기업 입장에서는 사고의 폭을 넓힐 수 있고 궁극적으로 개선된 제품을 만들 수 있으므로 중요한 단계다. '많은 수익을 안겨준 제품을 어떻게 개선할 수 있을까?'라는 의문을 품고 이 단계에 진입할 수도 있지만, 지속적이고 훨씬 큰 수익을 안기는 서비스 또는 제품을 플랫폼으로 사용해 더욱 큰 기회를 맞이할 수 있다는 사실을 깨닫게 되기도 한다.

○ **영감 발휘** 이 단계에서는 사용자의 필요를 더욱 잘 이해해야 한다. 기업에 따라서는 정량적인 자료 또는 조사 내용을 분석하거나, 제품과 관련한 경험에 대해 포커스 그룹의 의견을 듣거나, 연구자들을 업무 현장으로 파견해 소비자들이 자사 제품을 어떻게 사용하는지 관찰한다. 이를 통해 사용자들이 기존 제품에서 충족되지 않은 니즈를 발견하기도 한다.

○ **아이디어 창출** 이 단계에서는 그간 관찰한 사항들을 바탕으로

제품이나 디자인에 관한 아이디어를 창출한다. 흔히 브레인스토 밍 회의, 포스트잇으로 도배한 벽, 개선 목록, 대략적인 프로토타 입이나 스케치 등을 사용한다.

○ **프로토타입 제작** 이제 구체적으로 움직일 시간이다! 프로토타입 을 제작하는 것은 디자인 씽킹에서 결정적인 단계다. 단순히 물리 적 기술을 발휘하는 데 그치지 않고 지적인 훈련이자 연습을 하 는 단계이기 때문이다. 프로토타입을 제작하면 정식 디자인에 따 르는 기술적인 문제, 사고의 빈틈, 멋지지만 실용적이지 않은 아 이디어를 미리 식별할 수 있다. 사용자의 손에 들어가기 전에 제 품을 향상시킬 수 있는 새로운 기회도 드러난다. 자신의 아이디어 를 실험하려면 사람들이 실제로 사용하고 반응할 수 있는 제품을 만들어야 하고, 이때 발생하는 상호작용을 관찰해야 하므로 프로 토타입을 제작하는 단계는 반드시 필요하다. 사람들은 복잡한 존 재이고, 세상은 자주 혼란스럽고 어떤 상황이 벌어질지 예측할 수 없는 곳이며, 대부분의 직업은 우리가 인식하는 정도보다 훨씬 복 합적이다. 이렇듯 복잡한 성향을 인식하고 이해하고, 어떤 측면에 주의를 기울이거나 기울이지 말아야 할지를 사전에 파악하는 최 고의 방법이 프로토타입을 제작하는 것이다.

○ **실험과 리뷰** 이 단계에서는 사용자에게 프로토타입을 실제로 제

시해본다. 사용자가 프로토타입을 어떻게 생각하는지, 어떤 요소를 좋아하는지, 무엇 때문에 사용하기 힘들어하는지 관찰한다. 추상적인 아이디어가 현실에 부딪혀 연마되기 시작하는 단계이고, 아이디어의 실효성을 명쾌하게 증명하거나 보강하게 하는 단계다. 자신이 선호하는 멋진 사양이 완전히 실패작으로 밝혀질 수도 있고, 즉흥적으로 포함시킨 기능이 엄청나게 유용하다고 밝혀질 수도 있다. 또는 개략적인 프로토타입이 사용자에게서 예전에 한 번도 보지 못한 행동이나 아이디어를 끌어낼 수도 있다.

○ **스토리 공유** 마지막 단계에서는 제품 자체와 제품 뒤에 숨은 스토리를 공유한다. 이 단계는 사용자들이 제품을 어떻게 생각하고 사용하는지 정의하는 데 유용하다. 스토리텔링 자체도 고객을 끌어들이는 강력한 도구다(기업의 뿌리 또는 자사 제품에 무엇이 영감을 주었는지를 현재의 제품 패키지가 얼마나 담고 있는지 생각해보라). 또 스토리는 다른 디자이너와 동료에게 자신들이 연구 중인 문제를 조명하고, 더 나은 해결책을 끌어내는 길을 제시할 수 있다.

여기서는 디자인 씽킹 과정 6단계를 분리해 서술했지만 실제로 디자이너들은 6단계를 큰 구분 없이 오간다. 실험을 거치는 동안 사용자에게 피드백을 받아 새로운 프로토타입을 제작하는 데 영감을 얻고, 다시 사용자에게 더 많은 피드백을 받아 디자인 요약

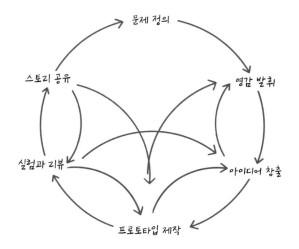

디자인 씽킹 과정의 실행. 대부분의 사례에서 문제를 정의하는 개념화 작업, 프로토타입 제작, 사용자 실험이 서로 영향을 주고받는 것처럼 서로 다른 단계 사이에 피드백이 많이 발생한다.

서의 내용을 바꾼 다음에 다른 프로토타입을 제작할 수 있다. 모든 단계가 매우 유기적으로 연결돼 있다. 팀 브라운Tim Brown이《디자인에 집중하라》에서 주장했듯, 디자인 씽킹 과정은 어떻게 설계하든 "확장 가능하고 개방적이며 반복적"이다.

디자인 씽킹을 통해 세계인에게 매우 친숙한 제품들이 만들어졌다. 젊은 형제가 창업한 IDEO는 애플의 컴퓨터 마우스를 디자인했고, 지금은 세계에서 가장 주목받는 디자인 혁신 기업으로 발돋움했다. IDEO는 팸파일럿PalmPilot, 스위퍼Swiffer, 코스터바이크 Coaster Bike 등을 디자인하는 데 기여했다.

오늘날 디자인 씽킹은 물리적인 범위를 넘어선다. 우아한형제들의 홍보 담당 부사장 류진은 "한국에는 '디자인 경영'이라는 한국식 용어가 있습니다. 디자인 씽킹을 경영에 활용한다는 뜻이죠"라고 설명했다. 김봉진도 이렇게 말했다. "물건을 디자인하듯 사람의 행동 방식도 디자인할 수 있습니다. 디자이너는 경영을 인간의 행동을 형성하는 도구로 사용할 수 있어요."

미래학자들은 부상하는 문제와 기회를 디자인 씽킹을 사용해 새로운 방식으로 고찰하도록 돕는다. 근무시간 단축제를 채택하는 기업들의 사례로 알 수 있듯이, 디자인 씽킹을 사용해 시간을 리디자인할 수도 있다. 디자이너들이 제품을 만들어낼 때 사용하는 기술을 회의, 일정, 작업 흐름에 대한 사고에 적용할 수 있다는 사실을 선뜻 이해하지 못할 수도 있다. 돈이나 사랑처럼 시간 역시 누구나 더 많이 소유하기를 바라지만, 많은 직장인은 시간을 자기 힘으로 통제할 수 없는 영역이라고 느낀다. 주 4일 근무제나 하루 6시간 근무제로 전환하는 데 성공한 기업들은 단순히 일정을 몇 개 빼거나, 새 인적 자원 프로그램을 추가하거나, 직원들에게 '더 열심히 일하기보다 더 현명하게 일하라'라고 촉구하는 정도에 그치지 않고 좀더 전체적인 관점으로 문제에 접근한다.

지금까지 디자인 씽킹을 사용해 근무시간을 리디자인할 수 있다는 것을 이야기했다. 디자인 씽킹을 사용하면 기존의 업무 방식에 숨어 있는 고정관념과 비효율적인 관행을 밝힐 수 있고, 그 관행을 우리가 선택한 새로운 원칙으로 대체할 수 있으며, 업무를 수행하는 데 정말로 중요한 핵심 요소가 무엇인지 더욱 명쾌하게 밝히고, 근무시간을 더욱 생산적이고 행복하게 개선하는 데 유용한 프로토타입을 구축하고 실험할 수 있다. 우리는 근무시간을 리디자인하는 기업을 둘러보면서 변화를 추구하는 리더들의 이야기를 듣고 변화를 실천하는 노동자들을 만났다. 그러면서 특정한 선택과 새로운 원칙을 끌어내는 데 디자인 씽킹이 유용하게 쓰인다는 사실을 깨달았다.

이렇듯 사례를 연구하고 스토리를 분석한 목적은 모방할 대상을 찾으려는 것이 아니다. 김봉진은 이렇게 말했다.

"다른 기업들이 어떻게 하고 있는지 관찰해서 그 길을 따라가려는 것이 아닙니다. 우리가 어떤 종류의 기업이고, 어떤 종류의 일을 하고 있는지에 관해 생각하도록 자극하려는 것입니다."

나는 디자인 씽킹의 6단계 모델을 사용해 책의 내용을 구성했다.

이번 장에서는 일의 미래와 관련하여 이미 떠오르고 있는 주요한 질문들을 제대로 '정의'하는 것부터 시작해야 한다는 점을 살펴봤다. 이어 삶과 일의 균형, 극도의 피로, 경력 개발, 불평등, 첨단 직장의 미래 등 자칫 분리해서 생각하기 쉬운 이 문제들을 좀더 전체적으로 접근하고 개념을 유기적으로 탐색할 것이다.

2장에서는 리더들이 근무시간 단축이라는 대담한 모험을 시작하게 된 동기, 이 운동을 시작한 기업과 산업을 소개한다. 3장에서는 기업이 어떻게 아이디어를 창출하는지, 직원이 근무시간 단축 개념에 어떻게 반응하는지, 기업은 근무시간 단축을 실험하기 위해 어떤 준비를 하고 불확실성과 잠재적인 문제에 어떻게 대처하는지 설명한다. 4장에서는 기업이 근무시간을 리디자인할 때 밟는 실질적인 단계를 살펴본다. 예를 들어 매일 반복되는 일상 업무·회의·문화 규범을 어떻게 바꿀지, 기술을 어떻게 활용할지, 새로운 방식으로 관리하고 협업하는 방법을 직원들이 어떻게 배울지 알아본다.

5장에서는 결과를 제시한다. 근무시간 단축이 직원의 채용과 유지, 생산성, 수익성, 워라밸, 창의성, 고객의 반응 방식에 어떻게 영향을 미치는지 살펴본다. 마지막으로 6장에서는 근무시간 단축이 일의 미래를 어떻게 바꿀 수 있는지, 점점 수위가 높아지는 스트레스와 극도의 피로에 대처하는 데 어떻게 기여할 수 있는지, 자동화와 인공지능으로 생겨난 문제에 대해 어떻게 새로운 해결 방식을 만들어내는지, 나아가 불평등과 기후 변화 문제를 개선하는 데 어떻게 기여할 수 있는지 설명한다.

디자인 씽킹을 기본 틀로 활용하면 현실의 제약보다 '이 계획을 어떻게 추진할 수 있을까?'라는 질문에 더 집중할 수 있다. 나는 근무시간 단축에 얽힌 추상적이거나 윤리적인 사례보다는 기업들이 실제로 어떻게 근무시간을 리디자인하고 있는지를 제시하려 한다. 즉, 관리자나 고용주의 관점에서 주 4일 근무제나 하루 6시간 근무제를 시행하면서 밟을 수 있는 단계와 도전을 소개할 것이다. 실험 기간을 설정하고, 고객과 투자자에게 이 계획을 설명하고, 직원들을 참여시키고, 회의와 기술을 리디자인하고, 더욱 집중하여 효과적이고 생산적으로 일할 수 있도록 업무시간을 설계하고, 이 모든 변화의 결과를 측정하는 방법 등을 제시할 것이다.

직원의 관점에서는 새로운 제도 시행에 따른 함정을 지적하고, 기회를 강조하고, 근무시간 단축제를 도입할 때 따르는 이익을 기록해 새 제도에 순탄하게 안착할 수 있도록 도울 것이다. 근무시간 단축제가 팀이나 부서에 유익하다는 점을 관리자에게 이해시키고 싶을 때, 이 책이 큰 도움이 될 것이다. 자영업자라면 더욱 효율적이고 지속 가능하게 일할 수 있는 길을 찾는 데 도움이 될 것이다.

블루스트리트캐피털, 타워패들보드, 우아한형제들의 사례를 읽으면 근무시간 단축이 시도해볼 만한 제도라는 생각이 들 것이다. 이 기업들은 특히 다음 두 가지를 강조한다.

○ 오늘날 기업과 리더는 여러 도전에 직면해 있으며, 대개는 기업 실정에 맞춘 정책과 노력을 다양하게 펼치며 대처한다. 새 인재를 찾는 채용 프로그램, 삶과 일의 균형을 좀더 맞추기 위한 육아 휴가, 스트레스에 대처하기 위한 마음챙김과 헬스 프로그램, 직원 근속과 생산성을 늘리기 위한 유연근무제 등이 여기에 속한다. 앞서가는 리더는 노동자가 직면한 이런 문제들을 개별적이고 개인적인 문제로 바라보지 않고, 보다 전체적인 관점으로 접근해서 근본적인 해결책을 찾으려 노력한다.

○ 디자인 씽킹은 내재하는 원인을 밝혀내고, 복잡성에 짓눌리지 않고 문제를 파악하면서 참신한 해결책을 강구하는 유용한 방법을 제시한다. 회사 실정을 구석구석 전반적으로 살펴서 문제를 폭넓게 파악하고, 인습에 도전해 대안을 탐색하고, 새로운 행동을 끌어내는 방법을 찾도록 돕는다.

누구나 자유 시간을 더 많이 누리고 싶어 하지만, 대부분의 조직에서 직원에게 더 많은 시간을 돌려주는 것은 제로섬 게임에 머물러 있다. 즉, 직원이 임금 삭감을 받아들여야 하거나 기업이 더 많은 비용을 지출해야 하는 식으로 말이다. 하지만 디자인 씽킹으로 문제에 접근해 근무시간을 리디자인하면, 고객도 돈도 잃지 않으면서 근무시간을 단축할 수 있다.

이제 영감을 받으러 출발해보자!

SHORTER

2장 | 영감 발휘

근무시간 단축제를
실험하게 된 동기,
그리고 기대 효과

디자인 씽킹 과정 중 영감 발휘 단계에서는 문제를 더욱 세밀하게 고찰하기 위해 다양한 아이디어들을 제한 없이 떠올리면서 그물을 넓게 친다. 병원 입원실을 디자인하고 싶다면 공간, 입원 절차, 입원할 때 환자들이 느끼는 불안과 걱정에 대해 의사, 간호사, 환자, 환자 가족의 이야기를 듣는다. 또 공항, 백화점, 교회 등을 방문해 서로 다른 공간이 어떻게 보안을 유지하고, 사람들의 경로를 효율적으로 설정하고, 어떻게 공감하면서 사람들을 안심시키는지 파악한다.

이 장에서는 주 4일 근무제나 하루 6시간 근무제, 기타 형태의 근무시간 단축제를 이미 도입한 기업들의 경험을 살펴보며 영감을 얻고자 한다.

스코틀랜드 에든버러시, 세인트 레너드 거리

"나는 이미 열여섯 살 때부터 일주일에 50시간씩 일했습니다."

스튜어트 랠스턴Stuart Ralston이 내게 말했다. 우리는 랠스턴 부부가 크리스털 고프Krystal Goff와 함께 운영하는 레스토랑인 에이즐Aizle에서 만났다. 바를 바라보면서 티끌 하나 없이 깔끔한 테이블에 마주 앉았다. 사방이 조용한 가운데 직원들이 분주하게 오갔다. 에이즐은 2014년 개업한 이후 에든버러에서 가장 유명한 레스토랑으로 자리를 굳혔으며, 2018년 주 4일 근무제로 전환하면서 모든 면에서 더욱 개선됐다. 나는 랠스턴이 어떤 동기로 근무시간을 단축하겠다고 결정했는지, 영업일을 하루 줄이고도 어떻게 수지타산을 맞추고 있는지 알고 싶었다.

많은 셰프가 그랬듯 랠스턴도 10대 때 접시 닦는 일부터 시작했다. 스코틀랜드와 영국에 있는 레스토랑 주방에서 일하는 동안 직급이 점차 올라갔고, 급기야 고든 램지Gordon Ramsay에게 뉴욕 레스토랑에서 일해달라는 제의를 받았다. 그곳에서 많은 것을 배웠지만 근무시간이 잔인하리만치 길었다.

"일주일에 6일 동안 매일 아침 7시부터 새벽 1~2시까지 일해야 했습니다. 다른 직원이 휴가라도 가면 대신 일해야 했으므로 하루도 쉬지 못하고 열흘을 연달아 일한 적도 있어요."

부모님과 형도 셰프였고, 일은 정말 고됐지만 그래도 직업에 자부심을 느꼈다. 당시 미슐랭 별점을 받은 레스토랑에서 일할 기회를 얻은 사람은 거의 없었고, 그 힘든 노동을 버텨내는 사람은 더욱 드물었다. 그러다 보니 살아남기만 하면 정예 집단에 들어갈 수 있었다.

랠스턴은 고든 램지 밑에서 2년간 일한 뒤 뉴욕에 있는 클럽인 코어CORE로 옮겨 조리장이 됐고, 영국과 바베이도스에 있는 리조트에서 총주방장과 부서 조리장을 지냈다. 이후 직접 레스토랑을 운영하고 싶다는 꿈을 이루기 위해 아내와 에든버러로 돌아와 세인트 레너드 거리에서 좋은 장소를 물색해 에이즐을 개업했다. 부부는 직접 바닥을 새로 깔고 벽지를 바르고 선반을 매달고 주방 기구를 설치했다. 랠스턴은 이렇게 회상했다.

"문을 열고 처음 7주 동안 하루도 쉬지 않았습니다. 아침 8시부터 밤 12시까지 계속 일했으니 정말 미친 짓이었죠. 총주방장과 사장 역할을 함께 한다는 것이 어떤 의미인지 몰랐던 겁니다."

랠스턴이 계절 식재료, 정식 메뉴, 식재료와 조리법의 색다른 조합에 집중한 덕분에 에이즐은 초반에 몇몇 비평가에게 좋은 평가를 받으며 고객을 빨리 확보할 수 있었다. 여행 웹사이트인 트립어드바이저TripAdvisor가 평점을 매기는 에든버러 레스토랑 1,800여 곳 가운데 에이즐은 꾸준히 1~2위를 차지했다. 크리스털 고프가 첫아이를 출산하면서 바에서 일하는 것을 그만두었지만 랠스턴은 레스토랑을 계속 운영했다. 그는 이렇게 설명했다.

"모든 사업이 내가 만드는 요리를 중심으로 움직입니다. 그래서 처음에는 많은 일을 하려고 애를 썼죠. 여러 가지 상과 찬사를 받으려고 노력하면서 사업을 꾸려나갔어요." 자영업자라면 누구나 장사가 너무 안되는 쪽보다는 너무 잘되는 쪽을 바랄 것이다. 하지만 랠스턴은 레스토랑에서 하루 최대 16시간까지 일해야 했다. "집에 돌아가면 밤낮이 바뀐 아기까지 돌봐야 했어요."

이렇게 세 식구는 2년 동안 하루에 몇 시간밖에 자지 못했다. 랠스턴은 당시를 덤덤하게 회상했다.

"어느 날 내가 그렇게 많이 일하는 것이 가족에게 그다지 좋지 않다는 사실을 깨달았습니다. (3년 동안 주 80~90시간씩 일했더니) 체중이 불어나고, 스트레스에 시달리고, 몸은 몸대로 지치고, 술을 지나치게 많이 마셨습니다. 온종일 지칠 대로 지치다 보니 직원들에게 걸핏하면 화를 냈어요. 직원들이 오래 버티지 못하는 것도 당연했죠. 집에서도 아들과 친근한 관계를 맺고 있다는 생각이 들지 않았어요. 아들이 성장하는 처음 2년 동안 함께 있어 준 시간이 별로 없었어요." 하지만 그는 한 아들의 아버지인 동시에 사업주였다. "가족의 생계를 맡아야 했고, 레스토랑에서 일하는 10명의 직원을 책임져야 했습니다." 흔히 그렇듯 사업을 성공시키기 위해 개인이 치러야 하는 대가는 컸다. "사업이 잘되기는 했지만 결과는 그다지 긍정적이지 못했어요. 마치 칠흑처럼 깜깜한 소용돌이에 갇힌 것 같았죠."

레스토랑 산업에서는 성공해야 한다는 압박감이 대단히 크다. 셰프들은 매일 요리를 할 때마다 압박감을 느낀다. 주말에 장부를 기록할 때, 새 요리를 개발하고 기술을 연마하려 할 때도 마찬가지다. 그래선지 여전히 높은 이직률, 심한 스트레스, 낮은 임금, 긴 노동시간으로 허덕인다. 약물·알코올 남용은 흔히 발생하는 문제이고 우울증과 싸우는 셰프도 많다. 성공하더라도 그에 따르는 위험이 있다. 눈부신 스포트라이트, 기회를 거절할 수 없을 것 같은 느낌, 기회를 영영 잃어버릴지 모른다는 걱정 등이 불안을 불러온다. 음식 관련 저자이자 정신건강 프로젝트인 '문제를 안고 있는 셰프들Chefs with Issues'을 설립한 캣 킨스먼Kat Kinsman의 주장에 따르면, 높은 수익을 거두고 비평가들에게 찬사를 받는 레스토랑의 셰프들조차도 평판을 유지해야 한다는 엄청난 정신적 압박에 시달릴 수 있다.

2017년 말에 이르자 랠스턴은 선택의 시점에 도달했다는 걸 분명히 느꼈다. 실패를 각오하고 에이즐의 운영 방식을 바꾸느냐,

아니면 지금까지 해온 방식을 고수해서 결국 실패하느냐의 갈림길에 놓였다.

"그 시점에 이르자 내게는 잃을 것이 없다는 생각이 들었습니다. 가족과 함께 보내는 시간만이 아니라 나 자신의 너무 많은 부분을 잃고 있었기 때문이죠." 랠스턴이 말했다. "그래서 2018년 1월 결단을 내렸습니다. 변화를 시도해야 했어요." 에이즐은 다른 셰프를 채용할 수는 없었다. 레스토랑이 지나치게 작고, 랠스턴의 독특한 비전을 너무나 많이 반영하고 있었기 때문이다. "유일한 방법은 영업일을 줄이는 것이었어요. 영업을 하지 않으면 내가 레스토랑에 있을 필요가 없으니까요. 그래서 어쩔 수 없이 매주 하루 쉬기로 했어요."

랠스턴은 두 가지 중요한 결정을 내렸다. 첫째, 일주일에 3일간 쉬고 수요일부터 토요일까지 영업하기로 했다.

"일요일에는 레스토랑이 항상 만석이었어요. 하지만 나는 일요일에 일하고 싶지 않았습니다. 앞으로 아들이 학교에 다니더라도 일요일만큼은 같이 있을 수 있으니까요."

잠재적인 수익 감소를 메우기 위해 레스토랑을 수리했다. 테이블 여섯 개를 늘려 손님을 하루 평균 12명, 일주일 평균 48명을 더 받으면 일요일에 문을 닫으면서 줄어드는 수입을 메울 수 있었다. 랠스턴은 더욱 효율적으로 일하기 위해 더 큰 스토브를 구입했다. 에든버러 프린지 페스티벌Edinburgh Fringe Festival에 참석하려고 관광객 200만 명 이상이 모여드는 8월과 연말인 12월에는 바빠질 터이므로, 그 시기에만 주 5일 근무제로 돌아가기로 했다.

둘째, 모든 직원에게 휴가를 동시에 주기 위해 매년 6주간 레스토랑의 문을 닫겠다고 선언했다. 그러면 아무도 휴가를 떠난 동료의 업무를 대신 처리하기 위해 초과근무를 할 필요가 없다. 과거에 랠스턴은 휴가를 떠난 다른 셰프의 일까지 도맡는 바람에 하루 20시간씩 3주 동안 일한 적도 있었다.

랠스턴은 매년 6주간 레스토랑의 문을 닫으면서 가족과 더 많은 시간을 보낼 수 있었다. 2018년 그는 기자에게 이렇게 말했다.

"나는 가족과 보내는 시간을 희생시키면서 사업에 매달리는 세계에서 성장했습니다. 하지만 더는 그렇게 하고 싶지 않았어요."

그렇다면 랠스턴의 계획은 어떤 결과를 낳았을까? 거의 1년이 지난 시점에 랠스턴은 이렇게 말했다.

"직원들이 더 행복해합니다. 일주일에 5일 근무할 때보다 4일 근무할 때 더 열심히 일하더군요. 레스토랑도 더 청결해졌고, 일하는 과정도 더욱 체계적으로 바뀌었어요."

총지배인인 제이드 존스턴Jade Johnston도 수긍했다.

"나만 하더라도 일할 에너지가 더 생겼고 생활도 훨씬 즐거워졌어요. 직장에 오면 일만 생각합니다. 그러다 보니 업무를 더욱 빨리, 잘 처리할 수 있어요. 앞으로도 모든 손님을 한결같은 태도로 대하고 운영에도 신경을 쓸 겁니다."

음식은 어떨까?

"주 4일을 근무하므로 제품을 연구하고 개발하는 데 더 많은 시간을 쓸 수 있어요." 랠스턴이 대답했다. "요리를 개발하고, 직원들과 함께 요리하는 데에도 더욱 많은 시간을 투자하고 있습니다. 그래서 최근 10개월 동안 노동의 질이 어느 때보다 좋아졌다고 자부합니다. 고객에게도 호응을 얻고 있어요. 두 달 동안 토요일에는 자리가 없을 정도로 테이블이 꽉 찼습니다."

실제로 사업이 확장 가능할 정도로 순조롭게 성장했으므로, 랠스턴은 2019년 중순 에든버러에 두 번째 레스토랑으로 좀더 편안한 분위기를 담은 노토Noto를 열었다.

랠스턴은 에이즐을 창업하기 전에 카리브해 지역에 있는 한 리조트에서 주방장으로 일했는데 그곳에서 배운 기술이 주 4일 영업을 성공시키는 데 결정적으로 작용했다. "대부분 셰프와 달리 나는 주문과 손님과 숫자를 관리하는 데 익숙했습니다." 그래서 주 4일 영업을 도입하기로 마음먹고 레스토랑의 재무상태와 현금흐름을 분석했다. "숫자를 보면서 영업일을 줄여도 괜찮겠다고 판단했습니다." 은행에 돈이 많아 실패해도 괜찮다는 뜻은 아니었다. "사업을 시작한 지 4년 반이 지났고, 레스토랑이 인기를 끈 덕분에 그때까지 제법 돈을 벌었습니다. 그 돈을 재투자했어요."

새로 사업을 시작하면서 주 4일 근무제를 도입하는 편이 쉬우리라고 생각할 수 있지만, 에이즐이 성장한 과정을 살펴보면 검증

된 인프라, 직원, 기반을 보유한 성숙한 사업일수록 근무시간 리디자인이라는 도전을 더욱 잘 헤쳐나갈 수 있다.

에이즐은 최근 몇 년 동안 근무시간을 단축한 많은 레스토랑 중 하나다. 세계적인 셰프들이 최고이자 최악의 창조적인 삶을 살고 있기 때문에 이는 더욱 주목할 만한 현상이다. 그들은 끊임없이 새로운 아이디어·재료·영감을 찾고, 창의적이고 비약적인 아이디어를 짜내 다른 셰프들이 현장에서 조리할 수 있는 제품을 개발한다.

에이즐 외에도 비평가들에게 좋은 평가를 받고 있는 레스토랑 몇 군데가 최근 영업일을 단축했다. 캘리포니아주 팰로앨토시에 있는 바우메Baumé는 두 번째 미슐랭 별점을 받자마자 주 4일 근무제로 전환했다. 로스앤젤레스 남쪽에 있는 일식 레스토랑인 엔/나카ⁿ/naka는 미슐랭 별점 두 개를 받은 곳으로, 주 4일 영업한다. 오스트레일리아 멜버른에 있는 아티카Attica는 2017년부터 주 48시간 근무제를 시행해왔다.

가장 유명한 북유럽 요리 전문점 두 곳도 근무시간 단축제를 실험하고 있다. 먼저, 코펜하겐에 있는 노마Noma는 2017년 리모델링 후 다시 문을 열면서 주 4일 영업을 시작했다. 노마 측은 이렇게 설명했다.

"우리가 보유한 장점은 직원입니다. 따라서 직원이 직장에서도 사생활에서도 더욱 양질의 삶을 누릴 수 있도록 영업일을 줄이기로 했습니다."

노르웨이 오슬로에 있는 마에모^{Maaemo}는 더욱 대담한 행보를 보였다. 2016년 주 4일 근무제로 전환했고, 2017년 들어서는 모든 직원을 대상으로 주 3일 근무제를 시행하기 시작했다.

충분히 짐작할 수 있듯, 셰프라는 직업의 세계에는 많은 스트레스와 긴장이 존재한다. 요리는 매일, 매 순간 완벽을 요구한다. 그런 환경에서 일하므로 셰프는 육체와 정신이 소진된다. 레스토랑 업계는 앞을 내다볼 수 있는 셰프들에게 영향력을 부여하고 있으며, 그중 일부는 상당히 풍부한 상상력과 호기심을 소유한 완벽주의자들이다. 하지만 성미가 까다롭고 고압적이며, 심지어 폭력적인 성향이 되기도 한다. 셰프와 직원에게 더 많은 휴가를 제공하는 방식은 스트레스를 줄이고 창의성을 북돋고 이직률을 줄이는 데 유용하다.

에이즐의 사례는 리더가 근무시간 단축제를 도입하는 방식도 다양하다는 점을 보여준다. 리더들은 개인적인 동기에 따라 결정을 내리는 경우가 많다. 스스로 더욱 나은 삶을 영위하고, 누구나 직면하는 과로와 스트레스에 따른 문제를 해결할 수단을 찾고 싶어 하기 때문이다. 또한 어떤 사업을 하든지 직원의 채용과 이직, 규모와 자금력에서 앞서는 기업과 경쟁해야 하는 현실, 지속적으로 혁신해야 하는 요구에 직면하기 때문이다. 그러면서도 업계의 부정적인 경향에 저항하고, 헌신적인 직원들이 떠나가게 하는 압박을 완화하고, 직원에게 더욱 지속 가능한 경력과 삶을 지원하는 사업체를 만들고 싶어 한다. 무엇보다 이 리더들은 자사의 문제를 바로잡고 업계에 새로운 경로를 개척하는 데 필요한 전문적인 경험과 지식을 보유하고 있다.

근무시간을 단축한 기업들

근무시간 단축제를 실험하고 있는 기업들에 관한 보도도 이어지고 있다. 신문과 업계 관련 매체를 보면 샌디에이고에 있는 타워패들보드, 필라델피아에 있는 소프트웨어 기업 와일드비트Wildbit, 뉴질랜드에 있는 금융신탁 기업 퍼페추얼가디언Perpetual Guardian, 영국에 있는 라디오액티브PRRadioactive PR 등이 등장한다. 실제로 근무시간 단축은 광범위하고 다양하며 세계적인 추세로 진행되고 있다. 나는 근무시간을 단축한 100개 이상의 기업을 연구하면서 직접 방문해 리더와 직원들을 인터뷰했다. 근무시간 단축 운동을 더욱 잘 이해하고, 이 운동이 얼마나 광범위하게 확산했는지 파악하기 위해 이 제도를 시행하고 있는 기업들을 사업 종류나 장소와 상관없이 하나의 집단으로 생각하고 살펴보려 한다.

이 기업들 대부분이 초기 혁신 기업으로서 다음 세 가지 특징을 가지고 있다. 첫째, 문화와 경영상 중요한 변화를 더 수월하게 시도할 수 있는 중소기업이 주를 이룬다. 둘째, 창업자가 이끄는 기업이 대부분이다. 창업자는 공식적인 지위와 도덕적인 권한을 사용해 중요한 변화를 시도하도록 영향력을 행사할 수 있다. 셋째, 창의적이고 혁신적이라는 명성을 이미 구축한 경우가 많아서 근무시간 단축 실험을 창의와 혁신의 특징으로 제시할 수 있다. 이런 이유로 이 기업들은 얼리 어답터가 될 수 있었으며, 전반적으로 볼 때 기업·산업·지리가 다양하므로 근무시간 단축은 이제 막 시작한 운동이라고 할 수 있다.

본문에서 소개한 기업들과 그들이 속한 국가와 산업, 채택한 제도의 종류는 이 책의 부록에 정리해 실었다. 단 아마존이 일부 직원에게 그랬듯, 임금을 줄일 목적으로 직원에게 근무시간 단축제를 제안한 기업은 제외했다. 일본의 세븐일레븐처럼 주 5일에서 4일로 근무일을 단축했지만 같은 양의 근무시간을 유지하기 위해 하루 근무시간을 10시간으로 연장한 기업도 제외했다. 이 기업들은 주 4일 근무제를 통상적인 제도로 만드는 데에는 기여했지만 일반적으로 사내 과정이나 문화를 바꾸지 않았기 때문이다.

정부와 교육 분야에서 전통적인 주 5일 근무제를 대체하려는 시도 역시 주목할 가치가 있다. 주 4일 근무제로 전환한 정부 기관이나 공립학교 교육구를 간단하게 살펴보자.

미국 유타주 정부는 2008~2011년 주 4일에 하루 10시간 근무제를 채택했고, 텍사스주 엘패소시 정부도 2009~2018년 같은 근무제를 도입했다. 핀란드 정부는 1996~1998년 지방자치단체가 직원의 근무시간을 단축할 수 있도록 프로그램을 지원했다. 아이슬란드의 레이캬비크시 정부는 2015년부터 근무시간 단축제를 시도했고, 2018년 시 전체 노동인구의 4분의 1인 2,000명 이상에게 적용했다. 2019년에는 아이슬란드의 그 외 지방자치정부 세 곳도 근무시간 단축제를 시도했다.

미국의 공립학교들도 주 4일 수업을 시도하고 있다. 2019년 25개 주 교육구가 주 4일 수업을 시작했으며, 특히 콜로라도주 교육구에서는 절반 이상의 학교가 주 4일 수업제를 시행하고 있다. 많은 교육구가 예산이 부족한 경우에 수업일수를 단축했는데 일부 지방 교육구는 학생의 통학 시간을 줄이고, 교사 채용 및 유지 상태를 개선하기 위해 주 4일 수업제로 전환하고 있다.

이 책에서는 전체 근무시간 단축, 임금 유지, 동일한 생산성·수익성·고객서비스 수준 유지라는 세 가지 조건을 동시에 충족하는 기업들에 초점을 맞춰 살펴보려 한다. 다만 여기서 소개하는 기업의 목록이 전부는 아니다. 주 4일 근무제를 시행하는 기업이 계속해서 늘어나고 있기 때문이다. 태시 워커Tash Walker가 창업한 인간 행동연구소 더믹스The Mix가 2019년 초 자사의 변화를 설명하는 보고서를 발표하자, 수십 개의 기업이 주 4일 근무제 도입에 관해 조언을 해달라고 요청했다. 2018년 주 4일 근무제로 전환하면서 세계적인 관심을 받았던 퍼페추얼가디언의 앤드루 반스Andrew Barnes도 전 세계 기업들로부터 주 4일 근무제 도입에 관심이 있다는 말을 들었다고 한다.

여기서 무엇보다 눈여겨봐야 할 점이 있다. 그동안은 법률 제정, 노조 계약, 유연근무제와 파트타임 근무제를 지지하는 서유럽과 스칸디나비아 국가들의 노동시간이 가장 짧은 것으로 알려져 왔다. 그런데 이제는 주 4일, 하루 6시간 근무가 세계적인 추세다. 내가 연구한 기업 중에서 35곳은 영국, 24곳은 유럽, 역시 24곳은 미국, 9곳은 오스트레일리아와 뉴질랜드에 있다. 서구뿐 아니라 장시간 근무로 악명이 높은 나라인 한국에도 14곳, 일본에도 5곳이 있다.

그 기업들이 속한 산업도 매우 다양하다. 24곳은 세계적 평판을 쌓고 있는 노마와 햄버거 체인점 쉐이크쉑Shake Shack을 포함한 레스토랑이다. 25곳은 소프트웨어 기업이거나 전자상거래 기업이다. 27곳은 다양한 종류의 창의적인 조직으로 디지털 기업, 마케팅·광고·홍보 기업, 비디오 제작 기업, 디자인 기업을 아우른다. 9곳은 컨설팅·보험·금융 서비스 기업이다. 8곳은 일본에 있는 도정 기계 제조 기업부터 자동차 수리센터까지를 포함하는 제조 기업이나 유지·보수 기업이다. 6곳은 건강과 미용 관련 제품 제조 기업이고, 3곳은 양로원, 3곳은 콜센터다.

레스토랑, 창의적인 기업, 소프트웨어 기업은 정신건강, 스트레스, 극도의 피로를 포함한 문제에 직면해 있으므로 대표성을 띤다. 특히 레스토랑 산업은 낮은 임금, 긴 노동시간, 힘든 노동 환경, 직장에서 매우 빈번하게 발생하는 폭력적인 행동과 성차별 문제로 오랫동안 몸살을 앓아왔다. 2015년 조사에서 풀타임 레스토랑 노동자의 17%가 약물 남용 문제를 안고 있다고 응답했다. 3년 후 이뤄진 다른 조사의 결과에 따르면 직업 관련 스트레스 때문에 레스토랑 노동자의 43%가 건강에 해로운 행동을 하고, 50%가 가정생활에 영향을 받는 것으로 나타났다.

광고 업계의 상황은 레스토랑 업계보다 약간 낫다. 2019년 미국에서 실시한 조사에서 광고 산업 종사자의 33%가 자신의 정신건강을 염려하는 것으로 밝혀졌다. 주 50시간 이상 일하거나 연봉이 5만 달러 이하인 노동자 중 40% 이상이 그렇게 답했다. 같은 해 오스트레일리아에서 마케팅·광고 분야 노동자를 대상으로 실시한 조사에서는 56%가 우울증 증상을 보였다. 2018년 영국에서는 노동자의 64%가 직장을 그만두는 것을 고려하고 있었고, 60%는 자신의 업무가 정신건강에 부정적인 영향을 미친다고 응답했다. 36%는 자신의 정신건강이 나쁘다고 생각했고, 26%는 만성적인 스트레스나 우울증 같은 장기적인 문제를 안고 있다고 답했다. 업계 전체적으로 이직률이 30%에 가깝고, 직장을 그만두는 사람의 절반이 업계를 완전히 떠났다.

기술 산업도 나름대로 문제를 겪기는 마찬가지다. 2018년 소프트웨어 산업 종사자 1만 2,500명을 대상으로 실시한 조사에서 39%는 우울하고, 57%는 극도의 피로를 느낀다고 응답했다. 그 원인이 건강에 유해한 직장 환경에 있는 것으로 드러났는데 응답자의 48%는 직장이 자신의 정신건강에 나쁜 영향을 준다고 말했고, 91%는 직장에서 쌓이는 극도의 피로가 문제라고 대답했다. 2019년 스택오버플로Stack Overflow는 소프트웨어 개발자의 30%가 ADHD, 정서 장애, 불안, 뇌 기능 장애를 앓는다는 조사 결과를 발표했다.

이 책에서 소개하는 기업 가운데 거의 3분의 2는 레스토랑·광고·기술 산업에 속한다. 나머지 3분의 1이 속한 산업은 매우 다양해서 도정 기계 제조사, 부품 제조사, 유기농 화장품 기업, 양로원, 자동차 수리 업체, 보험 및 금융 기업, 호텔, 온·오프라인 출판사, 콜센터 등을 포함한다. 일본의 전자상거래 기업 조조Zozo와 한국의 O2O 기업 우아한형제들은 1,000명 이상의 직원을 보유하고 있지만, 대부분 기업은 규모가 훨씬 작아서 직원이 100명 이하다. 기업에 따라 임시 휴무일을 정해 근무시간을 단축하기도 하고, 직원의 교대근무 시간을 단축하면서도 영업시간을 유지하거나 심지어 연장하기도 했다. 기업들은 다양한 근무시간대를 가동해 몇 달 동안 프로젝트를 진행하거나, 매일 밤 고객에게 서비스를 제공하거나, 일주일 내내 하루 24시간 영업해야 한다. 자사의 재무지표와 주요 성과지표를 분기별로 검토하거나, 직원의 실적을 매일 실시간으로 가시화하는 기업도 있다.

달리 표현하면, 근무시간 단축제는 사업 수행 속도가 느슨한 배부르고 행복한 기업에서만 시행하는 운동이 아니라는 얘기다. 이 제도를 도입하려면 사업 운영 방식, 직원 채용 방식, 인센티브 제공 방식, 근로자의 권한 설정 방식, 실적 측정 방식, 새 기술과 생산성 향상에 따른 이익 분배 방식을 다시 생각해야 한다. 근무시간을 단축한다고 해서 더 적게 일한다는 뜻은 아니다. 경제적·윤리적으로 더욱 바람직하게 일한다는 뜻이다. 그 기업들이 속한 산업에서 삶과 일, 성별의 균형이 훌륭하게 이루어지고 있는 것도 아니다. 오히려 정반대로 공격적인 문화와 과도한 노동을 훈장으로 생각하는 리더, 성별 불균형, 극도의 피로, 채용과 이직 문제가 만연해 있다.

이런 산업에 속한 기업들에서 근무시간 단축은 나태의 신호가 아니라 저항의 행동이다.

근무시간 단축제의 종류

저항의 형태에는 몇 가지가 있다. 가장 인기 있는 것은 주 4일 근무제다. 내가 연구한 기업의 약 3분의 2는 주 4일 근무제를 변형해서 시행한다. 주 4일, 총 32시간 일하는 기업이 가장 많다. 몇몇 기업은 주 4일 근무제를 시도하거나 도입했다가 포기했고, 주 4일 근무제에 원격근무와 유연근무를 결합하기도 했다. 일본 소프트웨어 기업 사이보주Cybozu는 '직원 100명에 맞춘 100가지 유형'으로 주 4일 근무제를 시행하고 있다.

구글의 '20% 법칙'에서 영감을 받아 근무 일정을 결정하는 기업들도 있다. 일주일 중에서 회사 업무에 4일을 쓰고, 1일은 개인 프로젝트를 진행하는 데 쓰는 방식이다. 예를 들어 앱 개발 기업인 소트봇thoughtbot과 컴퓨터 소프트웨어 기업 코크로치랩스Cockroach Labs의 직원들은 일주일에 4일 동안 회사 제품이나 고객 업무에 관한 일을 한다. 5일째에는 자기계발에 시간을 투자해 수업을 듣거나, 새 프로그래밍 언어를 배우거나, 기술을 익히는 등 지적 지평을 넓히는 활동을 한다. 런던에 있는 디자인 컨설팅 기업 ELSE의 직원들은 금요일마다 교대로 완전히 자유로운 야외 놀이를 하거나 자기계발용 놀이를 한다.

많은 레스토랑이 주 4일 근무로 전환하고 있지만, 영업시간은 여전히 길어서 셰프들과 직원들은 주 50시간 일하기도 한다. 그렇더라도 일반적인 레스토랑에서 주 70~80시간 일하는 것에 비교하면 훨씬 적다.

주 5일 근무를 유지하면서 하루 근무시간을 단축하는 기업들도 있다. 한국에서는 우아한형제들이 앞장서서 시도한 주 35시간 근무제가 인기를 끌고 있다. 직원이 6시간 단위로 교대근무를 하면서 주 30시간 일하는 기업도 있다. 몇몇 기업의 직원들은 풀타임으로 일하거나 여름철에는 하루 5시간 일한다.

기업에 따라서는 근무시간을 주 40시간으로 유지하는 것 자체만으로도 커다란 발전이다. 글로벌 광고대행사인 바이든+케네디Weiden+Kennedy 런던 사무실은 2016년 주 40시간 근무제로 전환하는 정책을 펼쳤다. 빠른 업무 진행 속도 못지않게 심한 압박 환경으로 유명한 이 기업이 근무시간 단축에 동참한 것은 매우 의미 있는 행보다. 워싱턴DC에 본사를 두고 있는 전략적 커뮤니케이션 기업 클라이드그룹Clyde Group은 1년 동안 전체 직원의 절반이 극도의 피로를 호소하며 그만두자 주 40시간 근무제로 바꿨다. 뉴욕에 있는 스키프트Skift는 직원들에게 40시간 이상 일하지 말라고 권장한다. 실제로 덴버에 있는 네버세틀ITNever Settle IT는 과도하게 일하는 직원을 처벌하는 규정을 만들어서 2주 동안 80시간 이상 일하면 휴가에 쓸 수 있는 시간을 빼앗는다.

노동자들에게 주 4일 하루 10시간 근무제를 선택할 권리를 주는 기업, 지방자치단체, 심지어 국가도 많다. 이 근무제의 기원은 1960년대와 1970년대 초까지 거슬러 올라간다. 당시 미국에 있는 공장들은 에너지 비용을 감축하고 비효율성을 줄이고자 주 4일 하루 10시간 근무제를 실험적으로 시행했다. 2000년대와 2010년대 GM과 아마존 같은 대기업, 유타주의 관공서, 텍사스주 엘패소의 관공서, 미국의 지방 교육구가 주 4일 근무제를 시도했다. 오늘날 유니클로, 세븐일레븐, KFC 등 대기업을 포함한 일부 일본 기업은 직원에게 주 4일 하루 10시간 근무제를 선택할 수 있게 한다. 아마존과 광고대행사 그레이Grey를 포함한 일부 미국 기업은 직원에게 임금 축소와 주 4일 근무를 묶어 선택할 수 있게 했다. 이 기업들은 근무제를 근본적으로 리디자인한 것이 아니라 주 40시간 근무제를 변형한 것이다.

미친 듯이 일했던 리더들

리더들이 과감한 조치를 선택한 동기를 좀더 면밀하게 살펴보자. 근무시간 단축제를 시도하겠다는 결정은 상부에서 내리므로 우리는 리더의 배경과 동기가 무엇인지 이해하고, 왜 근무시간을 단축했을 때 자사 경영이 더욱 개선되리라고 믿게 됐는지 파악하는 것이 중요하다.

인터뷰를 해보면 창업자들은 거의 예외 없이 경력 초기 격무에 시달렸고, 일과 삶의 균형을 제대로 잡지 못했을 뿐 아니라 경력을 추구하느라 극도로 피로했다고 말한다. 런던 디자인 기업 노멀리Normally의 공동 창업자이자 전무이사인 마레이 월러스버거Marei Wollersberger는 "우리는 자신에 대해 일 중독에서 회복 중이라고 말하곤 합니다"라고 했다. 창업자들은 대개 페이스북과 구글을 비롯해 공격적으로 경영하는 첨단기술 기업, 레스토랑, 컨설팅 기업, 광고대행사 출신으로 연속해서 사업을 벌인 사람들도 많다. 그들이 근무시간을 단축하겠다고 결정한 것은 매우 경쟁적인 문화, 긴 노동시간, 극도의 피로를 경험하고 나서 내린 결론이었다.

주 4일 근무제를 도입한 모든 리더는 자신이 지금까지 일한 배경이나 경험과 대조적으로 스스로 구현하고 싶은 환경과 근무 일정을 자사에 적용하는 특징을 보인다. 클라우드 기반 SQL 데이터베이스 스타트업인 코크로치랩스를 공동 창업한 스펜서 킴볼Spencer Kimball, 피터 마티스Peter Mattis, 벤 다넬Ben Darnell은 모두 구글 출신이다. 킴볼과 마티스는 온라인 결제 서비스 기업인 스퀘어Square의 공동 창업자이자 선임 엔지니어였다. 켄 켈리Kenn Kelly, 샤울 헤이건Shaul Hagen, 앤드루 룬드퀴스트Andrew Lundquist는 네버세틀IT를 공동 창업하기 전에 "고도로 성장하는 기술 스타트업"에서 주 80시간 일했고, "실리콘밸리 문화에 젖어" 있었다.

스코틀랜드 에든버러에 있는 소프트웨어 기업 어드미니스트레이트Administrate의 CEO인 존 피블스John Peebles는 첫 번째 스타트업을 창업했을 때 말 그대로 눈 뜨고 있는 시간 내내 일했다고 밝혔다. 그는 두 번째 회사를 떠날 때를 이렇게 회상했다.

"나는 돈을 많이 벌었고 많은 것을 배웠지만 지난 7~8년 동안 무슨 일이 있었는지 기억이 나지 않았습니다. 머릿속이 깜깜했어요. 정말 문제가 심각했죠."

소프트웨어 산업에서도 이런 과정을 거친 사람들을 찾아볼 수 있다. 애니 테벌린Annie Tevelin은 할리우드에서 메이크업 전문가로 하루 14시간씩 일하다가 2013년 유기농 피부 관리 기업인 스킨아울SkinOwl을 세웠다. 애나 로스Anna Ross는 패션 업계에서 주 80시간씩 일하다가 천연 매니큐어 제조 기업인 케스터블랙^{Kester Black}을 창업했다. 로스는 2016년 BBC와의 인터뷰에서 이렇게 말했다.

"나는 시도 때도 없이 울고, 끼니를 밥 먹듯이 거르고, 엄청난 스트레스에 시달렸습니다. 그래서 이토록 열악한 노동 환경을 아무도 겪게 하지 않겠다고 다짐했죠."

광고 업계에서 10년을 활동하면서 "많은 날을 밤늦게까지 일하거나 밤을 새우며 일했던" 마이클 허니^{Michael Honey}는 온라인 마케팅 통합 대행사 아이스랩^{Icelab}을 창업했다.

"일주일에 미친 듯이 50시간 일하기보다는 여유 있게 40시간 일하고 싶었습니다."

리더들이 주 4일 근무제를 도입한 동기

리더들은 경력을 추구하다가 특정 시점에 전환기를 맞이한다. 변함없이 일을 좋아하지만 인습적인 노동 방식에 환멸을 느끼기 시작할 때 그렇다.

한 기자의 보도에 따르면, 라이언 카슨^{Ryan Carson}은 온라인 교육

서비스 제공사인 트리하우스^{Treehouse}를 설립하기 전 런던의 디자인 기업에서 일할 때 수면 부족에 시달린 나머지 "기진맥진해서 의식이 자주 혼미해졌고, 내가 거둔 성과에 좌절감을 느꼈다"고 한다.

네버세틀IT의 켄 켈리는 내게 이렇게 설명했다.

"젊었을 때는 장시간 일하면 아드레날린이 솟구치지만 이런 현상은 지속 가능하지 않습니다. 나이를 좀더 먹으면 에너지가 고갈되고 극도의 피로를 느낄 뿐입니다."

특히 창의적이고 지식 집약적인 산업에서는 아무리 많은 시간을 투입하더라도 업무를 완수할 수 없다는 사실을 깨닫게 된다. 과도한 노동은 지속적으로 경쟁 우위를 제공할 수 없다. 체코 기업인 데브스^{Devx}를 공동으로 창업한 마렉 크리즈^{Marek Kříž}는 이렇게 말했다.

"우리는 창업하고 나면 빨리 성장해야 하고, 믿기지 않을 정도로 장시간 일해야 하고, 마지막 한 방울까지 에너지를 쥐어짜야 한다는 이야기를 듣기 싫어합니다."

창업자들이 끊임없이 자사를 홍보하고, 새 아이디어를 추구하고, 새 제품을 개발하기 위해 분투하더라도 목표를 달성하지 못할 수 있다는 사실을 받아들이는 건 쉬운 일이 아니다. 그렇지만 일단 수용하고 나면, 기업 운영 방식을 다시 생각해볼 여지가 생긴다.

스펜서 킴볼(코크로치랩스 CEO)

내가 코크로치랩스를 운영하면서 장시간 근무를 최대한 피하려고 노력한 이유 중 하나는 학교를 졸업하자마자 창업한 첫 회사에서 빈번하게 하루 18시간씩 일했던 기억이 났기 때문이다. 당시에는 장시간 일하는 것이 미덕이라고 여겼다.

"우와, 밤늦게까지 일하면서 근사한 일들을 해내고 있군. 정말 대단해."

하지만 14시간을 일하면서 4시간째 그저 컴퓨터 화면만 뚫어지게 쳐다본 적이 몇 차례 있었다. 게다가 업무도 우리가 지금 처리하는 것보다 훨씬 판에 박힌 일들이었다. 현재 우리는 복잡한 제품을 만들고 있고, 제품은 시간이 지날수록 더욱 복잡해지는 것 같다. 극도의 피로에 쫓기지 않는 사람들이라야 이런 제품을 더욱 잘 만들 수 있다.

밤늦게까지 일하는 사람은 심지어 젊더라도 하루 12시간을 넘기면 그저 일한다고 착각하고 있을 뿐이다.

건강 문제가 근무시간 단축을 시도하도록 몰아가기도 한다. 아이슬란드의 디지털 마케팅 컨설팅 기업 허그스미젼^{Hugsmidjan}은 하루 6시간 근무제를 시도하기로 했다. 마게어 슈타이나 인골프손 Margeir Steinar Ingólfsson과 포라린 프리드존슨Þórarinn Friðjónsson이 20년 전 창업했고, 직원 24명을 보유한 기업이다. 인골프손은 만성적인 건강 문제를 겪다가 영적으로 각성하고 근무시간 단축제에 관심을 갖기 시작했다. 프리드존슨은 스키 사고를 당해 중상을 입은 일을 계기로 삶의 우선순위를 다시 매겼다. 두 사람은 가족 친화적인 기업 문화를 조성하는 동시에, 아이슬란드 비즈니스 세계에 더욱 흔해진 프리젠티즘presenteeism(출근은 하지만 정신적·신체적 상태가 좋지 않아 업무 성과가 떨어지는 현상-옮긴이)을 피하고 싶었다.

프리젠티즘과 과도한 노동은 창의적인 산업에서 특히 해롭다. 지속적으로 학습할 기회와 창의성을 자극하는 새로운 아이디어를 떠올릴 기회를 밀어내기 때문이다. 프리젠티즘에 대항하려면 다양한 경험과 '비생산적'으로 보이는 시간의 가치를 존중할 수 있어야 한다. 디자인 컨설팅 기업인 ELSE의 CEO인 워런 허친슨Warren Hutchinson은 이렇게 말했다.

"고객이 우리를 찾는 이유는 우리가 지닌 본질과 관점 때문이고, 우리의 경험을 적용해서 자신들의 문제를 해결하고 싶기 때문입니다." 그러려면 유능한 직원을 채용해 흥미진진한 업무를 맡기되 다른 경험을 할 시간도 주어야 한다. "직원에게 주어진 업무만 하게 하는 것은 경험의 폭을 좁혀 학습 범위를 제한합니다."

고객은 경험을 원하지만 창조적인 영감과 참신함도 원하는데,

사무실에 늦게까지 앉아 있는다고 이런 요소를 얻을 수 있는 건 아니다.

많은 리더는 부모가 되고 나서 시간을 훨씬 효율적으로 사용할 수 있다는 사실을 깨닫는다. 마레이 월러스버거는 첫아이를 낳았을 때 과도한 노동에 대해 다시 생각할 수밖에 없었다. 그녀는 "출산 휴가를 마치고 직장에 복귀하면서 예전보다 훨씬 생산적으로 일하게 됐습니다"라고 말했다. 정신을 더욱 집중하고, 더욱 신속하게 일하고, 더욱 빨리 결정을 내려야 했기 때문이다. "예전엔 업무를 마치기 위해 밤 10시까지 자리에 앉아 있어야 했다니, 지금 생각하면 정말 큰 수수께끼예요."

오스트레일리아 금융 서비스 기업인 콜린스SBA^{Collins SBA}와 독일 IT 기업인 라인강스디지털인에이블러^{Rheingans Digital Enabler}의 CEO는 가족과 함께 시간을 보내기 위해 파트타임 일정으로 바꾸더라도 풀타임만큼 많은 업무를 처리할 수 있다는 사실을 깨닫고, 자사에 하루 5시간 근무제를 도입했다.

트리하우스의 라이언 카슨은 아이가 생기고 나서 부모로서 중요한 역할을 해야 하는 기간이 짧다는 사실을 절실히 깨달았다.

"아이와 함께하는 데에는 18년이라는 시간이 주어지고 그 후에는 끝이에요. 사랑하는 사람과 보낼 수 있는 시간은 그다지 길지 않습니다."

하지만 인습적인 노동 방식에 환멸을 느끼는 것만으로는 충분하지 않다. 종전과 다르면서 더욱 지속 가능한 노동 방식을 실행할 수 있다고 믿어야 한다.

일부 기업은 다른 기업이 경험한 사례에서 영감을 얻는다. ELSE의 CEO 워런 허친슨은 노멀리가 시행한 주 4일 근무제에 대해 듣고 '그렇다면 우리 회사에도 도입할 수 있겠는데?'라고 생각했다. 노멀리의 공동 창업자인 크리스 다운스Chris Downs와 워런 허친슨은 창업하기 전에 런던의 대기업에서 함께 일했다. 업계 베테랑으로 성장한 두 사람은 이제 부모가 됐고, 늦은 밤까지 일하느라 쌓인 피로가 회사와 직업에 전반적으로 미치는 영향을 줄이려면 주 4일 근무제를 도입해야 한다는 사실을 깨달았다.

과학 덕분에 눈을 뜬 리더들도 있다. 런던의 바이든+케네디에서 근무하는 크리에이티브 부서 총괄 책임자 이언 테이트Iain Tait는 스콧 배리 카우프만Scott Barry Kaufman과 캐롤린 그레고어Carolyn Gregoire가 쓴《창의성을 타고나다》와 침묵의 인지적 중요성을 다룬 글들을 읽고 근무시간 단축제에 관심을 가졌다. IIH노르딕IIH Nordic의 공동 창업자인 헨리크 스텐먼Henrik Stenmann은 대니얼 카너먼Daniel Kahneman이 쓴《생각에 관한 생각》을 읽고 근무시간 단축제가 생산성 향상에 기여하리라 확신했다. "습관을 바꾸고, 창의성을 발휘하려면 휴식을 더 많이 취해야 합니다."

내가 인터뷰한 몇몇 리더는 주 5일 근무제나 하루 8시간 근무제는 산업 시대의 유물이고 21세기 직장에 적합하지 않다고 말했다. 그들은 역사가 근무시간을 결정했지만, 기술과 직장에 변화가 일어나면서 그 근무시간이 구시대 유물이 될 수 있다는 사실을 깨달았다. 소수의 리더는 이런 변화를 스스로 일구어냈다.

1985년 존 피블스가 부모를 따라 중국으로 이주했을 당시 중국 기업들은 주 6일 근무제를 운영했다. 어린 피블스는 주 6일 근무제가 좋았다. 토요일마다 놀이공원에 갔는데, 놀이기구를 타려고 줄을 설 필요가 없었기 때문이다. 중국인들이 생활 수준을 높이기 위해 장시간 일하면서 장시간 노동이 수십 년에 걸쳐 표준이 됐다. 하지만 공직자와 정책 수립자들이 1980년대와 1990년대 초 해외에서 더욱 많은 시간을 보내면서 중국에 주 5일 근무제를 도입할 방법을 찾기 시작했다. 1995년 중국은 엄청나게 빠른 경제 성장 속도를 늦추지 않고서도 주 5일 근무제를 공식적으로 시행했다. 놀이기구를 타기 위한 줄은 더 길어졌지만 10대인 피블스가 가르치는 영어 수업에 등록하는 학생들은 늘어났다. 이것은 소비재, 관광, 교육에 투자하는 사례가 극적으로 증가했다는 사실을 보여주는 현상으로 공직자들은 여가가 늘어났기 때문으로 판단했다. 피블스는 20년 후 어드미니스트레이트에 주 4일 근무제를 도입할 때 당시 중국에서의 경험을 떠올렸다.

근무시간을 단축한 이 사례는 의지를 발휘해 현실을 바꾼 개인의 영웅적인 이야기가 아니다. 많은 기업의 사례를 보더라도 창립 멤버나 임원을 포함한 소집단이 근무시간 단축제를 추진하는 경우가 많다. 이때 집단에는 남녀가 함께 있어서 근무시간 단축제를 더욱 객관적인 관점에서 시행할 수 있다. 몇몇 연구에 따르면 일하는 여성, 특히 워킹맘은 시간을 쓰는 방식을 더욱 실용적으로 생각한다. 전문 직업인과 부모의 역할을 동시에 감당하는 여성에게 엄격한 잣대를 들이대며 처벌을 가하는 세상에서 상충하는 두 역할을 감당하느라 허덕이고 있기 때문이다.

/
인재의 채용과 유지
/

주 4일 근무제를 시도하도록 기업을 밀어붙이는 데에는 외부 압력도 작용한다. 많은 기업에서 주 4일 근무제를 채택하는 주요 동인은 직원의 채용과 유지다. 소프트웨어 기업 어드미니스트레이트의 영업 담당 관리자 젠 앤더슨Jen Anderson은 주 4일 근무제가 "우리 회사를 보다 차별화하고, 구직자의 관심을 끄는" 좋은 전략이었다고 상기했다. 에든버러에서 기술 분야는 최근 빠르게 성장 중이었고, 어드미니스트레이트처럼 자체 지역을 기반으로 발생한 스타트업들은 인재를 채용하기 위해 어도비Adobe나 아마존 같은 거대 기술 기업과 경쟁해야 했다.

　의료 통신 기업인 시너지비전Synergy Vision의 창업자이자 CEO인 피오나 도버Ffyona Dawber는 "풀타임 직업을 그만두고 프리랜서로 독립하는 현상이 산업 전반에 확산하고 있다"라고 설명했다. 그러면서 주 4일 근무제가 더 많은 직원을 유지하는 데 기여하기를 희망했다. 일부 레스토랑이 주 4일 근무제를 도입하는 부분적인 이유는 연간 70%에 달하는 업계의 이직율을 낮추기 위해서다. 병원과 양로원에서 간호사들의 교대근무 시간을 단축하는 프로그램을 추진하는 부분적인 이유 역시 숙련된 직원을 잃고 싶지 않기 때문이다.

일본에서 많은 기업은 신입사원을 확보하려는 경쟁에서 앞서는 동시에 기존 직원을 계속 보유하기 위해 근무시간 단축제를 시도하고 있다. 사이보주의 CEO 아오노 요시히사Aono Yoshihisa는 이렇게 설명했다.

"우리는 세계 시장에서 구글, 마이크로소프트와 경쟁하고 싶습니다. 하지만 구글처럼 스탠퍼드대학교를 졸업한 똑똑한 엔지니어들을 채용할 수 없기 때문에 그들의 경쟁 상대가 되기 어렵죠." 하지만 "직원들이 주 3일만 일하고, 워킹맘들이 재택근무를 할 수 있는 멋진 기업"을 만들면 판도를 바꿀 수 있다고 본다.

2016년 야후재팬Yahoo Japan은 몇 년에 걸쳐 주 4일 근무제를 단계적으로 시행하겠다는 계획을 발표하면서, 먼저 직원들이 휴가를 사용해 주 4일 근무를 하게 하다가 나중에는 근무시간을 공식적으로 단축하겠다고 밝혔다. 2017년 소포 배달 기업 사가와Sagawa, 편의점 체인 훼미리마트FamilyMart, 소매 기업 유니클로, 양로원 관리 기업 우치야마홀딩스Uchiyama Holdings는 주 4일 근무로 전환하고 직원에게 하루 10시간 일하거나 임금을 적게 받으면서 하루 8시간 일할 수 있는 선택권을 주었다. 이 기업들은 대부분 더 젊은 직원의 채용을 늘리거나, 연로한 부모를 둔 기존 직원들을 적극적으로 유지하거나, 경영진에 진입하는 여성의 수를 늘리기 위해 그와 같은 정책을 추진했다고 설명했다. 일본 노동청은 직원을 30명 이상 보유한 기업을 대상으로 조사한 결과, 주 4일 근무 형태를 제공하는 비율이 10년 전 3.1%에서 현재 6.9%까지 증가했다고 추산했다.

이와 마찬가지로 한국 기업도 주로 신입사원을 채용하고 기존 직원을 유지하기 위해 근무시간 단축제를 시도하기 시작했다. 충주에 있는 화장품 제조사 에네스티Enesti는 2010년 워킹맘들에게 근무시간을 바꿔달라는 요청을 받고 주 4일 근무제를 시도했다. 새 근무 제도가 크게 성공을 거두자 최종적으로 모든 직원을 대상으로 확대 시행했다. 한국에서 급속히 발전하고 있는 화장품 산업에 속하는 다른 기업들도 에네스티의 성공에 자극을 받고 부분적으로는 직원을 빼앗기고 싶지 않기 때문에 근무시간 단축제를 시도하기 시작했다.

/
사업과 커리어의 지속 가능성
/

고속 성장과 엑시트 전략을 늘 고민하는 스타트업 세계에서 근무

시간을 단축하기로 결심한 창업자들의 마음속엔 지속적으로 생명
력 있는 기업을 구축하고 싶은 니즈가 있다.

　　스킨아울의 애니 테벌린은 "동기가 무엇이냐고요? 만족하고
편안한 삶을 살고, 사업도 내가 통제할 수 있을 만큼 성장하기를
바라기 때문이죠"라고 말했다. IIH노르딕의 스텐먼은 "나는 우리
회사를 지금부터 2년 후에 200만 달러 가치로 키우는 것보다는 10
년 후에 매우 특별하다고 느낄 수 있는 기업으로 키우고 싶습니
다"라고 밝혔다. IIH노르딕은 새 기술과 더욱 효과적인 업무 수행
방식을 개발하라고 직원들을 밀어붙일 때도 "직원들이 안전하다
고 느끼는 직장 환경을 조성하는 것"을 지향한다.

　　전통적인 기업에 다닌다면 과도하게 일할 위험성이 있지만,
기술 기업의 창업자들은 제한된 시간 안에 좀더 정신을 집중해서
일하면 장기적으로는 기업을 더욱 생산적이고 혁신적으로 바꿀 수
있으리라고 생각한다. 제품 디자인 및 개발 컨설팅 기업인 소트봇
의 CEO 채드 파이텔Chad Pytel은 소프트웨어 산업에서 지속 가능한
방식으로 노동 방식을 설계하는 행보는 지속 가능성을 늘리려는
욕구와 경험을 반영한다고 말했다.

　　"우리 회사는 근무시간 단축제를 시행한 지 15년이 됐고 포기
할 생각이 없습니다. 앞으로 15년 동안 꾸준히 시행하려고 계획하
고 있어요." 지속 가능성을 증가시키려 한다고 해서 업무의 효율성
을 희생해야 한다는 뜻은 아니다. "결과가 말해주고 있어요. 우리

의 포트폴리오, 실적, 팀워크는 어느 기업과 비교해도 충분히 생산적입니다."

소프트웨어가 개발되고 폐기되는 속도가 빠르다는 것이 일반적인 견해이지만, 실제로는 그렇지 않다. 코드는 몇 년, 심지어 수십 년간 지속될 수 있다. 매킨토시에서 워드 5.1이 그랬듯 마이크로소프트워드의 초기 대표 코드들은 처음 발표된 이후 7년 만에 다음 버전이 출시됐고, 게임 플랫폼이 더욱 신속하고 강력해지는 상황에서도 레거시 코드는 비디오 게임에서 살아남았다. 이런 점을 고려하면, 제품이 성장하고 성숙할 수 있을 정도로 소프트웨어 기업이 오래 생존하는 것이 실제로 중요하다.

달리 표현하면 이 리더들은 기업을 단순히 부와 명예를 얻기 위한 수단이 아니라, 사업 자체를 목적으로 생각하고 행동한다. 그들은 인터뷰할 때 특유하고 장수할 수 있는 기업을 구축하겠다는 야심을 내보였는데, 기업 문화는 이런 목적을 달성하기 위한 수단이다. 망하거나 효용성을 잃기 전에 현금을 챙길 수 있는 기간이 몇 년에 불과하다고 가정하면서 사업하는 환경에서는 벤처투자가들의 기대를 충족시키고, 그럴듯한 외양을 갖추고, 시간을 초인적으로 투입하기를 요구하는 문화가 자리 잡을 가능성이 크다. 이와 대조적으로 근무시간 단축제로 전환한 창업자들은 장기적인 관점으로 무장하고, 자신이 창업하는 마지막 기업이라는 마음가짐으로 영속적인 기업을 구축하기 위해 노력하고 있다.

지속 가능성 개념은 경력에까지 확장 적용된다. 셰프들은 레스토랑 직원들의 삶을 개선하는 문제를 거론하면서 지속 가능성 개념을 적용하고 있다. 2017년 마에모의 셰프 에스벤 홀름보 방 Esben Holmboe Bang은 이렇게 말했다.

"많은 요리사들이 실력을 키우며 오래도록 일하고 싶어 하지만 정작 이를 위해 지속 가능한 환경을 조성하는 것은 망각하고 있습니다."

그에게 근무시간 단축은 "레스토랑 사업을 지속 가능하게 할 수 있는지 타진하기 위한" 실험이고, "요리사, 웨이터, 웨이터 보조, 설거지 담당자에게 더욱 지속 가능한 삶을 제공하기 위한" 실험이다. 근무시간 단축제를 시도하는 거의 모든 사람은 지속 가능한 경력을 뒷받침하는 지속 가능한 기업을 구축하고 싶어 한다.

| 회사 소개

퍼슈트마케팅Pursuit Marketing: **주 4일 근무제를 통해 채용을 개선한다**

운영이사인 로렌 그레이Lorraine Gray는 퍼슈트마케팅이 "그저 숫자 게임을 하며 상품을 거래할 뿐인 흔한 콜센터가 아닙니다"라고 말했다. 퍼슈트마케팅 사무실에서 CEO인 패트릭 번Patrick Byrne과 함께 만난 자리에서 가장 먼저 한 말이다.

2011년 로렌 그레이, 패트릭 번, 전무이사인 로버트 코플랜드 Robert Copeland가 창업한 퍼슈트마케팅은 대기업에 자사 제품을 판매하려는 주요 기술 기업과 계약을 맺는 모델을 기반으로 설립됐다. 이런 사업을 영위하려면 고도로 숙련된 텔레마케터를 고용하고 유지해야 한다. 그레이는 이렇게 설명했다.

"우리 직원들은 FTSE 250 지수에 속하는 기업의 최고재무관리자 CFO와 내년 재무 계획에 대해 이야기해야 하는 상황에도 대처해야 합니다. 언제든 경제와 관련된 깊은 대화를 할 수 있도록 많은 훈련이 필요하죠."

게다가 일반적인 텔레마케터보다 사업의 경제학을 잘 파악하고 있는 직원을 보유해야 한다. 그레이는 이렇게 설명했다.

"일반적인 기업의 직원은 시간을 많이 투입하고 나서는 스스로 일을 잘했다고 생각합니다. 하지만 그저 하루 12시간 동안 전화기에 대고 말하는 것은 실제로 의미가 없어요. 우리가 생각하는 성공은 고객과 의미 있는 상호작용을 하고 긍정적인 결과를 끌어내는 것입니다. 긍정적인 결과 다섯 개를 얻기 위해 전화를 30번 거는 직원과 두 개를 얻기 위해 전화를 150번 거는 직원이 있다면, 나는 전화를 되도록 적게 걸고 긍정적인 결과를 더 많이 거두는 쪽을 원합니다. 시간보다 업무의 질이 중요하다는 뜻이죠. 따라서 고객의 제품·브랜드·시장을 정확히 알고 포지셔닝하도록 직원을 훈련하는 것이 중요합니다. 이것이 관건이에요."

글래스고는 유럽에서 콜센터가 집중되어 있는 곳이고, 사람들이 높은 연봉과 보너스를 좇아 직장을 옮기는 '잡호핑job hopping 문화' 가 퍼져 있다. 그레이는 "기업이 직원의 훈련에 투자한다면 그가 6개월 후에 그만두는 걸 원하진 않겠죠"라고 말했다. 퍼슈트마케팅은 2016년 초까지 텔레마케터를 50명까지 보유할 정도로 성장했고 그들을 유지하기 위해 다양한 특전을 추가해 헬스 프로그램, 무료 조식, 웰니스wellness(웰빙과 피트니스를 결합한 단어로 행복하고 건강한 삶을 뜻한다-옮긴이) 코치이자 개인 트레이너, 심지어 스코틀랜드의 깊은 겨울 동안 테네리페섬에서 보내는 직원 전체 휴가 등을 제공했다. 하지만 영국의 느린 경제 회복, 브렉시트Brexit, 스코틀랜드 국민투표와 함께 발생한 불확실성으로 압박을 받기 시작했다.

만약 퍼슈트마케팅이 비용을 절감하는 방식으로 대응한다면 바닥으로 치닫는 여느 콜센터와 비슷한 처지로 전락할 위험성이 있다. 그러면 직원의 충성도를 끌어내리고, 최고 실적을 올리는 직원들이 경쟁사로 옮겨 갈 것이다. 이 점은 심각한 걱정거리로 떠오르고 있다. 그레이는 이렇게 설명했다.

"글래스고로 이전한 대형 IT 업체들이 도시에 처음 진입하면서 인재를 끌어들이기 위해 높은 연봉을 제시했습니다. 우리 직원들은 마이크로소프트 제품뿐 아니라 오라클Oracle, 세이지Sage, 기타 기업들이 생산하는 모든 제품에 대해 교육을 받았으므로 그 기업들의 스카우트 대상 명단에서 상위를 차지했을 것입니다. 따라서 급진적인 변화를 일으킬 방법을 강구해야 했습니다. 매출을 지속적으로 늘리고 우리가 원하는 목적을 이루기 위해 노력해야 했어요. 또 직장을 옮기고 싶다는 유혹에 빠지지 않도록 직원들을 계속 만족시킬 대책을 세워야 했습니다."

퍼슈트마케팅은 비용을 줄이거나 연봉을 동결하는 방식으로 대응하지 않고, 다른 부분을 개선했다. 2016년 9월 모든 직원의 연봉을 그대로 유지하면서 주 4일 근무제로 전환한다고 발표했다. 패트릭 번에 따르면, 퍼슈트마케팅 리더들은 근무시간 단축이 "단순히 형식적인 행보가 아니고 실제로 기업을 변화시킬 것"으로 봤다. 번은 외부 세계가 대담하고 확신에 차 있다고 생각할 만한 행보를 취하고 싶었다. 영국 정부가 경기 침체에 뒤이어 도입한 긴축 조치는 단기적으로는 합리적인 것 같았지만 장기적으로는 무모해 보였다. 번은 이렇게 설명했다.

"사업·경제·국가를 막론하고 투자를 많이 할수록 가치가 커집니다. 직원에게 더 많은 가치를 부여할수록 직원의 생산성은 커지고, 기업의 수익은 늘어나기 마련이죠. 회사의 규모가 매우 작았을 때 우리는 '이 사업을 가동하려면 특단의 조치를 취해야 한다. 비용 삭감은 사업을 죽이는 길이고, 투자는 사업을 살리는 길이다'라고 생각했고, 실제로 그렇게 행동했습니다."

퍼슈트마케팅은 특히 두 가지 점에서 근무시간 단축을 성공적으로 도입할 수 있으리라 확신했다. 첫째, 한 연구 결과를 보면 직원의 90%가 목요일 오후까지 주당 판매 목표를 달성했고, 나머지 10%는 금요일까지도 목표를 달성하지 못했다. 둘째, 주 3~4일을 근무하는 워킹맘들이 창출한 수입을 검토하고 나서 그레이는 "그 워킹맘들은 기존 제도대로 주당 38시간 일한 직원들만큼 또는 그 이상으로 성과를 기록했습니다"라고 말했다.

퍼슈트마케팅은 업계 평균보다 높은 연봉을 주고 있으므로 이미 구직자들에게 "동경의 대상이고, 일하고 싶은 기업"이었다고 그레이는 덧붙였다. 주 4일 근무제로 전환하겠다는 발표와 함께 채용 성과가 더더욱 개선됐다.

"근무시간을 단축하겠다고 발표하고 나서 자발적인 구직 신청 건수가 500% 증가했고, 회사 웹사이트를 통해 매주 많은 지원서가 들어오고 있습니다."

퍼슈트마케팅의 연간 직원 유지율은 98%까지 치솟았다. 사업에 미치는 혼란을 줄이고 헤드헌터에게 주는 수수료를 크게 절감할 수 있다는 뜻이었다. 퍼슈트마케팅은 근무시간 단축제를 도입하고 나서 2016년 스코틀랜드 비즈니스 상, 2017년 스코틀랜드 가족친화적 근무 상, 2018년 일하는 가족 상을 비롯해 많은 상을 받았다.

퍼슈트마케팅은 근무일수에 비해 많은 임금을 지급하면서도 수익을 유지하고 있다. 그레이는 "우리 회사는 더욱 효율적으로 가동되고 있을 뿐 아니라, 고객에게 더 많은 서비스를 제공하면서 수익도 더 많이 거두고 있습니다"라고 설명했다. 직원들은 의사를 찾거나 운동을 하거나 심지어 몸을 회복할 시간을 가질 수 있으므로 "병가가 거의 사라지다시피 했습니다. 이것은 콜센터 세계에서는 전례를 찾아볼 수 없는 기록입니다"라고 덧붙였다. 고객사들도 근무시간 단축에 반대하지 않았다. 많은 고객사가 유연근무나 원격근무를 하고 있으므로, 직원의 사생활을 보장하면서 생산성을 최대화하기 위해 근무시간을 조정할 필요성을 이해했다. 패트릭 번의 추산에 따르면, 퍼슈트마케팅은 근무시간을 단축하려고 노력한 결과 2018년 매출을 21억 달러 늘렸다. 그 매출액은 34개국의 고객사를 상대로 창출한 것이다.

주 4일 근무제를 시행하면서도 퍼슈트마케팅의 성장은 둔화되지 않았다. 2019년 말까지 유럽에서 사업을 확장해 스페인 말라가에 직원 50명을 보유한 사무소를 열었고, 북미에 사무소를 추가로 세우는 방안을 검토하고 있다. 또 데이터 중심 판매 및 마케팅 기업인 4icg 그룹을 설립하기 위해 글래스고에 본사가 있는 피어스디지털Fierce Digital, 런던에 있는 컨설팅 기업 소프트웨어어드바이저리서비스Software Advisory Service와도 손을 잡았다. 협력 기업들도 주 4일 근무제를 선택해 퍼슈트마케팅과 비슷한 성과를 거두고 있다. 예를 들어 소프트웨어어드바이저리서비스는 근무시간을 22% 단축했는데 생산성이 오히려 30% 증가했다.

주 4일 근무제를 시행하고 싶어 하는 기업에 어떤 조언을 해주고 싶은지 묻자 그레이는 이렇게 대답했다.

"자체적으로 기준을 세워야 합니다. 우리는 '측정할 수 없으면 개선할 수 없다'를 모토로 움직입니다. 현재 업무성과를 어떻게 측정할지, 현재 주 5일 근무제를 시행해서 성공을 거두고 있다는 걸 어떻게 확인할지, 주 4일 근무제에 어떤 기대를 걸지, 그 기대를 어떻게 달성할지 가장 먼저 검토해야 합니다."

숫자에 비중을 두는 판매 지향적인 기업이 주 4일 근무제를 선호하는 DNA를 가지고 있으리라고는 상상하기 힘들 것이다. 하지만 퍼슈트마케팅은 명확한 지표를 사용하고, 실제 근무시간보다는 의미 있는 참여에 비중을 두고, 지속적인 성장을 추구하는 문화를 결합함으로써 성공을 거뒀다. 그레이는 이렇게 말했다.

"모든 직원은 성과 지향적이며 정신을 집중해 업무를 추진하면서, 자신이 목요일까지만 근무하더라도 한 주 업무를 성공적으로 완수할 수 있다는 사실을 알고 있습니다."

/
비효율성의 제거
/

많은 창업자가 전통적인 직장의 비효율성을 비판하고, 직장과 직원의 근무시간을 최적화하기를 열렬히 바라면서 근무시간 단축제를 시도해보고 싶어 한다. 애니 테벌린은 "내가 사무실에서 일할 때를 생각해보면 근무시간 가운데 1~2시간은 그다지 생산성을 발휘하지 못했습니다"라고 털어놓았다. "대부분 직원은 하루 5~6시간이면 주어진 업무를 완수할 수 있었어요."

창업자들은 과도한 노동은 직원의 삶을 소진하므로 좋지 않고, 불필요한 데다가 피할 수 있는 문제라고 생각한다.

개발자에게 비효율성은 매우 큰 문제다. 현대 직장에는 정신을 집중해 업무를 처리하려는 직원들을 방해하고 주의를 분산시키는 요소가 너무나 많다. 필라델피아 소프트웨어 기업 와일드비트의 공동 창업자인 나탈리 나겔Natalie Nagele은 이렇게 말했다.

"내가 면접을 볼 때 많은 구직자가 '저는 밤에 가장 효율적으로 일합니다'라고 말하더군요. 낮 동안 일을 제대로 할 수 없기 때문에 밤에 가장 효율적으로 일한다는 뜻이죠. 소프트웨어 개발자가 좋은 결과를 내려면, 주의를 집중하고 전혀 방해받지 않고 일할 수 있는 공간과 시간이 필요합니다. 종류를 불문하고 주의를 흩뜨리는 요소는 전체 근무시간 중에서 몇 시간을 허비하게 하고, 좌절을 안기고, 사기를 극도로 꺾어놓습니다."

소프트웨어 기업은 주 4일 근무제로 전환하면서 개발팀을 격려해 주의를 분산시키는 요소를 제거하고, 정신을 집중해서 업무 흐름을 타게 한다. 때로 개인 생산성을 증진하는 실험들이 개발자들에게 인기를 끌면서 조직 변화의 장점을 부각하기도 한다. 베를린에 본사가 있는 소프트웨어 기업 플라니오^{Planio}의 창업자 얀 슐츠-호펜^{Jan Schulz-Hofen}은 이렇게 설명했다.

"우리는 2017년 초부터 금요일에 휴무하면서 노트북을 들여다보지 않고, 이메일을 지나치게 자주 확인하지 않는 방안을 실험하기 시작했습니다." 플라니오는 클라우드 기반 생산성과 협업 관련 소프트웨어를 제작하므로, 업무 수행 방식과 이를 향상시키는 방법에 대해 많이 고민한다. 슐츠-호펜이 말을 이었다. "나는 근무 시간을 단축하는 방법이 집중력을 회복하고 에너지를 충전하고, 월요일부터 목요일까지 훨씬 효율적으로 일하는 데 유용하다는 사실을 곧 깨달았어요. 그래서 전체 직원을 대상으로 주당 근무시간에서 하루를 줄이는 실험을 해보자고 제안했습니다."

/
삶과 일의 균형
/

어떤 리더들은 노동력 착취를 줄이고 삶과 일을 좀더 조화롭게 이끌어가고 싶어 한다. 많은 일과 바쁜 생활보다 휴식과 여가를 우선하면서, 경제적 생산이라는 잣대로 자신을 규정하라고 부추기는 문화적 규범에 저항한다는 뜻으로 이해할 수 있다. 슐츠-호펜은 이렇게 말했다.

"오늘날 기업들은 생산성을 더 잘 발휘하도록 도와주는 도구를 모두 갖추고 있습니다. 하지만 그렇게 생긴 여분의 시간을 직원이 즐길 수 있는 자유 시간으로 바꾸진 않습니다. 대신 훨씬 더 많은 업무를 맡겨서 그 시간을 쓰게 하죠. 나는 그러고 싶지 않았습니다."

영국 글로스터에 본사가 있는 라디오액티브PR의 창업자 리치 레이Rich Leigh는 이렇게 주장했다.

"기술이 마땅히 삶과 일의 균형에 도움이 되어야 하는데도, 현실에서는 오히려 방해가 됩니다. 일을 하다 보면 밤 11시가 됐는데도 누군가에게 받은 이메일에 답장을 보내고 있죠. 슬픈 현실입니다. 하지만 주 4일 근무제를 도입하면 변화를 일으키기 위한 시동을 걸 수 있습니다."

이 역설은 누구나 잘 알고 있다. 모바일 장치는 어느 장소에서든 일할 수 있게 해주는 등 더욱 큰 유연성을 제공하지만, 역설적으로 어디에서나 일할 수 있으리라는 기대를 갖게 한다. 2017년 갤럽 조사에 따르면, 미국 노동자의 47%는 근무시간 이후에도 업무 관련 이메일을 가끔 또는 자주 확인했다. 다른 조사 결과를 보더라도 46%는 눈을 뜨자마자 이메일을 확인했다. 버지니아 공과 대학교 윌리엄 베커William Becker 교수는 이런 행동으로 '경계가 유연한 업무'가 자주 '경계 없는 업무'로 바뀐다고 설명했다. 주 4일 근무제로 전환한 기업의 리더들은 기술을 활용해 생산성을 높이고 자유 시간을 더 많이 만들어내라고 기업을 독려하면서 기존의 일하는 방식을 바꾸고, 그 방식을 만들어낸 무의식적 습관을 뿌리 뽑는 것을 목표로 삼는다.

지금까지 다양한 기업이 근무시간 단축제를 시행해 성공을 거뒀다는 내용을 살펴봤다. 앞으로는 기업들이 근무시간 단축제를 어떻게 시행했는지, 그리고 어떤 대가와 혜택이 따랐는지 자세히 살펴볼 것이다. 자신이 속한 기업이 다음 중에서 한 가지 이상의 문제에 직면해 있다면 단축 근무제를 탐색해볼 만하다.

○ 극도의 피로 단축 근무제는 창업자와 리더에게 휴식하고 재충전할 시간을 준다. 또 조직에 더욱 주목할 만한 규율을 조성하고, 모든 직원에게 극도의 피로를 유발하는 스트레스를 줄일 수 있도록 새로운 규칙을 개발할 근거를 제공한다.

○ 직원의 채용과 유지 많은 기업들이 업계 전반에 걸쳐 존재하는 직원 유지 문제에 대응하거나, 더욱 규모가 큰 경쟁 기업에 대항해 인재 채용을 둘러싸고 경쟁하거나, 더욱 숙련된 직원을 유치하기 위해 근무시간 단축제를 채택하고 있다.

○ 삶과 일의 균형 수십 년 동안 실험적으로 시행하고 내린 결론에 따르면, 회사에서 좋은 의도로 만든 프로그램조차 삶과 일의 균형을 개선하는 데에는 엄연한 한계가 있다. 대부분 기업은 직원들, 특히 여성

들에게 가족이 없는 사람처럼 일하고, 일하지 않는 사람처럼 자녀들을 키우기를 기대한다. 두 가지 역할을 완벽하게 수행하지 못하면 비난하고, 아이들과 더 많은 시간을 함께 보내도록 계획된 프로그램을 이용했다는 이유로 불이익을 준다. 근무시간 단축제는 삶과 일의 균형을 더욱 단순하고 급진적으로 향상시킬 수 있는 길을 제시한다.

○ 조직의 지속 가능성 많은 리더는 개인적으로도 극도의 피로를 피해야 하기 때문에 근무시간 단축제의 도입을 고려한다. 또 고성과자들이 극도의 피로에 시달려 회사를 그만둘 가능성을 줄이고, 성숙할 때까지 여러 해가 걸리는 제품에 대해 집중적으로 일하면서 집단 지식과 인내심을 풍부하게 쌓을 수 있는 기업을 구축하고 싶어 한다.

○ 창의성 책상에서 벗어나 시간적 여유를 누리거나, 새 아이디어 또는 경험을 접하거나, 단순히 잠재의식 속에서 아이디어를 배양하는 것은 창의성을 자극하고 유지하는 데 중요하다. 기업은 창의성을 원료처럼 다루어 직원에게서 뽑아내고 소진되면 버리든지, 아니면 지속 가능한 자원으로 다루어 창의적인 직원들이 새로운 아이디어를 공급하고 발달시킬 수 있도록 지원하든지 둘 중 하나를 택할 수 있다.

자신이나 자신의 기업·직원·동료가 이런 문제에 직면해 있다면 근무시간 단축제를 고려하길 권한다.

주 4일 근무제를 포함해 근무시간 단축제를 이미 시행하고 있는 대부분 기업이 소수 산업에 몰려 있기는 하지만, 자사가 속한 업계에서는 시행할 수 없다고 단정하지 말아야 한다. 몇 년 전만 해도 주 4일만 근무하는 레스토랑도, 화장품 제조사도, 금융 서비스 기업도, 콜센터도 없었다. 누군가는 첫 테이프를 끊어야 한다. 근무시간 단축제로 전환한 기업들 가운데 다수는 자사에 적용할 수 있는 모델을 찾을 수 없었다. 자사가 속한 업계 또는 국가에서 최초로 시행하고자 하는 상황이었거나, 비슷한 규모의 어떤 기업도 시도한 적이 없었기 때문이다. 앞으로 살펴보겠지만 디자인 씽킹으로 근무시간 단축제에 접근하면 초기 위험을 줄이는 방법을 찾고, 성공과 실수에서 신속하게 배우고, 방법을 반복하여 적용하는 데 유용하다.

도약할 준비가 됐는가? 이제 각오를 다지고 계획을 세울 때다.

SHORTER

새로운 제도를 위해
무엇을 준비하고,
어떤 문제에 대처해야 하는가

아이디어 창출 단계에서는 조직을 리디자인하는 방법을 탐색한다.

근무시간 단축제를 도입하고 싶어 하는 기업은 그 전에 먼저 밟아야 하는 조치들을 아이디어 창출 단계에서 진지하게 고려한다. 기업 운영 방식, 직원의 시간 사용 방식, 자동화할 수 있는 업무, 제거할 수 있는 업무 등에서 비효율성을 찾는다. 변화로 인해 기업이 맞닥뜨릴 가능성이 있는 문제들도 함께 생각한다. 근무시간 단축제가 효과를 내려면 어떤 문화적 규범과 행동에 변화를 가져와야 하는지도 고민한다.

아마도 가장 중요한 점을 꼽자면, 아이디어 창출 단계에서는 문제에 대한 생각이 소규모 의사결정자 집단에서 전체로 확대된다는 점이다. 이 단계에서는 신중한 심의와 토론이 절대적으로 필요하다. 기업은 전화 통화를 처리하는 방법, 마감일을 관리하는 방법, 생산성 향상이라는 이점을 공유하는 방법 등 매우 실용적이고 현실적인 문제를 생각해야 하고, 리더와 직원들이 함께 고민해야 한다. 주 4일 근무제를 시도하겠다고 결정하는 것은 리더들이지만 제도를 유효하게 시행하는 방법을 찾아내는 것은 직원 전체의 몫이다.

영국 런던, 래너 스트리트

더믹스의 회의실에서 태시 워커가 말했다.

"나는 인간 행동을 이해할 목적으로 2012년 더믹스를 창업했습니다. 처음부터 많은 실험을 하고, 새로운 방식을 시도하고, 다른 방식으로 일해보는 방향으로 사업에 접근하고 싶었어요." 더믹스가 둥지를 틀고 있는 런던 동남부 버먼지는 빅토리아풍의 거래소와 창고가 들어서 있고 창의적인 노동자들로 북적인다. "우리 사업의 출발점은 '어떻게 하면 사람들을 더욱 잘 이해할 수 있을까?'입니다. 행동경제학에 조금이라도 관심이 있다면 '왜 사람들은 특정 행동을 할까? 왜 특정 물건을 좋아할까? 시장에 들어갔을 때 무엇을 할까?'라는 의문에 매료될 것입니다."

"우리가 수행하는 사업의 중점은 사람을 이해하는 것이고, 변화한 세상에서 어떤 역량을 갖춰야 할지 탐색하는 것입니다." 워커가 말을 이었다. "우리 기업은 언제나 사람들에게 초점을 맞추려고 노력합니다. 사업을 하다 보면 약간씩 초점이 흐려질 때가 있기 때문이죠. 그러면 우리가 더믹스에서 무엇을 하는지, 직원으로서 어떤 모습을 보이는지 생각하게 됩니다. 또 자신의 인간적 속성을 표현하는 작업 방식을 찾도록 직원을 격려해야 한다고 항상 인식하고 있죠."

워커는 2012년 더믹스를 설립하기 전에 7년 동안 광고계에서 일했다. 더믹스는 네스카페, 폴로, 퓨리나Purina, 스미노프Smirnoff 등 유명 브랜드를 고객으로 확보하고 있다. 그는 이렇게 말했다.

"사업을 운영하는 것은 힘들어요. 스트레스가 쌓이죠. 사업가들이 신경쇠약에 걸릴 가능성이 상당히 크다는 기사를 읽은 적이 있습니다. 나도 사업을 시작한 지 4~5년 정도 지났을 때 엄청난 피로를 느꼈습니다. 이런 문제를 다른 사람들과 이야기해보면 요즘에는 더 힘들어졌다는 걸 알 수 있어요. 우리 직원들도 그렇고, 고객에게서도 절실히 느끼고 있어요. 하지만 나는 기업을 소유하고 있기 때문에 새로운 방법을 시도할 수 있습니다. 개인에게 혜택이 돌아가지 않는다면, 더욱 열심히 일하며 맹목적으로 사업을 추진하는 것이 무슨 소용이 있겠습니까?"

워커는 공동 창업자인 오스틴 엘우드Austin Elwood, 전무이사인 제마 미첼Gemma Mitchell과 함께 질문을 던지기 시작했다.

"우리는 '잠깐, 그렇다면 우리는 어떻게 일하고 싶은 거죠? 아마도 다른 길이 있을 거예요. 다른 작업 방식을 검토해봅시다'라고 말하며 대화하기 시작했습니다. 우리 회사가 추구하는 가치가 인간답게 살고 자기 인간성을 유지하는 것이라면, 주 50~60시간 일하면서 이런 가치를 훌륭하게 추구하고 있다고 주장할 순 없기 때문입니다."

그들은 일주일 중 하루는 반나절을 쉬거나, 집에서 일하거나, 유연근무제를 시행하는 등 다양한 모델을 몇 개월 동안 검토했다. 실험 과정이 끝날 무렵 워커는 이렇게 말했다.

"우리는 세 가지 선택지를 도출했습니다. 즉 직원들이 좀더 유연하게 근무시간을 선택하거나, 금요일에 반나절 근무하거나, 주 4일 근무하는 것이었어요. 회사 입장에서 주 4일 근무는 매우 급진적인 정책이었기 때문에 나는 정말 많이 긴장했습니다. 당연하게도, 창업자로서 우리 회사가 성공하기를 바랐거든요. 정말 큰 모험이기는 했지만, 주 4일 근무제 외의 선택지는 반쪽짜리 조치에 그친다고 느꼈습니다. 주 4일 근무제가 올바른 길이고 위험을 무릅쓸 만한 가치가 있다고 판단했어요. 주 4일 근무제는 내게도 중요했습니다. 평소처럼 일하면서 시간만 줄인 게 아닐 정도로 파괴적이어야 했고요. 그래서 우리는 업무를 다른 방식으로 추진하고, 근무시간 단축제를 진지하게 고려하면서 반쪽이 아니라 제대로 된 제도를 시행하기로 했습니다."

세 사람이 주 4일 근무제를 이사회에 제출해 승인을 받았고, 워커가 회사 전체 회의에서 발표했다.

디자이너인 데이비드 스콧David Scott은 그때를 이렇게 회상했다.

"프로젝트와 관련한 여러 아이디어를 거론하고, 무엇이 효과가 있는지 아니면 효과가 없는지 의논하는 자리에서 주 4일 근무제를 시행한다는 발표를 들었습니다."

미첼이 덧붙였다. "우리는 주 4일 근무제를 실제로 시행했을 때 어떤 결과가 나올지 몰랐어요. 그래서 한 달의 예고 기간을 두었습니다."

"솔직히 말하면, 계획을 발표했을 때 열렬한 환성이 터져 나오리라 기대했어요." 워커가 설명했다. "하지만 그렇지 않았어요."

"회의의 목소리가 들렸습니다." 스콧이 말을 받았다. "직원들은 '잠깐만, 여기에 대체 어떤 의미가 있는 거지?'라고 생각했던 것 같아요."

첫 반응

주 4일 근무제를 시행하기로 했다는 소식을 처음 들었을 때 직원들 사이에는 불신과 회의의 분위기가 감돌았다. 언론의 반응도 비

숫하다. 기업들이 근무시간을 단축하겠다고 발표하면 일부 매체는 대단히 열광적으로 보도하지만, 대부분은 미심쩍어하거나 모호한 반응을 보인다.

라인강스디지털인에이블러를 인수했을 때 라스 라인강스Lasse Rheingans는 회사 전체 회의에서 앞으로 하루 5시간 근무제를 시행한다고 발표했다. 그는 이렇게 회상했다.

"직원들은 내가 농담을 한다고 생각했습니다. 어색한 침묵이 흘렀고 직원들은 웃어야 할지 울어야 할지 그저 기뻐하면 될지 갈피를 잡지 못했죠. 나는 상당히 진지하게 말했어요. '아뇨, 진심입니다. 회사 전체에 하루 5시간 근무제를 시행해보려 합니다. 그 외에 바뀌는 것은 없어요. 임금도 휴가도 달라지지 않습니다. 2개월 동안 시도해보고 싶습니다'라고요." 그러자 급기야 침묵이 깨졌다. "작업 환경을 바꾸는 이 파격적인 아이디어에 대해 다들 읽어보았으리라고 생각했어요. 결국 직원들은 하루 5시간 근무제를 시도할 정도로 괴짜인 새 리더를 환영했습니다."

라디오액티브PR에서 리치 레이는 직원들에게 글을 보내 주 4일 근무제를 시행한다고 발표했다. 새로운 근무제를 개략적으로 설명하고, 직원들에게서 나올 법한 질문에 대한 답을 적어 직원들에게 이메일로 보냈다.

보내는 사람: 리치 레이

날짜: 2018년 6월 14일 15시 22분

받는 사람: 전 직원

제목: 약간 색다른 계획

첨부한 글을 읽고 난 후에 아래층 회의실에서 만나 이 문제를 함께 의논해봅시다. 여러분이 좋아하리라는 예감이 듭니다.

리치는 아래층으로 향했고, 몇 분 후 직원들이 모두 모였다. 리치는 이렇게 회상했다.

"직원들은 대뜸 '농담이시죠?'라고 말했어요. 나는 '아뇨'라고 딱 잘라 대답하고 '다른 질문은 없나요?'라고 되물었습니다."

영국 노리치에 있는 광고대행사 플록flocc의 이사 마크 메리웨스트Mark Merrywest는 직원 전체가 참여한 수련회에서 하루 6시간 근무제를 도입하겠다고 발표했다. 직원들이 기업 운영 방식을 어떻게 바꿀지 토의하는 동안 메리웨스트는 보드에 '이제 때가 왔습니다. 우리는 앞으로 하루 6시간 일할 것입니다'라고 썼다.

"회의실에 불신의 분위기가 퍼졌어요. 사방이 조용해지더군요. 모두 보드를 뚫어지라 쳐다보고만 있었습니다." 메리웨스트가 말했다. "왜들 그래요?" 그가 직원들을 둘러보며 물었다. "어떻게 생각하나요?"

직원 하나가 손을 들었다. "농담하시는 거죠?"

메리웨스트가 "아뇨, 왜 농담이라고 생각하죠? 이 계획이 싫어요?"라고 되물었다.

대개 직원들은 근무시간이 줄어들면 임금이 깎이거나, 회사가 재정적으로 곤란한 상황에 처했다는 신호일까 봐 걱정한다. 직원들은 즉각적으로 이런 문제들을 하나씩 짚고 넘어갈 것이므로 "주 4일 근무에 대해 투명하게 말하는 태도가 정말 중요해요. 새 제도를 시행하려 할 때는 압박감과 기대감이 동시에 존재하기 마련이니까요"라고 워커가 설명했다. "그래서 임금을 삭감하려는 의도가 없다는 걸 전 직원에게 분명히 밝혔습니다. 또 비용을 절감하기 위한 조치도 아니라고 못 박았죠. 직원들은 기존 임금을 그대로 받을 것이고, 이 점은 매우 중요합니다."

플록의 사업개발이사 에밀리 웨스트Emily West는 이렇게 설명했다.

"업무를 제대로 마치지 못하고, 업무를 처리할 시간이 충분하지 않아서 고객이 화를 내고 직원들이 스트레스를 받을 수 있다는 우려가 있었습니다. 하지만 뚜껑을 열어보니 실제로는 그렇지 않았어요."

메리웨스트가 덧붙였다. "직원들은 '우리는 무엇을 하면 될까요? 어떤 방향으로 나아가야 할까요? 그러려면 협력해서 무엇을 해야 할까요?' 등을 궁금해했습니다."

직원들은 다른 성격의 문제들도 제기했다. 많은 직원이 직업에서 의미를 찾거나 직장에서 친구를 사귄다. 실업자나 은퇴자가 우울증에 걸릴 가능성이 더 큰 것도 이 때문이다. 그렇다면 근무시간을 20~25% 단축하면 행복이 20~25% 감소할 위험성이 있지 않을까? 실업은 사람들의 건강과 주머니 사정에 확실히 해롭고, 파트타임이나 호출형 계약직 근무자들은 풀타임 노동자보다 스트레스를 더 많이 받는 경향이 있다. 실업자들은 여유로운 여가 활동을 하는 데 시간을 쓰지 못한다. 수면 시간과 TV 시청 시간이 더 길고, 우울증 증상을 겪을 가능성이 더 크다. 심지어 은퇴자 중에는 일하지 않을 때 찾아오는 단점을 실감하기도 한다. 일상적이고 규칙적으로 사람을 만나지 못하고, 접촉하지 못하고, 일할 때 따라오는 목적의식을 상실하는 것이다.

하지만 가치 있는 일을 하고 있다는 인식과 웰빙, 근무시간 간에 직접적인 관계가 있을까? 다행히도 케임브리지대학교에서 한 집단이 정확하게 이 문제를 연구했다. 이 집단은 영국 가구를 대상으로 추적연구를 실시해 수집한 자료를 바탕으로 고용 시간, 행복 수준, 웰빙 사이의 관계를 조사했다. 이 연구는 7만 명 이상을 대상으로 10년 이상 지속한 것으로 풀타임으로 일하거나 파트타임으로 일하는 사람, 연구 기간 내내 일한 사람, 연구 기간에 직장을 구하거나 잃은 사람이 섞여 있었다.

연구자들은 행복과 웰빙은 대략 '주 8시간' 근무할 때 절정에 이르고, 더 오래 일하더라도 증가하지 않는다고 발표했다. 직업이 있으면 정신건강 문제를 겪을 위험성이 줄어들지만, 수입이 웰빙에 미치는 영향을 통제하는 경우에는 주 40시간을 일한다고 해서 20시간 일하는 것보다 2배로 행복해지지는 않는다. 따라서 근무시간을 주 30~32시간으로 단축하더라도 행복이 줄어들 위험성은 거의 없다.

더믹스의 리더들은 주 4일 근무제를 도입하겠다는 계획을 발표하고 나서 한 달 동안 제도의 세부 사항을 결정했다. 미첼은 주 4일 근무제를 실행하는 방식을 논의하는 자리에서 직원들에게 변화에 대한 우려를 표현할 기회를 주었다. 스콧은 이렇게 설명했다.

"5일 동안 처리했던 업무량을 어떻게든 4일 안에 처리해야 한다고 추측하기 마련입니다. 많은 직원이 망설이는 것도 바로 이 때문이죠."

리더들은 직원들이 우려하는 사항을 하나씩 짚어나가면서, 문제를 제기하고 처리하면 두려워하는 상황이 발생하지 않으리라고 직원들을 안심시켰다. "처음에는 직원들이 업무를 완수하지 못할까 봐 걱정했습니다"라고 워커는 회상하면서 직원들에게 많은 질문을 받았다고 했다. "스트레스가 늘어날까요? 아니면 줄어들까요? 지금은 업무를 주 5일 안에 어떻게 처리해야 할지 압니다. 그렇다면 같은 양의 업무를 어떻게 4일 안에 처리할 수 있죠? 이 제도를 시행하면 회사는 어떤 이익을 얻나요? 임금을 삭감하지 않겠다는 약속은 사실인가요? 우리가 모르고 있는 사항이 있나요? 등 많은 질문이 나왔습니다." 근무시간의 현재 구성 방식을 고려하고, 마찰이나 비효율성의 근본 원인을 파악하고, 비효율성을 제거할 방식을 연구하면 주 4일 근무제를 긍정적으로 받아들일 수 있다. "우리는 전 직원이 안심할 수 있도록 몇 주 동안 토론을 거듭했습니다."

미첼은 이렇게 회상했다.

"우리는 한 팀으로 뭉쳐서 SWOT 분석(기업 환경을 분석해 강점·약점·기회·위협 요인을 규정하고, 이를 토대로 전략을 수립하는 기법-옮긴이)을 했어요. 우선 '이것이 개인에게 무슨 의미일까?'를 포함해 '이것이 조직에 무슨 의미일까?'라고 물었죠. 근무시간 단축제를 구축하기 위해 4주 동안 네 차례 회의를 열었습니다. 실행해야 하는 추가적인 요소가 있다면 무엇인지, 여기에 대처하려면 어떤 방식으로 더욱 바람직하게 협력할 수 있을지, 무엇이 흥미진진하고 더욱 도전적인 방식일지 검토했습니다."

"기존 근무제에 따라 일하고 싶은 직원들은 어떻게 하나요?"라는 질문이 심심치 않게 나왔다. 직원이 선호한다면 주 5일 근무를 선택할 수 있도록 허용하는 기업이 몇 군데 있다. 퍼슈트마케팅을 예로 들면 업무 할당량을 채운 뒤 추가 수입을 거두고 싶은 직원은 금요일에 일할 수 있고 누구에게도 제지당하지 않는다. 하지만 다른 기업들, 특히 대기업에서는 모든 직원이 일제히 새 근무 일정으로 옮긴다. 실제로는 그렇게 해야 주 4일 근무제에 따른 조직적 혜택을 실현할 수 있다.

근무시간 단축제로 전환하려면 약간의 적응 과정이 필요하다. 오스트레일리아의 레스토랑 아티카도 주 4일 근무제를 도입했다. 셰프 벤 셰리Ben Shewry는 "그야말로 경찰처럼 직원들을 단속해야 했습니다"라고 말했다. 직원들이 여전히 2시간 일찍 출근했으므로 "커피를 마시든 무엇을 하든 일단 밖으로 나가"라고 말하며 내보냈다고 했다. 하지만 벤도 열네 살 이후 줄곧 주 70시간씩 일해왔기 때문에 직원들이 혼란스러워하는 심정을 이해했다. "지금까지 단 한 번도 그렇게 일해본 적이 없기 때문에 우리 모두에게 정말 커다란 문화적 변화였습니다."

김봉진도 우아한형제들에서 주 4일 반 근무제를 도입했을 때 처음 몇 차례는 월요일 아침마다 직원들을 내보내야 했다. 특히 젊은 직원들은 장시간 일하겠다고 각오한 상태로 직장 생활을 시작하기도 한다. 주위에 시간 외 근무를 많이 하는 친구들이 있어서 장시간 일해야 짧은 기간에 경험을 더 많이 쌓고 상사에게 주목받아 승진할 수 있으리라고 생각할 수도 있다. 나타샤 질레조Natasha Gillezeau는 〈오스트레일리아 파이낸셜 리뷰〉에서 "기존 세대와 달리 대부분의 밀레니얼 세대는 스마트폰의 편재성 때문에 일과 삶을 구분해본 적이 없다"라고 말하기도 했다. 따라서 젊은 직원의 경우에는 일을 향한 열정을 딴 데로 돌리는 것이 아니라 활용할 방법을 달리 생각하고, 일의 스위치를 끄는 법을 배우도록 돕는 것이 관건이다.

우리는 장시간 노동이 통과의례이거나 삶의 방식이라는 믿음이 깊게 뿌리 내린 상태에서 근무시간 단축제를 시도하고 있다. 따라서 이는 큰 도전 거리일 수 있다.

실제로 내가 방문한 스코틀랜드 글래스고시의 투어리즘마케팅에이전시Tourism Marketing Agency는 직원들의 요청을 받아들여 하루 6시간 근무제를 중단했다. 크리스 토레스Chris Torres는 처음에 센시디지털Senshi Digital이라는 사명으로 창업해 여행 사업과 웹사이트 개발을 겨냥한 온라인 마케팅을 다양하게 시행했다. 그러다가 하루 6시간 근무제를 도입하면서 소프트웨어 산업에서 포모도로Pomodoro 등의 기술을 끌어와 적용했다. 2018년에는 웹 개발 부문을 분리하고 투어리즘마케팅에이전시로 사명을 바꿨다. 이때 마케팅 분야에 초보였던 젊은 직원들이 주로 회사에 남으면서 좀더 여유롭게 일할 수 있게 해달라고 요청함에 따라 하루 8시간 근무제로 돌아갔다.

휴무 요일을 선택하는 방법

근무시간 단축제를 시도하려 할 때 가장 먼저 해야 하는 질문은 '어느 요일에 휴무해야 할까?'이다. 기업들은 선택을 하기 위해 많은 경로를 따르지만 다음 두 가지 요소 중 하나에 근거해 선택한다.

1. 매출이 가장 적고 생산성이 가장 낮은 요일은 언제인가?
2. 휴무를 할 때 가장 이익이 큰 요일은 언제인가?

이익이 가장 적거나 생산성이 낮아지거나 고객에게 끼치는 지장을 최대한 피할 수 있는 요일을 택하는 것이 좋다. 근무시간을 단축한 기업들은 대체로 주 4일 근무제를 채택하면서 금요일에 휴무를 하는 편이다. 대체로 금요일은 일주일 중에서 매출과 생산성이 가장 저조하고, 고객들이 전화를 걸어 문제를 제기할 가능성이 가장 작기 때문이다. 언론사를 상대하는 홍보팀의 한 베테랑은 이런 얘기를 들려줬다. 자신을 포함해 동료들은 대체로 목요일 밤에 술을 잔뜩 마시고, 금요일 아침이면 숙취 상태로 출근해 대충 시간을 때우다가 오후 들어서야 업무를 처리한다는 것이다. 왜냐하면 금요일에는 기자를 만나는 등 언론사를 상대할 일이 별로 없기 때문이다.

휴무 요일 선택하기

○ 태시 워커(더믹스)

우리 고객들은 대부분 금요일에 회의를 하지 않거나, 활동량을 줄이거나, 집에서 일한다. 따라서 금요일에는 매우 긴급한 상황에서 연락을 받을 가능성이 가장 작으므로 고객과 접촉하지 않아도 크게 무리가 따르지 않는다.

○ 스펜서 킴볼(코크로치랩스)

마운틴뷰에 있는 구글 본사에서는 금요일에 'TGIF^Thank God It's Friday' 행사를 열어 직원들에게 회사의 최신 뉴스를 전달하고 모두 함께 맥주를 마시며 어울렸다. 직원들이 동료들과 밖에 나가는 경우도 많았다. 하지만 뉴욕 사무실에서는 금요일에 아무도 회사에 머물지 않았다. 직원들은 여름에는 "햄튼 해변에서 더위 좀 식히고 와야겠어"라고 말하거나, "금요일 오후 5시에 무엇하러 직장에 있겠어? 내게는 훨씬 중요한 일이 있어"라고 말했다.

뉴욕식 사고방식이다. 여름뿐 아니라 나머지 계절에도 금요일에는 여전히 생산성이 가장 낮았다. 따라서 직원에게 20%만큼 시간을 더 주려 한다면 평소 업무량이 적은 날에 쉬게 하거나, 연달아 3일간 주말을 즐기게 해주면 좋을 것이다. 여기에 나는 근무시간이 실질적으로 120%로 늘어나는 폐해를 막고 싶었다. 하루를 쉬는 날로 정하고 잘 정의하자 직원들이 받아들였고, 새 제도를 수월하게 시행할 수 있었다.

○ 마크 메리웨스트(플록)

우리 회사는 주 4일 근무제를 검토했지만 두 가지 이유로 시행하지 않았다. 첫째, 고객의 요구에 응답해야 했기 때문이다. 지금은 고객에게 걸려오는 전화를 오전 9시부터 12시까지, 오후 1시부터 4시까지 확실히 받을 수 있고 고객이 연락했을 때 응답하지 못하는 경우가 없다. 고객이 다시 전화해야 하거나, 우리 직원이 다른 업무를 처리해야 할 때도 있지만 음성 메일과 이메일을 이용할 수 있으므로 언제나 상황을 통제할 수 있다.

둘째, 직원들이 6시간 동안 최대한 열심히 일하고, 일을 마치고 나면 퇴근하기를 바랐기 때문이다. 6시간 동안 열심히 일한 직원들의 눈과 자세를 보면 충분히 열심히 일했고, 더는 정신을 집중할 수 없으며, 그런 상태로는 더 오래 일할 수 없다는 사실을 금세 알 수 있었다. 이렇게 주 4일 하루 8시간 일한다면 하루 6시간

아이디어
창출

일할 때와 같은 수준으로 집중력을 유지할 수 없을 것이다. 나는 주 4일 하루 8시간 일하는 방식이 주 5일 하루 6시간 일하는 방식만큼 생산적이라고 생각하지 않는다. 인간이 하루에 온전히 정신을 집중할 수 있는 시간에는 한계가 있기 때문이다.

제조 기업과 온라인 소매 기업 역시 휴업하기에 논리적으로 적절한 날이 금요일이다. 금속 가공 기업인 영국 AE해리스AE Harris 의 전무이사 존 슬로안John Sloyan은 금요일마다 제품을 발송하는 것이 별로 이익이 되지 않는다는 사실을 깨달았다. 고객이 주말에 영업을 하지 않아서 어차피 제품을 받을 수 없기 때문이다. 그래서 주 4일 근무제로 전환했다.

오스트레일리아 기업 케스터블랙의 창업자 애나 로스는 주 4일 근무제 시행과 관련해 이렇게 말했다.

"모든 제품의 포장과 발송을 매주 목요일까지 마칩니다. 그렇게 하면 우리 제품이 금요일에 수거돼 주말 내내 우편물 분류소에 쌓여 있는 일 없이 고객에게 더욱 신속히 배송되기 때문이죠."

패트릭 번은 퍼슈트마케팅에서 주 4일 근무제 도입을 고려하면서 영업사원들이 주간 판매 할당량을 언제 달성하는지 조사했다. 번은 "영업사원의 90%는 목요일까지 주간 목표를 달성했고, 나머지 10% 중에서 대부분은 금요일까지도 목표를 달성하지 못했습니다"라고 설명했다. 금요일에 사무실을 열어놓더라도 영업사원들이 목표를 달성하거나 회사 수익을 올리는 데 그다지 도움이 되지 않았다는 뜻이다.

ELSE가 주 4일 근무제로 전환하고자 할 때 직원들은 같은 요일에 일제히 쉬고 싶어 했다. 직원들은 동료들 자리가 군데군데 비어 사무실이 유령 도시처럼 썰렁해지는 걸 원치 않았다. 허친슨은 같은 요일에 휴무하는 방식을 선택해서 한 주 내내 직원들이 함께 일할 수 있게 했다. "자신이 하고 싶은 일을 금요일에 집에서 하는 것이 전문성 개발에 전념하고 이를 실현하는 최선의 방법"이라고 생각했기 때문이다. 또 생산성이 가장 저하되는 요일인 금요일을 휴무일로 정하는 것은 더욱 많은 이익을 창출하는 방식이기도 했다.

자사에 이윤과 생산성이 가장 낮은 요일이 없다면 어느 요일에 쉬어야 이익이 가장 클지 자문해야 한다. 금요일에 쉬는 것은 직원에게 피로에서 회복할 시간을 최대로 줄 수 있으므로 설득력 있는 선택이다. 에이즐의 총지배인 제이드 존스턴은 이렇게 설명했다.

"식당 창을 통해서가 아니면 낮을 제대로 볼 수 없다면 이틀 쉬는 것으로는 부족합니다. 직원이 주 5일 일해서는 직장 밖으로 나갈 시간이 없어요. 그저 퇴근해서 내내 자다가 월요일 아침이면 다시 일어나 출근하는 거죠. 가족과 함께하고 친구를 만나려면 사흘은 쉬어야 합니다."

사흘 연속으로 주말이 이어지는 데서 오는 혼란을 피하고, 고객과 더욱 가까워지기 위해 주중에 휴무하는 곳도 있다. 런던에 있는 행동 변화 컨설팅 기업인 킨앤코Kin&Co는 2016년 말부터 수요일 오후를 휴무일로 했다. CEO 로지 와린Rosie Warin은 수요일 오후에 쉬면 프로젝트의 추진력을 잃지 않고 직원들이 재충전을 할 수 있다고 설명했다. 근무시간을 바꾼 이후로 킨앤코는 다논Danone, O2, 세계자연보전기금World Wildlife Fund 등의 고객을 확보했고, 널리 유명세를 떨친 '우리는 유럽이다We Are Europe' 캠페인을 펼쳤으며, 전년 대비 50% 성장했다고 보고했다. 킨앤코 직원의 74%는 자신들의 생산성이 목요일과 금요일에 매우 높다고 보고했다. 프로젝트 관리자 쟌비 구드카Jhanvi Gudka는 "주중 휴무 정책을 펼치자 기업 문화가 바뀌었습니다"라고 말했다.

킨앤코가 CEO 500명을 대상으로 근무시간 단축제에 대해 조사했는데, 52%가 '주 4일 근무제가 자사에 이익을 주지 않는다'라고 생각해왔다고 답했다. 하지만 80%는 수요일 오후에 휴무할 때 직원에게 이익이 돌아간다는 사실을 깨달았고, 70%는 직접 시도했다. 로지 와린은 주 4일 근무제를 곧장 도입하는 것이 "많은 대기업에 중요한 단계"이고, 수요일 오후를 휴무하는 것은 "좀더 현실적인 행보"일 수 있다고 주장했다.

5일 일정에 따라 운영해야 하고 안으로는 팀원들, 밖으로는 고객들과 조율하며 일해야 하는 기업이 처한 상황은 좀더 복잡하다.

예를 들어 시너지비전은 편집이나 디자인의 방향을 신속하게 바꾸는 것이 몸에 배어 있는 오랜 고객층을 보유하고 있다. CEO 피오나 도버는 직원들이 주 4일 근무하더라도 회사는 5일 가동해야 한다고 판단했다. 그러자면 직원들은 마감일, 생산 일정, 동료의 일정을 고려해 쉬는 날을 바꿔야 한다. 도버는 "직원이 항상 금요일에 쉬고 싶어 하더라도 그 바람대로 해줄 수가 없습니다"라고 말했다. 하지만 결국 월요일과 수요일도 인기 있는 휴무일로 밝혀졌다. 와일드비트에서 지원팀 팀원들은 월요일이나 금요일에 쉰다. 그러면 정규 영업시간에 전화상담 서비스를 제공하면서도 모든 직원이 사흘간 주말을 보낼 수 있다.

또 다른 모델은 영업 시간을 늘리면서 직원의 근무시간은 단축하는 것이다. 스웨덴 고센버그의 토요타센터Toyata Center는 정비공을 위해 6시간 교대근무제를 도입하면서 더 일찍 영업을 시작하고 더 늦게 끝냈다. 핀란드 지방자치정부는 1990년대 말 '6+6 근무 계획(주 6일 하루 6시간 근무)'을 실험하면서 개인의 근무시간을 하루 8시간에서 6시간으로 단축하고, 사무실의 영업시간은 하루 8시간에서 12시간으로 연장했다. 그 덕에 직원들은 절대적으로 필요한 서비스를 사용하는 고객이 특히 민감하게 느끼는 불편을 초래하지 않으면서 근무시간을 단축할 수 있었다.

우아한형제들에 주 35시간 근무제를 도입하면서 김봉진은 두 가지 이유를 근거로 근무를 월요일 늦게 시작해 금요일 일찍 마치기로 했다. 첫째, 최고의 직원들에게 휴식을 안기고 싶었다.

"훌륭한 직원들은 대개 업무를 많이 맡습니다. 따라서 수요일이나 금요일에 쉬지 못하죠." 그래서 다른 요일에 휴무하는 방안을 생각했다. 주중 목록에 아직 할 일이 남아 있으면 쉴 생각을 하기가 더 힘들다. 그는 이렇게 덧붙였다. "한국 사회에서는 직원들이 대부분 주말에도 쉬지 못합니다. 결혼식, 돌잔치, 교회 등에 가야 하기 때문이죠." 월요일 아침을 쉬면 모든 직원이 사회적 요구에 따르느라 바쁘게 주말을 보냈더라도 휴식을 취할 수 있다.

"또 스스로 생각할 시간을 가질 수 있습니다. 당신은 글을 쓰는 사람이니 혼자 있는 시간이 얼마나 중요한지 알고 계시죠?" 나는 수긍한다는 뜻으로 고개를 끄덕였다. "우리 직원들에게도 월요일 아침은 중요한 시간입니다. 글을 읽고 생각하는 데 시간을 쓸 수 있기 때문이죠." 또 월요일 오후에 근무를 시작하면 '월요병' 증상도 피해 갈 수 있다.

회사가 어떤 요일에 휴무를 할지, 직원을 어떻게 쉬게 해줄지는 부분적으로 업계의 시간 흐름, 고객의 일정과 필요, 업무의 리듬 등에 따라 결정된다. 회사 내부의 필요도 작용해서 더믹스처럼 급진적으로 다른 일정을 원하는지, 킨앤코처럼 그렇지 않은지, 얼마나 많은 직원과 리더가 3일간의 주말에 가치를 두는지를 고려해야 한다. 또 우아한형제들이 매주 월요일 오후에 근무를 시작하듯 직원이 일주일 가운데 어느 요일에 가장 효과적으로 재충전할 수 있는지, 회사가 직원에게 어떤 종류의 여유 시간을 제공하고 싶은지에 따라서도 결정된다.

AE해리스

1880년 영국 버밍엄에서 금속 가공 공장으로 창업한 AE해리스는 1979년부터 창업자의 손자인 러셀 루콕Russell Luckock이 이끌고 있으며, 주 4일 근무제를 10년 이상 시행하고 있다. AE해리스가 영위하는 금속 가공 사업은 전통적으로 주기적인 사이클을 가진다. 대부분 영국 중부 지방을 기반으로 활동하는 이 업계에서 주 4일 근무제는 경기 침체기를 벗어날 때까지 생산과 비용을 줄이는 방법이었고, 종종 정리해고나 영구적인 공장 폐쇄를 알리는 전조였다. AE해리스는 1970년대 주 3일 근무제를 의무적으로 시행하면서 살아남을 수 있었지만(몇 년 후 루콕은 당시 시도가 현금유동성을 해쳤다고 말했다), 1990년대 중국과 열띤 경쟁을 벌이면서 제품 주문량이 둔화되어 175명이던 직원을 40명으로 줄여야 했다. 그런 전력이 있기에 2000년대 중반 들어 경제가 다시 침체될 조짐을 보이자 우려하는 목소리가 나오기 시작했다.

전무이사인 존 슬로얀은 회사의 운영 상태를 점검하고 있었다.

그는 내게 보낸 메일에서 "논리적으로 따져보면 고객들이 토요일이나 일요일에 제품을 받지 않으므로 직원들은 대개 공장 안에만 있었습니다"라고 설명하면서 이렇게 덧붙였다. "따라서 금요일 오후에는 공장의 난방과 조명을 가동하느라 비용이 들어갈 뿐 운송과 판매는 전혀 이루어지지 않았죠. 그런데도 공장 문을 여는 것이 과연 경제적으로 합리적인 선택인지 의심스러웠습니다."

루콕과 슬로얀은 2006년 주 4일 하루 9시간 근무제를 도입하는 문제를 논의하기 시작했다. 월요일부터 목요일까지 근무시간을 연장하는 방식을 사용함으로써 임금은 삭감하지 않은 상태로 공장 난방비를 20% 절감하고, 기계 시동 시간(매일 아침 프레스를 예열하는 데 필요한 시간) 대비 작동 시간의 비율을 줄여 효율성을 높일 수 있었다(기계에 시동을 거는 데 필요한 에너지를 절약할 수 있기 때문에 주 4일 근무제가 매력적인 선택사항인 업체는 AE해리스만이 아니다. 1960~1970년대 많은 미국 공장은 시동을 걸고 끌 때 발생하는 에너지 손실을 줄이기 위해 주 5일 근무제를 실험적으로 시행했다. 이런 류의 비용은 내구재나 금속 제품 관련 기업만 감내하는 것이 아니다. 에스토니아 초콜릿 제조사인 AS칼레브AS Kalev는 초콜릿을 데울 때 필요한 에너지를 절약하기 위해 2000년대 중반부터 주 4일 하루 10시간 근무제를 시행하고 있다).

당시 주 4일 근무제의 도입 여부를 투표에 부쳤는데, 직원의 90%가 찬성했다. 3개월 후 AE해리스는 고객에게 알리고 나서 주 4일 근무제로 전환했다. 슬로얀은 "놀랍게도 직원들은 새 제도를 긍정적으로 받아들였습니다"라고 회상했다. 루콕에 따르면 직원들이 병가를 내는 경우도 줄었고, 일상생활에서 처리해야 하는 일을 금요일마다 할 수 있으므로 호응이 좋았다.

처음에는 고객에게 걸려오는 전화를 받고 문제를 해결하기 위해 금요일에도 영업점 문을 열었지만 시간이 흐르자 점차 바뀌었다. 슬로얀은 "고객도 협력 업체도 우리 직원들이 금요일에 출근하지 않는다는 사실을 알고 더는 연락하지 않았습니다"라고 말했다. 걸려오는 전화를 놓치는 일도 있었지만, "대부분 우리 제품을 구매하기보다는 우리에게 제품을 판매하려는 전화였으므로" 문제가 되지 않았다고 덧붙였다.

게다가 비용과 이직률이 감소하면서 경쟁이 거의 없는 틈새시장으로 진입할 수 있었다. 전통적인 금속 가공 공장을 가동하려면 설치비용이 많이 들기에 제품 주문량이 많을수록 좋다. 반면에 더욱 창의성을 발휘해야 하는 작고 복잡한 조각은 비용이 많이 들어서 생산할 엄두를 내기 힘들다. "하지만 우리는 비용을 절감하고 숙련된 노동력을 확보하면서 소량 맞춤 제작에 더욱 집중하고, 다른 기업들이 외면하는 제품을 제작해 수익을 올릴 수 있습니다"라고 슬로얀은 설명했다.

도저히 휴무를 할 수 없는 조직이라면 어떻게 할까? 일테면 하루 24시간 일주일 내내 돌아가야 하는 조직도 있다. 간호사, 경찰관, 항공 관제사, 응급 구조원은 항상 대기 상태에 있어야 한다. 이들의 서비스가 항상 필요하기 때문이거나, 언제 필요할지 전혀 예측할 수 없기 때문이다. 따라서 병원이나 소방서에서 근무시간을 단축하거나 교대 주기를 짧게 하려면 더 많은 사람을 채용해야 한다. 8시간의 업무량을 6시간에 맞출 수 없는 업종이기 때문이다.

하지만 하루 24시간 연중무휴로 운영되는 조직이라도 근무시간을 단축해 상당한 이익을 거둘 수 있다. 버지니아주에 있는 요양원인 글레브Glebe는 주 30시간 근무하는 간호조무사들에게 정시에 출근하고, 결근하지 않고, 업무 목표를 달성하면 10시간을 보너스로 지급한다. 이 프로그램을 시행하는 데 드는 비용은 연간 14만 5,023달러로 추산됐지만 채용, 초과근무 수당, 임시직 노동자에게 소비되는 비용을 절감한 덕분에 실제 비용은 2만 3,000달러 정도에 불과했다. 다친 환자들을 돌보는 데 필요한 숙련된 간호와 약값 때문에 발생하는 지출 감소분을 포함하면 그 수치는 훨씬 낮아진다.

법 집행 조직에서도 마찬가지다. 근무시간을 단축하면 직접적인 비용이 발생하지만, 간접적인 이익을 거둘 수 있다. 피로하고 수면이 부족하면 좋은 판단을 내리는 능력이 저하되고, 신경이 예민해져 화를 잘 내게 되고, 스트레스를 다루는 능력이 떨어지고, 심지어 부정행위를 저지를 가능성이 커진다. 2000년 스탠퍼드대학교 교수 윌리엄 디멘트William Dement는 "우리 사회에 존재하는 모든 직업 가운데 경찰관이 피로와 수면 부족을 가장 심하게 겪고 있다"라고 주장했다. 그는 경찰관의 일이라는 게 수면 부족을 겪기 마련이라고 안일하게 생각하는 권위주의적 문화, 임금이 낮아서 부업 전선에 뛰어들 수밖에 없는 현실, 교대근무와 의무적인 야근을 원인으로 꼽았다. 수면이 부족한 경찰관은 반응 속도가 떨어지고, 의사결정 능력이 저하되고, 심각한 교통사고에 연루되거나 장기적인 장애나 만성적인 건강 문제를 겪을 가능성이 커진다. 극도로 피로한 징후를 겪으면 임무 수행 과정에서 언어적으로나 신체적으로 공격성을 보일 가능성도 커진다. 경찰관의 근무시간을 단축하기 위해서는 해마다 수십만 달러에 이르는 비용이 든다. 하지만 2교대 근무의 막판에 내린 미숙한 결정 때문에 벌어지는 수백만 달러짜리 소송을 하나라도 피하거나, 밤새워 잠복근무를 하고 나서 졸음운전을 하는 경찰관의 수를 줄이거나, 건강보험료를 더 낮출 수 있다면 비용을 너끈히 상쇄할 수 있다.

병원 의사와 간호사의 근무 일정을 단축하고 안정시키는 것도 마찬가지다. 채용을 늘리면 비용이 들지만 임시직 채용과 채용 수수료, 그리고 간접적으로는 높은 이직률 탓에 지급해야 하는 비용을 절약할 수 있다.

마지막으로 주 4일 근무제를 도입한 주 정부 기관들은 공공요금을 절감할 수 있었다고 보고한다. 2008년 유타주 주지사 존 헌츠먼Jon Huntsman은 주 정부 사무실에 주 4일 하루 10시간 근무제를 도입해서 새 주지사가 취임한 2011년 9월까지 지속적으로 시행했다. 이를 통해 3년 동안 공공요금을 50만 달러 이상 절감하고 에너지 사용량을 13% 줄였으며, 이산화탄소 배출량도 1만 2,000톤 줄였다. 또한 주 정부 공무원 1만 8,000명이 연간 약 600만 달러 상당의 가스를 절약했다. 이는 주 정부 공무원 전원의 연봉을 매년 100달러 이상 인상해줄 수 있는 금액이다.

/ 자유로운 금요일 /

기업이 선택하는 또 하나의 방법은 주 5일 근무하되, 그중 하루를 전문성 개발에 쓰는 것이다. 휴무일을 부르는 명칭은 기업마다 다르다. 코크로치랩스는 '자유로운 금요일', 소트봇은 '투자 시간', ELSE는 '놀이의 날'로 부르지만 기본 의도는 같다. 고객서비스와 정규 업무를 수행하느라 주 4일을 보내고 5일째 되는 날은 이것저것 시도하거나, 새로운 아이디어를 탐색하거나, 업계 동향에 대한 글을 읽거나, 새로운 기술과 제품을 다루는 데 보내라는 것이다.

코크로치랩스 CEO 스펜스 킴볼은 구글이 자사 엔지니어들에게 자체적으로 프로젝트를 추진할 자유 시간을 주기 위해 고안한 '20% 시간' 정책을 경험하고 나서 자유로운 금요일 정책을 시행했다. 킴볼은 "구글에 근무할 당시 20% 시간 정책 덕분에 분산 시스템 관련 작업을 할 수 있었어요"라고 말했다. 하지만 코크로치랩스에서는 직원들이 시간을 내기 위해 노력해야 하는 것이 아니라 자동으로 시간을 사용할 수 있도록 설계된 좀더 체계적인 프로그램을 갖추고 싶었다.

채드 파이텔은 소트봇에서 시행하는 투자 시간이 지속적인 향상을 자극하는 방식이라고 설명했다. 소트봇은 예를 들어 매달 며칠씩 연속으로 쉬는 등 여러 형태의 투자 시간을 시도했지만 주간 일정은 지속적인 향상을 추구하는 데 비중을 두었다.

ELSE 직원들은 격주 금요일마다 자신의 프로젝트를 추진한다. 나머지 격주 금요일은 공식적으로 '야호의 날yay days'이어서 온전히 쉴 수 있다.

"회사가 직원에게 유일하게 요구하는 조건은 매달의 리듬에 어느 정도 맞추라는 것입니다. 월초에 휴식 계획을 세우고 추진해보면서 계속 실천할지 말지를 월말에 결정합니다." 허친슨이 설명했다. "직원에 따라서는 성과 없이 10여 개의 개인 프로젝트를 진행할 수도 있고, 3개월 안에 노다지를 캐서 그해 내내 그 프로젝트를 진행할 수도 있습니다."

자유로운 금요일은 전문성을 개발할 기회를 제공한다. 〈뉴욕타임스〉와 〈와이어드〉 소속 기술 담당 저널리스트 클리브 톰슨Clive Thompson에 따르면, 소프트웨어 엔지니어링 분야는 빠른 속도로 변화하고 있으며 업무에 대해 훈련을 받거나 조예가 깊은 사람이 많다. 그들에게 지속적인 자기주도 학습은 직업상 필요하며 '깊은 호기심'의 표현이기도 하다. 톰슨은 이렇게 말했다.

"많은 프로그래머는 프로그래밍을 배우기 시작하는 단계에서 처음으로 기계에 명령을 내려 '헬로 월드Hello World'라는 문장을 화면에 성공적으로 띄운 감격스러운 순간을 잊지 못합니다. 마치 마법에 걸린 것 같죠. 창의력과 통제력을 느끼고, 무언가에 생명을 불어넣었다고 느끼니까요. 상당히 흥미진진한 경험이에요."

하지만 대부분의 업무를 수행할 때는 전문성을 발휘해야 하고 당면한 문제에 초점을 맞춰야 하는데 그에 따른 보상은 작다. "데이터베이스 전문가, 프런트-엔드front-end 개발자, 보안 담당자의 업무는" 안정성을 유지하고, 예측하지 못한 상황에 대처하는 것이므로 '헬로 월드'를 눈으로 확인하며 기쁨을 느끼는 순간은 많지 않다. 톰슨은 "실제로 회사에서 20%의 시간을 제공받는 것은 직원에게 주어지는 최고의 조건입니다"라고 강조하면서 말을 이었다. "내가 이야기를 나눈 프로그래머들은 대개 주어진 업무만 처리할 뿐 주말에 집에서 자체적인 코딩 프로젝트를 시도하지 않았습니다. 그런데 자유로운 금요일 제도는 마치 백지를 눈앞에 두고 마음껏 그림을 그리는 것 같은 재미를 안겨줍니다. 무언가를 밑바닥부터 만들 수 있고, 처음으로 컴퓨터에게 '헬로 월드'라고 말하게 했을 때 느꼈던 기쁨을 되찾게 해줍니다."

자유로운 금요일은 좋은 문제에 대한 본능을 발달시키고 더욱 관심을 기울여야 하는 새로운 영역, 즉 자신에게도 고용주에게도 유익한 기술을 탐색하도록 직원을 격려한다. 허친슨은 이렇게 말했다.

"직원들이 특정 주제를 정해 적극적으로 파고들고, 수확할 만한 것을 포착해내는 능력을 발달시키면 좋겠습니다."

많은 제품과 서비스가 성공할 수 있었던 것은 프로그래머들이 자유 시간을 누린 덕이다. 구글의 애드워즈^{AdWords}와 지메일^{Gmail}은 20% 시간 프로젝트로 출발했고, 드롭박스^{Dropbox}의 동기화 기능은 해커톤^{hackathon}(해킹과 마라톤을 결합해 만든 용어로, 마라톤을 하듯 일정 시간과 장소에서 쉬지 않고 아이디어를 도출하고 과제를 수행하는 행사-옮긴이) 주말 동안 처음 프로토타입으로 제작됐다. 스펜서 킴볼은 "밤과 주말에 작업해서" 코크로치랩스의 클라우드 기반 SQL 데이터베이스를 구축했다.

자유로운 금요일은 기업이 더욱 심사숙고하고 지속 가능한 방식으로 움직이도록 돕는다. 스펜서 킴볼은 이렇게 말했다.

"코크로치랩스를 창업하면서 내가 만들고 싶은 회사는 사무실에 탁구대 같은 걸 들여놓는 여느 스타트업의 하나가 아니었어요. 직원들이 사무실에 항상 붙어 있는 것을 중시하는 회사로 만들고 싶은 생각도 물론 없었습니다."

채드 파이텔도 비슷한 말을 했다.

"집에 가서 가족과 함께 지내고 직장 밖의 삶을 즐길 수 있는 시간을 누리면서 지속 가능한 방식으로 일하는 것이 우리에게는 매우 중요합니다."

또한 파이텔은 직원들이 끊임없이 학습하고, 그 결과를 업무에 반영하기를 기대한다.

기업과 개인에게 어떤 것이 유익한지를 탐색하도록 공식적인 프로그램을 설계할 수도 있다. 이런 방식은 창의적으로 다양하게 시도하는 시간을 업무 일정에 포함시키고, 직원이 시도하기 위해 짬을 내야 하는 것이 아니라 매주 즐거운 마음으로 기다리게 한다. 일상적으로 수행해야 하는 지루한 업무 사이에서 이런 일들을 만나면 얼마나 신이 나겠는가. 이것은 기업들이 자유 시간을 창의적으로 사용하면서 사회적 규범을 만들고, 생산성과 시간의 관계에 대해 달리 생각하면 모든 사람에게 어떻게 혜택을 안길 수 있는지를 보여주는 좋은 예다. 자유로운 금요일은 직원에게 프로토타입을 제작할 시간을 주는 수준에 그치지 않는다. 조직에서 시간을 리디자인하면 어떤 일이 일어나는지 보여준다.

/
근무시간 단축제 vs. 유연근무제
/

근무시간 단축제 대신 유연근무제를 시행하면 어떨까? 두 제도는 비슷해 보이고 직원에게 더 많은 자율성과 시간 관리 능력을 제공한다는 점에서도 큰 차이가 없지만, 실제로는 매우 다르게 작용한다.

유연근무제를 성공적으로 정착시킨 기업은 그 경험을 토대로 주 4일 근무제로 쉽게 전환할 수 있다. ELSE의 CEO 워런 허친슨은 이렇게 설명했다.

"우리 회사는 항상 유연근무나 원격근무제를 시행해왔어요." 그래서 전 직원을 대상으로 주 4일 근무제를 시도할 수 있었다. "제도를 이미 실험해봤으므로 우리가 할 수 있겠다고 판단했죠. 다만 전 직원이 참여할 수 있도록 형식을 바꾸는 것이 관건이었습니다."

서로 다른 도시에서 서로 다른 시간대에 일하는 팀들로 이뤄진 조직도 근무제를 비교적 수월하게 변경할 수 있다. 예를 들어 홍콩에 있는 인재육성 컨설팅 기업인 에이트레인atrain의 그레이스 라우Grace Lau는 이렇게 말했다.

"우리는 유연근무와 원격근무제를 시행하고 있으므로, (…) 조직 안에서 자기 관리 업무가 상당히 일반화되어 있어요. 따라서 우리에게는 주 4일 근무제로 전환하는 것이 갑작스러운 변화가 아니었습니다."

하지만 유연근무제와 근무시간 단축제를 직원과 조직에 적용할 때는 커다란 차이가 발생한다. 유연근무제를 시행하려면 다른 일정에 맞춰 일하는 동료와 개인 단위로 일정을 조율해야 하는 부담이 생긴다. 유연근무제는 영혼 없이 자리만 지키는 현상을 초래하기도 하고, 기혼 동료들이 자기 업무를 제대로 완수하지 않고 퇴근 시간이면 칼 같이 자리를 털고 일어난다고 생각하는 미혼 동료들의 불안도 키우기 쉽다. 게다가 어느덧 업무량만 늘어나게 되기도 한다. 원격근무자는 업무를 처리하면서도 항상 대기 상태에서 이따금 회의에 참석해야 할 가능성이 크고, 사무실 업무 추진 속도에 맞추느라 가족에게 소홀해지기도 쉽다.

하지만 근무시간 단축제는 회사 전체의 규범적인 변화를 기반으로 성공을 거둔다. 전 직원이 더 많은 시간을 누릴 수 있고, 자녀가 있는 직원들은 가족과 더 많은 시간을 보낼 수 있다. 기업이 정신을 집중해 근무하라고 장려하므로 동료가 다른 일정에 맞춰 일할 때 발생하는 잠재적인 갈등과 조직의 문제를 분산시킨다.

실제로 유연근무제를 시행해 긍정적인 성과를 거두지 못한 기업들은 일정이 충돌하는 혼란을 피하는 동시에 전 직원에게 더 많은 시간을 주기 위해 근무시간 단축제를 선택하기도 한다. 오스트레일리아의 디지털 마케팅 기업 VERSA가 그 예다. CEO 캐스 블랙햄Kath Blackham은 "직원들이 서로 다른 날 쉬기 때문에 업무를 효과적으로 처리할 수 없었습니다"라며 유연근무제의 단점을 지적했다. 하지만 회사 전체가 수요일에 휴무를 하자 전 직원이 같은 일정에 따라 움직일 수 있어서 회의 일정을 잡기도 수월해졌고, 고객과의 커뮤니케이션에서도 신뢰감을 높일 수 있었다.

마이클 허니는 전통적인 광고대행사에서 10년 동안 근무하다가 2006년 아이스랩을 공동 창업했다. 아이스랩은 대화형 제품, 앱, 웹사이트를 제작하는 기업으로 오스트레일리아 캔버라에 본사가 있다. 멜버른에서도 사무실을 운영하는데 직원 14명 가운데 다수는 원격근무를 한다. 허니는 이렇게 말했다.

"회사를 창업하면서 달성하고 싶었던 주요 목표 중 하나는 마감시간에 쫓기는 문화를 따르지 않는 것이었습니다. 좀 더 느긋하고 사색적인 근무 환경을 조성하고 싶었어요." 몇 년 후 아이스랩은 주 4일 근무제를 도입했다. 그는 이렇게 강조했다. "내 바람은 근무시간을 줄이는 것이라기보다는 하루를 더 쉬는 것이었습니다. 주 5일에서 주 4일로 바꾸더라도 근무일은 20%만 감소합니다. 하지만 주말이 50% 늘어나므로 수치상으로도 상당히 좋은 계획입니다."

처음에 아이스랩은 주 5일 하루 10시간 근무제였다.

"하루 10시간 일하는 것이 불가능하지는 않습니다. 나는 언제라도 그렇게 할 수 있어요. 하지만 일찍 출근하고 늦게 퇴근하면 저녁을 준비하지도 못하고 개인적인 일을 처리할 수 없기 때문에 일주일 내내 하루 10시간씩 일하는 것은 정말 힘듭니다." 허니가 설명했다. "하루 더 일하더라도 생산성이 그만큼 늘어난다고 느끼지 못했어요. 그래서 2~3개월이 지나자 우리는 그저 다른 기업들처럼 주 4일 근무제로 바꾸고 어떤 상황이 벌어지는지 살펴보기로 했습니다."

허니는 주 4일 근무제를 시행하는 경우에 전반적인 생산성에 약간의 상충 효과가 발생한다고 생각한다. 비교해보면 주 5일 근무제를 시행했을 때 생산성은 아마 10~15% 증가하겠지만 20% 이상 증가하지 않는 것은 분명하다.

"하지만 주 4일 근무제에는 의미 있는 이점이 몇 가지 있죠. 아침에 출근해 커피를 마시고 일하다가 가방을 챙기고 퇴근하는 과정을 네 번만 반복하면 돼요. 나는 그렇게 하는 횟수를 줄이는 것이 좋습니다."

몇 년 동안 다수의 아이스랩 직원은 원격으로 근무해왔고 때로는 멀리 유럽에서 일하고 있다. 허니는 "전체 직원의 75%는 같은 사무실에 모여 일하지 않고 협업 도구인 베이스캠프Basecamp나 슬랙Slack을 사용해 원격으로 일합니다"라고 설명했다. 아이스랩은 이처럼 원격근무를 경험한 덕분에 주 4일 근무제에 수월하게 적응할 수 있었다. 하루를 휴무하기로 했지만 회의를 많이 없앨 필요도, 작업 과정을 극적으로 바꿀 필요도 없었다. 직원들이 동료와 계속 연락하면서 프로젝트를 순조롭게 추진하는 기술을 이미 익숙하게 구사하고 있었기 때문이다.

"대단한 제품을 생산할 수 있는 아이디어를 떠올린 직원들은 포모도로 같은 도구를 사용하고 슬랙을 통해 '오늘 오후 내내 이 작업에 몰두할 예정이니까 방해하지 말아 주십시오'라고 말합니다. 그러면 우리 모두 상대방의 작업을 존중해주려고 노력하죠. (직원들이 겪은 바에 따르면) 슬랙이나 베이스캠프를 사용할 때는 주의가 산만해질 가능성이 항상 존재하지만, 서로 아이디어를 나누고 협업하는 탐색 작업과 정신을 집중해 결과를 산출해내는 작업을 지원할 수 있습니다."

허니는 주 4일 근무제로 전환할 때 원격근무제를 시행하고 있는 기업이 구조적으로 유리하다고 주장한다. 이 기업들은 대부분 자력으로 운영하므로 벤처투자가들에게 장시간 일해 10배의 수익을 거두라는 말을 듣지 않는다. 또 삶과 일의 균형을 추구하는 창업자의 지휘를 받고, 독립적으로 일하는 방법을 아는 직원을 보유하고 있다. 그러면 기업의 비용 지출 양상이 달라진다. 예를 들어 임대료를 비롯하여 간접비를 상당히 줄일 수 있다.

정량적인 척도와 주요 성과지표

대부분 기업이 주 4일 근무제를 추적하고 성과를 측정할 때 적용하는 철학은 '익숙한 도구를 사용해 중요 척도를 측정하라'로 요약할 수 있다. 기업은 단축된 근무시간 안에 프로젝트를 추진하고, 제품을 전달하고, 고객을 소외시키지 않고, 직원이 업무를 완수하는 방법을 파악하고 있다고 확신할 수 있어야 한다. 하지만 많은 창업자는 이직률을 줄이고, 회사와 직원의 경력을 더욱 지속 가능하게 성장시키고, 한층 창의적인 환경을 조성하는 것을 포함해 더욱 중대하고 장기적인 목표를 추구한다. 따라서 근무시간 단축제를 실험하는 단계에서 목표가 달성되는 일은 없을 것이다. 그래서 리더들은 제도를 실험하는 동안에는 사업과 생산성을 보호하기 위해 새로운 도구나 핵심성과지표를 채택하지 않고 이미 익숙한 측정 방법을 사용한다.

이미 주 4일 근무제를 시행하고 있는 퍼슈트마케팅은 모든 결과를 정량화한다. 다시 말해 중요한 것은 무엇이든 측정한다.

"우리는 사업을 수행하는 과정에서 무엇이든 성과를 지향하고, 모든 부서를 지원하는 자료를 갖추고 있습니다." 로렌 그레이가 말했다. "따라서 주 4일 근무제가 최종 결산에 미치는 진정한 영향을 매우 쉽게 파악할 수 있습니다."

데이터 관리자인 샘 원그렌Sam Werngren은 자사의 성과 측정 방법을 설명하면서 "모든 성과가 시스템에 자동으로 기록됩니다"라고 말했다. 하루 통화 수, 각 통화 시간, 창출된 매출 등이 기록된다는 얘기다. 판매 전화는 다섯 단계를 거치는데, 3단계로 진입하면 상황이 흥미로워진다. 전화가 구매력 있는 사람에게 연결되면서 '의미 있는 대화'가 시작되기 때문이다. 원그렌은 "전화를 건 사람이 의미 있는 대화를 하고 나서 판매 기회가 생기면 4단계로 들어갑니다"라고 설명했다. "계약을 체결하는 것은 5단계입니다."

원그렌은 개인이나 회사 전체에 대한 보고서를 볼 수 있고, 지표의 품질, 실질적인 최종 결과, 창출된 매출액 등을 검토하고 결과를 다시 직원의 실적과 연결할 수 있다고 말했다.

퍼슈트마케팅을 방문했을 때 패트릭 번과 로렌 그레이는 나를 아래층으로 안내하고 대형 벽걸이 모니터를 가리키면서 최근에 자사가 거둔 성과를 소개했다. 이 회사는 주 4일 근무제로 전환할 때 새 지표를 만들지 않았다. 그럴 필요가 없었기 때문이다. 실제로 무엇이든 측정할 수 있는 능력을 갖추고 있었으므로 주 4일 근무제를 시도해볼 수 있겠다고 자신했다. 퍼슈트마케팅은 한 주 동안 발생한 수익을 조사하고 직원의 90%가 주간 판매 목표를 목요일까지 달성했다는 사실을 확인함으로써 금요일에 휴무하더라도 최종 결산에 크게 지장이 없겠다는 결론을 내렸다.

명확한 성과 측정 방법을 갖추고 주 30시간 근무제를 가장 오랫동안 실험한 기업이 있다. 스웨덴 고센버그에 있는 토요타센터다. 이곳에선 일찍이 2003년에 하루 6시간 근무제를 채택했다. 당시 센터는 정비를 받기 위해 대기하는 시간이 길어 고객의 불만이 점점 커지고, 정비사들은 장시간 근무라는 압박에 시달리면서 실수를 하거나 직장을 그만두기 일쑤였다. CEO인 마틴 뱅크^{Martin Banck}는 "우리가 처한 상황은 좋지 않았습니다"라고 회상했다. 분명히 변화가 필요한 시점이었다.

처음에는 센터를 확장하는 방안을 고려했다. 하지만 "그러면 작업을 중단해야 했으므로 고객의 불만이 훨씬 커질 터였어요. 따라서 잘못된 해결책이라는 생각이 들었습니다"라고 뱅크는 말했다. 그래서 정비사들의 근무시간을 검토했다. 그러자 점심시간과 휴식 시간 때문에 "반복적으로 작업을 중단했다가 시작하는 경우가 많고" 그때마다 도구를 펼쳐놓았다가 다시 치우느라 시간을 쓴다는 사실을 발견했다. 더욱이 정비사들은 "힘든 작업을 하는 데다 값비싼 기계를 다루기 때문에" 작업을 시작한 지 6시간이 지나면 효율성이 떨어졌다.

뱅크는 두 가지 주요 변화를 추진했다. 첫째, 정비사의 근무시간을 주 38시간에서 30시간으로 단축했다. 새 시스템에 따라 정비사는 오전 6시부터 오후 12시 30분까지 또는 오전 11시 55분부터 오후 6시까지 2교대로 근무하고, 이따금 토요일이나 일요일에 4시간 근무했다. 둘째, 센터의 영업시간을 주중에는 오전 6시에서 오후 6시까지, 주말에는 오후 1시부터 오후 5시까지로 바꾸었다. 이처럼 정비사들의 근무시간과 센터의 영업시간을 단축하자 업무 효율성과 기업 수익성이 향상됐다. 고객들의 대기 시간도 극적으로 줄어 오전 6시에 차를 입고하면 오전 8~9시에 차를 찾아 출근할 수 있었다.

센터는 운영 시간을 연장하고, 휴식 시간을 단축하고, 정비사들이 가장 생산적인 시간에 작업할 수 있게 하는 방식을 사용함으로써 생산성과 효율성을 극적으로 향상시켰다. 토요타센터가 다음 정비소를 열 때는 구체적으로 하루 6시간 근무제에 맞춰 설계했으므로 시설을 훨씬 소규모로 지을 수 있었다. 새 근무제를 실험하기 시작한 지 10년 이상 지난 2014년 정비사들은 4만 2,248시간 작업하고 고객에게 6만 3,641시간을 청구하면서 능률계수 1.40을 기록했다.

"이 업계는 평균적으로 8시간 작업하고 7.36시간을 청구하지만 우리는 하루 6시간 작업하고 8.40시간을 청구한 셈이죠. 아마도 이 말을 들으면 과다 청구한다고 생각할 수도 있습니다. 하지만 매우 능률적으로 일했을 뿐입니다. 결론적으로 우리는 하루 8시간 작업할 때보다 6시간 작업할 때 오히려 1.04시간을 더 청구할 수 있었습니다. 실적이 14% 향상된 거죠. 당연히 우리는 결과에 만족하고 있습니다."

어떤 기업은 근무시간 단축제를 실험적으로 시행하는 중간이나 이후에도 계속 기존 도구를 사용해 전통적인 성과지표를 측정

/ 고센버그 토요타센터의 하루 6시간 근무제 /

기존 일정: 하루 8시간 근무

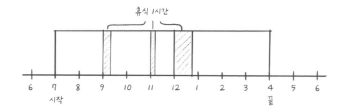

새 일정: 하루 6시간 2교대 근무

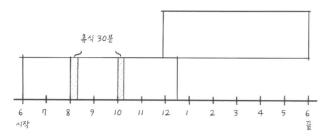

2003년 토요타센터는 정비사들의 근무를 하루 6시간 교대근무로 전환했다. 새 근무제를 시행하면서 생산성이 떨어지기는커녕 오히려 시설 운영 시간을 늘릴 수 있었다. 그 결과 정비사와 시설의 생산성이 더욱 높아졌고, 정비사의 근속 기간도 늘어났다.

한다. 오스트레일리아 여행보험 회사인 인슈어드바이어스Insured by Us는 주 4일 근무제를 채택하면서 그때까지 익숙하게 사용해온 소프트웨어에 의존해 생산성을 추적했다. 공동 창업자이자 CEO인 벤 웹스터Ben Webster는 특히 "모든 직원의 활동이 슬랙에 입력되므로 직원들의 업무 수행을 감시할 방법은 항상 존재합니다"라고 설명했다.

영국 회계법인인 파넬클라크Farnell Clarke의 직원들은 어떤 단계를 밟아야 하는지 분명히 알 수 있다. 세금 관련 일정은 이미 정해져 있기 때문이다. 전무이사인 제임스 케이James Kay는 "회계와 세금 분야에서는 기한을 엄중하게 지켜야 합니다"라고 강조했다. 파넬클라크는 고객에게 세금 준비와 재정 문제에 대한 자문을 제공하므로 "일별 기한부터 연도별 기한까지" 다뤄야 한다고 말했다. 게다가 고객의 재정 시스템에 연결되어 있는 온라인 회계 도구를 사용해야 하고, 심지어 금융 상태를 온라인에 업로드하도록 지원하는 업무까지 담당한다. 그래서 직원들은 이미 고객과 긴밀하게 접촉하고 있으며, 이런 접촉을 평가하고 보고하는 도구도 갖추고 있다.

일부 기업은 전통적인 성과 척도를 계속해서 사용하지만 주 4일 근무제의 성패를 평가할 때는 적용하지 않는다. 소프트웨어 기업인 와일드비트의 나탈리 나겔은 이렇게 설명했다.

"가장 중요한 핵심성과지표는 모든 직원이 개인적으로 어떻게 느끼느냐입니다. 내가 가장 걱정했던 점 중 하나는 업무와 고객에게 진심으로 정성을 쏟는 훌륭한 직원들에게 추가로 부담을 지우는 것이었습니다."

플록의 에밀리 웨스트는 이렇게 강조했다.

"고객과 팀이 만족하고 업무 처리 기한을 맞출 수 있다면 우리가 하고 있는 일에 대해 자신감을 가질 수 있습니다."

심지어 일부 CEO는 근무시간 단축제를 시도해 산출한 결과를 매우 면밀하게 측정하지 않는다. 우아한형제들의 김봉진은 이에 대해 몇 가지 철학적 근거를 이야기했다.

"우리는 아이디어를 발전시키고 혁신을 달성하는 데 전념하고 있습니다. 따라서 시간 측정 방식이나 효율성을 둘러싼 어떤 관행도 적합하지 않습니다. 혁신은 원래 효율적이지 않고, 낭비가 심하죠. 이마누엘 칸트는 인간을 수단이 아닌 목적으로 다루어야 한다고 말했습니다. 직원을 단순히 생산성을 거두기 위한 수단으로 다루는 것은 옳지 않습니다. 직원의 개인적인 행복도 존중해야 합니다."

따라서 중요한 지표를 측정하되 새 척도나 도구를 적용하려 애쓰지 말아야 한다. 채드 파이텔은 이렇게 조언했다.

"지나치게 많은 핵심성과지표를 적용하지 말아야 합니다. 대신 새 근무제의 목적이 무엇인지, 어떤 방향으로 향하고 있는지를 집단에 이해시켜야 합니다. 관리자들은 대단한 성취감을 느낄 수 있는 방식으로 시간을 쓰도록 직원을 도와야 하지만, 더 많은 구조나 성과 측정을 부과해 부담을 지우지 말아야 합니다."

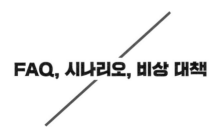

FAQ, 시나리오, 비상 대책

파이텔의 조언에는 주 4일 근무제를 시도할 때 나타나는 특징이 들어 있다. 누구든 새로운 업무 수행 방식을 파악하는 시기가 있는 데 처음에는 누구도, 심지어 경영진조차도 그 방법을 알지 못한다. 따라서 상황이 잘못 돌아갈 때 신호를 보내는 몇 가지 익숙한 정량적 척도를 갖추고 있으면 한결 마음을 놓을 수 있다. 모든 사람이 주 4일 근무제를 통해 추구하는 더 큰 목표를 이해하고, 작업 방식에 대해 자신 있게 결정을 내릴 수 있도록 충분한 지침을 세우는 것이 더욱 중요하다.

주 4일 근무제를 시도하기 전에 자사의 목표와 비상 대책을 정리하고, 직원의 질문에 대한 대답을 문서로 작성하는 것이 유용하다. FAQ(자주 접하는 질문)나 사명 선언문은 기업의 생각과 목표에 대한 기준을 정하고 새 업무 수행 방식을 실험하는 단계에서 참여자 모두에게 지침을 제공할 때 유용하게 쓰인다. 문서를 작성할 때

3장
아이디어
창출

는 내용을 서술하는 데 그치지 않고 직원들이 주제를 표면으로 노출하고, 우려 사항에 대해 이야기하고, 비상 대책을 탐색할 수 있게 해야 한다. 그러면 목표를 달성하기 위해서 무엇이 중요한지, 무엇이 잘못될 수 있는지, 각기 다른 상황에 어떻게 대처해야 하는지 생각하게 된다. 또 계획을 문서로 작성하면 결정하지 않은 사항이 무엇인지, 직원들이 무엇을 생각해야 할지, 자발적으로 해결책을 개발하게 하려면 직원에게 어느 정도의 자율성을 제공해야 할지 명확히 알 수 있다. 이때 문서는 경영진과 직원이 근무시간 단축을 통해 무엇을 얻고 무엇을 주고받는지 결정하는 일종의 사회적 계약으로도 기능할 수 있다.

또한 새 근무제를 성공시킬 책임은 모두에게 있다는 점을 분명히 밝히는 것이 좋다. 계획 단계에서 추구하는 한 가지 목표는 기업이 선택한 새 경로를 중심으로 새 근무제를 정착시킬 수 있도록 집단적인 합의를 끌어내는 것이다. 캘리포니아주 오클랜드에 있는 비영리 조직 록우드리더십연구소Rockwood Leadership Institute는 2008년부터 주 4일 근무제를 시행하고 있다. 커뮤니케이션 담당 관리자인 조이 폴리Joi Foley는 모두 머리를 맞대고 앉아 합의를 끌어내야 한다고 강조했다.

"직원들에게 직장 밖의 삶을 살 여지를 제공하는 동시에 소외되지 않도록 구조를 구축하면서 제도를 시행할 방법을 설명할 수 있어야 해요."

이처럼 계획을 수립하는 기간이 중요하다. 새 근무제를 실험하는 동안 실제 가동 방식을 면밀하게 검토하고, 관련자의 범위를 넓히고, 열심히 시도하기는 하지만 전면적으로 실행하기를 망설이는 리더들에게 현실을 직시할 기회를 주기 때문이다. 시너지비전의 피오나 도버는 주 4일 근무제를 시도하겠다고 선언한 후에 벌어진 상황을 이렇게 회상했다.

"1~2명을 기획팀에 보내달라고 각 지도 부서에 요청했습니다. 그리고 10월부터 12월까지는 매주 회의를 했어요. 첫 회의에서는 일종의 브레인스토밍을 했는데, 예상보다 어려운 일이겠다는 생각이 들더군요."

시너지비전은 행사, 고객 프로젝트, 휴가 정책, 여러 프로젝트를 다루느라 씨름하는 직원들, 프로젝트 관리 등의 문제를 포함하는 과정을 몇 년 동안 진행했다. 그리고 이제는 몇 달에 걸쳐 수정하는 작업을 하고 있다. 기획팀은 신속하게 새 제도의 가치를 입증하고 문제를 식별해냈을 뿐 아니라 도버가 찾지 못했던 해결책도 내놓았다. 다양한 직원들로 기획팀을 구성한 덕분이었다. 회사 전반에 걸쳐 팀원을 선발해 팀을 구성했으므로 "사명 선언문을 작성할 몇 사람과 이야기해서는 생각해내지 못했을 많은 아이디어가 나왔습니다"라고 도버는 설명했다. "다양한 수준의 의견을 모으고, 여러 분야에서 팀원을 선발한 것이 좋은 결과를 낳았어요."

팀이 거둔 첫 성과는 FAQ를 묶어 작성한 3쪽짜리 문서였다.

3장
아이디어
창출

여기서는 주 4일 근무제를 뒷받침하는 개념을 설명하고 실행 방법을 설명한 지침을 제시했다. 이 문서는 회의록 형식으로 작성됐고 사내 토의 내용, 순간적 사고에 대한 숙고, 새 근무제를 시도하면서 직원에게 제시하는 지침을 포함했다. 이런 종류의 문서에서는 내용이 그다지 포괄적이지 않은 경우가 많다. 직원과 팀들이 새 관행을 실천하고, 자체적으로 문제에 대한 해결책을 실행하고, 필요를 충족시킬 수 있는 기술을 찾아내고, 고객을 상대하는 전략을 개발하면서 상황이 순조롭게 돌아가면 효용을 다하기 때문이다.

시너지비전이 작성한 FAQ에서 발췌한 내용

○ 새 근무제를 시도하는 이유는 무엇인가요?

주 4일 일하고 나서 3일을 쉬면 개인 차원에서 삶과 일의 균형을 이룰 수 있을 뿐 아니라 사회 전체적으로도 막대한 이익을 실현할 수 있다는 사실이 입증됐기 때문입니다. 우리는 사람들에게 선택받는 직장, 더욱 일하기 좋은 직장이 되고 싶습니다.

○ 언제 시행하나요?

12월 3일 월요일에 시작할 것입니다. 그때까지 우리가 이 계획을 가장 잘 실천할 수 있는 방법에 대해 제안이나 피드백을 주기 바랍니다.

○ 근무시간이 10% 줄면, 임금도 10% 줄어드나요?

아닙니다. 실험 기간은 물론, 이후 영구적으로 시행하더라도 현재 임금은 그대로 보장할 것입니다.

○ 쉬는 날인데 고객에게 연락이 오면 어떻게 하나요?

가능하다면 쉬기 전에 미리 고객에게 알려야 합니다. 당신이 쉬는 날 고객이 사무실로 전화를 걸어올 경우에 대비해 업무를 대신 처리해줄 직원이 누구인지 미리 알리거나, 당신이 언제 출근할지 말해주어야 합니다. 신속하게 해결할 수 있는 문제라면 직접 처리해줄 수도 있습니다. 당신이 업무를 처리할 수 없는 날을 고객에게 확실히 알려주어야 하지만, 약간의 융통성은 발휘할 필요가 있습니다.

○ 사업의 생산성은 어떻게 유지하나요?

프로젝트마다 충분한 근무시간을 확보하기 위해 직원을 채용할 계획을 세우고 있습니다. 삶과 일의 균형을 맞출 수 있도록 지원하는 데 초점을 맞추면 직원의 웰빙이 증가하고 그에 따라 생산성이 향상될 것입니다.

앞으로 6개월 동안 근무시간 단축제를 실험적으로 시행하는 동시에 관리에 들어가는 시간을 최소화하고 효율성을 최대화할 수 있도록 사내에서 사용하는 시스템을 철저하게 검토하고 있습니다. 이 점에 관해 여러분의 의견을 듣고 싶습니다. 11월에 열릴 팀 회의에서 좀더 논의할 예정이므로 시스템에 대해 각자 어떤 의견을 제시할지 생각해보기 바랍니다.

○ 쉬는 날 긴급한 이메일이 도착하면 어떻게 하나요?
이런 문제에 대처하기 위해서는 프로젝트팀들이 메일함을 공유하는 것을 포함하여 대안의 작업 방식을 검토해야 합니다. 현재 직원들이 더욱 효율적으로 업무를 처리할 수 있도록 시스템을 점검하고 있지만, 어떤 업무 수행 방식도 아직 최종적으로 결정되지 않았으므로 여러분의 피드백을 받고 싶습니다.

근무시간을 단축하기 위해 사회적 계약이나 일반적인 규칙을 만드는 과정은 기업에 따라 명시적이면서 공식 절차의 마지막에 진행되거나, 비공식적이면서 지속적으로 진행되기도 한다. 더믹스의 전무이사인 제마 미첼은 "근무시간 단축제를 3개월 동안 실험하고 나서 최종적으로 도입하기로 했을 때 전체 직원과 계약서를 작성하면서 관련 사항을 명시하고, 회사가 실천하고 싶은 제도라고 공식적으로 선언했습니다"라고 말했다.

그 과정에서 기업들은 새 시도를 성공시키려고 노력할 때 개인의 행동, 동료 간 상호작용, 관리자와 직원의 관계를 안내하기 위한 공식적인 규칙만큼 규범도 중요하다는 사실을 깨닫는다.

왜 그럴까? 어떤 규칙도 비상 상황을 전부 예측할 수 없기 때문이다. 직원은 정책을 확대 적용하고, 새로운 상황에 대처하는 새 규칙을 만들고, 이해관계가 상충함으로써 발생하는 긴장을 해소할 수 있어야 한다. 직원은 이렇게 행동할 수 있는 자유를 누려야 하고, 동료들이 받아들일 만한 선택을 할 수 있다는 자신감을 가져야 한다. 그러려면 그저 규칙을 따르는 것이 아니라 규범을 이해해야 한다. 근무시간 단축에 찬성하는 기업은 자신을 관리할 수 있고 상당히 수평적인 위계질서를 갖춘 조직을 구축할 수 있는 직원을 원한다. 직원은 스스로 절제하는 동시에 언제 동료의 말을 중단시켜야 할지 또는 언제 자기 의견에 타인의 주의를 집중시켜야 할지 곰곰이 생각하고, 새로운 업무 수행 방식에 적응하고, 높은 기준을 유지하는 동시에 더욱 생산성을 발휘하라는 요구를 받는다. 이런 환경에서 일할 때는 곧이곧대로 엄격하게 법을 지키는 것만으로는 충분하지 않고 정책 뒤에 숨은 논리와 정신까지 이해해야 한다.

기획하고 시도하는 단계를 밟는 데에는 시간이 걸리지만 비용은 많이 들지 않는다. 새 제도를 실험하는 동안 기업이 지출하는 비용은 거의 없다. 방해하지 말라는 문구가 켜지는 전등을 직원 책상에 비치하거나, 소음을 차단하는 헤드폰을 나눠주는 것처럼 비교적 저렴한 물건을 구매해 사용하는 기업도 있다. 혹시 새로운 IT 장비를 구입하거나 사무실을 수리해야 할까? 그렇진 않을 것이다. 설사 몇 년이 지나더라도 대부분 기업은 가상 인프라나 물리적 인프라에 많은 지출을 할 것 같지 않다.

두드러진 예외는 레스토랑이다. 주 4일 근무제를 도입하면서 레스토랑은 요리사가 더욱 능률적으로 일하도록 주방을 확장하거나, 더 많은 테이블을 놓도록 공간을 개조할 가능성이 있다. 앞서 언급했듯이, 에이즐은 스튜어트 랠스턴이 더욱 효율적으로 요리할 수 있도록 더 큰 오븐을 설치하고, 더 많은 손님을 수용할 수 있도록 테이블 수를 늘렸다.

기업은 직원이 집중하는 데 도움을 주기 위해 고안된 새로운 협업 도구나 앱을 자체적으로 실험해보고 싶을 수 있고, 시스템을 개선하려는 직원들을 지원하기 위해 자금을 비축하고 싶을 수도 있다. IIH노르딕과 ELSE에서 개인들은 인기 있는 도구를 많이 발견해 집단에 보급하고 있다. 회사 입장에서 생각하면 판매 기업의 말을 믿고 도구를 구매해 하향식으로 사용을 강요하기보다는, 기업이 조성하려는 환경에 적합한 도구인지 아닌지를 소규모 상향식 실험을 지원해 검증하는 편이 더 낫다. 그리고 실천하는 모습을 보여주면 회사가 진지한 태도로 새 제도를 도입해 성공시키기 위해 직원들에게 힘을 실어주려 한다는 사실을 알릴 수 있다.

내가 연구한 대부분 기업은 근무시간 단축제를 전 직원을 대상으로 동시에 시행했다. 물론 예외인 기업도 몇 군데 있다. 2018년 말 한국 대기업인 SK그룹은 사내 사무실 두 곳을 대상으로 주 4일 근무제를 적용했다. SK그룹은 석유, 반도체, 가전제품 등의 제품을 제조하는 95개 기업으로 구성되어 있으므로 직원 8만 명을 한꺼번에 주 4일 근무제로 전환하기는 현실적으로 불가능했을 것이다. 그 대신 소규모 실험을 시도하다 보면 결국 더 큰 단위에서도 적용하게 되리라고 확신했다(포드자동차는 일부 부서에서 4년 동안 실험하고 나서 1926년 전 직원을 대상으로 주 40시간 근무제를 시행했다). 미국에서 일부 양로원은 의사와 간호사를 지원하면서 환자와 긴밀하게 접촉하는 간호조무사들을 대상으로 하루 6시간 근무제를 시행했다. 주방 노동자나 경비원을 비롯한 그 외 시급 노동자, 물리치료사, 의사 등에 대해서는 아직 적용하지 않았다.

한 조직 안에서도 구성원마다 작업 일정이 다른 것은 흔한 현상이다. 병원을 생각해보라. 간호사, 실험실 연구원, 레지던트, 선임 의사는 모두 다른 일정에 따라 일한다. 에너지 산업과 채광 산업에서는 오전 9시부터 오후 5시까지 작업하기도 하는 반면, 광산이나 바다에서 일하는 사람은 한 번 교대하면 몇 주씩 현장에 나가 일하기도 한다(북해나 멕시코만에 있는 유전으로 매일 통근할 수는 없지 않은가). 중견 기술 기업에서 일하는 IT 직원들은 서버가 다운되는 비상사태에 대비해야 하기에 호출기를 옆에 놓고 잠자리에 들거나 야간에도 근무하는 일이 잦다.

한편 모든 직원에게 혜택이 돌아가지 않을 경우를 우려해 근무제를 바꾸지 않기로 결정한 기업도 있다. 웰컴트러스트^{The Wellcome Trust}는 2019년 런던 본사 직원 800명을 주 4일 근무로 전환하는 방안을 검토했다. 세계 최대 의료 자선단체의 하나로 약 272억 달러 상당의 포트폴리오를 관리하고 있었으므로 돈은 문제가 아니었다. 다만 어떻게 하면 주 4일 근무제를 모든 직원에게 이로운 방향으로 시행할 수 있을지, 새 근무제가 실제로 모든 직원에게 혜택을 줄지 확신할 수 없었기 때문에 결국 주 5일 근무제를 유지하기로 했다.

이처럼 근무시간 단축제를 모든 구성원이 아니라 일부에 대해서만 시범적으로 적용하는 것도 고려해볼 가치가 있다. 그 실험의 결과는 물론 조직마다 다를 것이다.

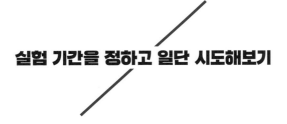

실험 기간을 정하고 일단 시도해보기

직원들과 의논하고 비상사태에 대비해 계획을 세운 후 문서를 작성하고 성과지표를 선택하더라도, 실제로 근무시간 단축제를 즉시 정착시키는 기업은 매우 적다. 대개는 직원들이 새로운 일정에 적응하고, 관찰하고, 예상하지 못한 문제들을 해결할 수 있도록 실험 기간을 거친다. 그런 다음 실험 결과를 정기적으로 검토하면서 돌아가는 상황을 평가하고, 새로 습득한 교훈을 적용해 과정을 수정한다.

가장 인기를 끄는 실험 기간은 3개월이다. 특정 시점에 도달하면 정책을 명확하게 밝히는 동시에 법적인 목적을 위해서도 근무제를 공식적으로 바꿔야 한다.

ELSE는 좀더 단계적으로 접근했다. CEO 워런 허친슨은 이렇게 말했다.

"새 제도를 3개월 동안 시도하고 나서 약간 뒤로 물러났습니다. 직원들이 어려움을 호소하는 사항들에 대해 논의하고, 해결해야 할 문제들을 추려서 우선순위에 따른 통화, 생산성 향상, 더욱 집중적인 작업 등으로 분류했습니다. 일테면 그 3개월은 '다행히 실수는 발생하지 않았어. 중요하지 않은 사항들, 시간을 끄는 태도, 가치가 낮은 작업을 추려내면 시행할 만하겠어'라고 깨닫는 기간이었습니다. 다음 3개월 동안에는 직원들이 스스로 결단력을 발휘하며 근무시간 단축에 참여할 수 있다고 생각하기 시작했습니다. 직원들은 어떤 가치를 추구할지 결정하고, 자율성을 발휘해 다른 기술을 탐색하기도 했습니다. '포모도로를 사용해 일해보고 싶은가? 업무 수행 방식의 물리적 속성을 바꾸고 싶은가? 글을 쓸 수 있는 조용한 공간이 필요한가? 강가에서 회의를 하고 싶은가? 아니면 산책을 하고 싶은가?' 등의 질문을 던지기 시작한 거죠."

그렇게 주 4일 근무제를 시작한 지 6개월이 지나자 "이제 직원들은 각자 자기 일을 하고 있습니다"라고 허친슨은 설명했다. "앞으로 3개월 내에 효과가 있는 방법을 표준으로 제시하고, 공동 전략을 구사하는 방향으로 나아가길 기대하고 있습니다."

ELSE 직원들은 3단계 과정을 밟아왔다. 즉 주 4일 근무라는 새로운 환경에 적응하고, 개인의 성과를 향상시키기 위해 관행을 맞춤화하고, 마지막으로 새로운 도구와 관행을 회사 전체에 공유하고 적용했다. 실용적인 이유 말고도 첫 단계를 실험 기간으로 부르는 것은 좀더 미묘한 이유로 중요하다.

첫째, 근무시간 단축은 특권이 아니라고 분명히 표현할 수 있다. 근무시간 단축은 과정을 향상시키고, 생산성과 창의성을 높이고, 리더십과 혁신을 촉진하는 도구이므로 제대로 작동하지 않으면 폐기할 수 있다.

둘째, 직원의 업무 수행 방식에 대한 반성, 기존 업무 수행 방식에 대한 회의적인 시각, 새로운 제도를 기꺼이 시도하려는 태도를 강조하는 사고방식을 북돋울 수 있다. 질문을 던지고, 비효율성을 찾고, 개선 방법을 생각해 시도하고, 실패하거나 상황을 바꾸는 것을 두려워하지 않아야 성공할 수 있다.

셋째, 상황이 빗나가기 전에 실험 단계에서 문제를 제어할 수

/ 주 4일 근무제를 시행하기 위한 3단계 /

적응: 더욱 압축된 일정에 맞춘다.

맞춤화: 회사의 새로운 관행과 도구를 개발한다.

공유: 직장에 최적의 관행을 공유하고 새로운 기준을 세운다.

이 3단계 과정은 ELSE의 사례에서 도출한 것이다. 다른 기업들도 대부분 비슷한 단계를 거쳤다.

있다고 직원을 안심시킬 수 있다. 워런 허친슨은 이렇게 설명했다.

"실험 단계를 거치는 것은 중요합니다. 새로운 제도를 시도해 보고 안전한 방식으로 시행할 수 있다는 메시지를 전달하기 때문이죠."

주 4일 근무제는 주말을 3일로 굳히는 개념이니만큼 매력적이지만, 불확실성으로 가득한 미지의 세계이기도 하다. 기업은 가뜩이나 바쁜 직원에게 스스로 업무 수행 방식을 다시 생각하고, 회사에 실존적인 위협으로 작용할 가능성이 있는 제도를 추진하면서 동료와 더불어 일하고 동료를 다루는 방식을 다시 고안하라는 개인적인 과제를 부과한다. 그렇지만 실험 단계를 거치고 나면 제도의 단점을 최소화할 수 있고, 위험에 더욱 잘 대처할 수 있다는 자

신감을 심어줄 수 있다.

시도와 실험에 관하여

○ **김봉진(우아한형제들)**

제도를 최소 6개월간 실험해서 성공적이면 계속 시행하고, 그렇지 않으면 중단하겠다고 직원들에게 약속하는 것이 중요하다.

○ **나탈리 나겔(와일드비트)**

우리는 가장 먼저 "이것은 실험입니다"라고 밝혔다. 실험이라고 부르면 모든 것이 일시에 바뀐다는 우려를 덜 수 있으므로 조직에 매우 이롭다. 그 덕분에 우리 모두는 어느 정도 부담을 덜 수 있었다. 개별 기업으로서 고객을 상대하고 제품을 다루면서 문제에 부딪힐 지점을 제대로 이해하는 기회를 얻을 수 있었다.

○ **데이비드 로즈(블루스트리트캐피털)**

실험 기간이라고 불러라. "다음 분기에 실험해보고 효과가 있으면 계속 실행하겠습니다"라고 말하라. 우리는 실행하려는 의지가 워낙 확고했으므로 이렇게 말했다.

"여러분, 우리는 이 제도를 정말 시행하고 싶고 결국 성공하리라고 생각합니다. 그렇더라도 한번 가동해보고 실행 과정을 살펴보겠습니다."

이것은 새 제도를 도입하기는 하지만 완전히 몰입하지는 않는 쉬운 방법이었다.

O **조너선 엘리엇**Jonathan Elliot**(콜린스SBA)**

실험을 시작하겠다고 6주 전에 직원에게 알리고, 실험 기간에 적용할 규칙을 전달했기에 성공할 수 있었다고 생각한다. 우리가 직원을 지도하고, 직원의 사고방식을 바꿀 기회를 얻을 수 있었으므로 직원은 새 제도가 통할 것으로 믿게 됐다. 처음에는 좋은 아이디어이기는 하지만 통하지 않으리라고 생각하는 직원도 있었지만, 우리는 실험을 시작하기 전에 직원들을 지도해 긍정적인 사고방식을 심어줄 수 있었다.

한 팀원은 이렇게 물었다.

"이 시도가 통하고 우리가 근무시간을 줄이면서도 생산성을 높인다고 치죠. 그러고 나서 기존의 하루 8시간 근무제로 돌아가 생산성을 더 높이라고 요구하지는 않을까요?"

나는 좋은 질문이라 생각했고 이렇게 대답했다.

"그렇게 하는 것은 황금 거위를 죽이는 셈이죠. 근무시간을 단축해 생산성을 유지하거나 증가시킬 수 있다면 그것은 근무시간 단축으로 동기를 부여받은 직원들이 거둔 결과입니다. 기존 근무제로 돌아간다면 생산성을 유지하거나 증가시킬 동기를 어디서 찾을 수 있겠어요?"

다른 시도와 마찬가지로 근무시간을 단축하려는 시도가 실패할 가능성은 항상 존재한다. 그리고 새로 얻은 자유 시간을 빼앗길 경우 직원들이 분개할 가능성도 크다. 따라서 시도가 실패한다면 기존 근무제로 돌아가는 것이 실험의 본질이고, 초기 결과에 따라 주 4일 근무제의 영구적인 도입 여부가 결정된다는 사실을 직원들에게 분명히 밝혀야 한다.

시작하기

나탈리 나겔은 이렇게 말했다.

"우선 무엇이 잘못될 수 있는지 신속하게 파악하고, 최대한 빨리 뛰어들라고 말하고 싶어요."

그녀는 직원이 30명인 소프트웨어 기업 와일드비트를 운영하면서 2017년 이후 주 4일 근무제를 시행하고 있다. 인터뷰가 끝날 무렵 나는 주 4일 근무제로 전환하고 싶어 하는 기업에 조언을 해 달라고 요청했다.

"내가 가장 우려했던 점은 주 4일 근무제를 시행하면서 발생할 추가적인 압박이었어요. 그렇지만 내게는 훌륭한 팀원들이 있고, 우리는 고객과 업무에 진심으로 신경을 쓰고 있습니다." 누구도 새로운 제도를 실행하기가 버겁다거나, 비현실적인 목표를 설정했다고 느끼지 않아야 했다. "그래서 '모든 직원이 개인적으로 어떻게 느끼는가?'를 핵심성과지표로 정했습니다. 이것을 실험으로 부르는 것은 팀에도 매우 이로웠어요. 모든 것이 일시에 바뀐다는 부담을 주지 않으니까요. 그러면서 팀은 얼마간 부담을 덜 수 있었고, 고객과 제품은 물론 사업을 수행하면서 난관에 부딪힐 지점과 실제 문제를 이해할 기회를 얻을 수 있었습니다."

나겔은 이렇게 결론을 내렸다.

"그러므로 그냥 뛰어들어서 임직원이 함께 문제를 논의하라고 조언하고 싶습니다. 뛰어들어서 실험하는 시기가 빠를수록 무엇이 진짜 문제이고 어떤 것이 문제가 아닌지를 빨리 파악할 수 있어요. 이것은 매우 흥미진진한 과정이에요. 방법이 효과가 있는지에 관해 모두가 마음을 열고 대화할 수 있다면 전적으로 실행할 수 있다고 생각합니다."

내가 같은 질문을 던졌을 때 태시 워커는 이렇게 답했다.

"근무시간 단축제가 5일 분량의 작업을 4일에 하거나, 더 빨리 일하라고 직원을 밀어붙이는 제도가 아니라는 사실을 무엇보다 먼저 깨달아야 합니다. 더욱 효율적으로 일할 수 있어서 하루 더 일할 필요가 없는 작업 방식을 생각해보려는 것입니다. 이 문제를 팀과 논의해야 합니다. 작업을 개선하는 방식을 찾아내는 것은 팀의 몫이기 때문이죠. 제도를 실행하겠다는 결정은 상부에서 내리지만, 전력을 기울여 제도를 실행해야 하는 것은 팀이거든요."

근무시간 단축제를 시행할 때는 시도 단계부터 밟아야 한다.

"그러면 다양한 작업 방식을 실험적으로 시행해볼 여지가 생깁니다." 워커가 설명했다. "우리가 원하는 방식대로 상황을 전개하기 위해 수정하는 작업을 몇 번 거쳐야 했어요. 그러므로 시간을 내서 실험해야 합니다. 그 점이 중요해요."

그는 이렇게 덧붙였다. "측정하는 것도 중요합니다. 우리는 뒤를 돌아보고, 어떤 방법이 효과가 있었는지 없었는지, 사업 실적은 어땠는지에 관해 직원들에게 피드백을 받으면서 많은 것을 배웠어요. 뭔가 다른 방식을 시도하고 실천하는 것은 정말 좋은 동기부여 방법이었습니다."

마지막으로 워커는 이렇게 강조했다. "조직 외부인들에게 새 제도에 대해 말하는 것이 결정적으로 중요합니다. 다이어트를 시작하거나 술을 끊겠다고 결심할 때와 비슷하죠. 주위에서 자신을 지지해줄 네트워크를 구축해야 합니다."

나겔과 워커는 디자인 씽킹 단계를 거친 과정도 간략하게 설명해주었다. 정리하면 다음과 같다.

'정말 중요한 사항을 먼저 식별하라. 팀 전체와 브레인스토밍을 해서 모든 직원이 목표를 이해하고, 우려하는 목소리에 귀를 기울이고, 광범위한 전문지식을 최대한 끌어모아 계획을 세우려고 노력하라(공감은 단순히 모두를 기분 좋게 만드는 요소가 아니라 더욱 현명한 디자인을 생산해낼 수 있는 통찰력 있는 방법이다). 성공적인 실험이 어떤 모습일지, 실험 결과를 어떻게 측정할지, 얼마 동안 새 제도를 실험해야 할지 파악하라.'

다음 장에서는 주 4일 근무제를 실제로 가동해볼 수 있도록 프로토타입을 구축하는 방법을 살펴보려 한다. 프로토타입이 완벽할 필요는 없다. 실제로 불완전성이 드러나면 개선할 기회가 생기기 때문이다. 프로토타입은 전 직원에게 반복해서 시도해보고, 개선하고, 근무 일정을 조정하고, 새로운 도구와 과정을 만들고, 어떻게 해야 주 4일 근무제를 다듬고 개선할 수 있을지 파악할 기회를 제공한다.

○ 사내에서 아이디어를 공유한다

초기 반응에 귀를 기울이고, 직원들에게 있을 법한 회의나 우려를 덜어
준다.

○ 근무시간 단축 계획에 대한 사항을 결정한다

주 4일 근무제를 도입할지, 자유로운 금요일 제도를 도입할지, 하루
5~6시간 근무제를 도입할지 결정하려면 몇 가지 사항을 균형 있게
고려해야 한다. 이런 사항은 다음 두 가지 중요한 질문으로 간추릴 수
있다.

1. 생산성이 최저인 요일은 언제인가?
2. 어떤 요일에 쉬어야 긍정적인 효과를 최대로 누릴 수 있을까?

이 질문에 답하려면 고객을 위해 언제 자리를 지켜야 하는지, 부모 역
할을 제대로 하고 사생활을 누릴 수 있으려면 직원에게 무엇이 필요한
지, 업무를 수행하기 위해 사무실에 있어야 하는 시간은 일별 또는 주
별로 최소한 얼마인지, 어떤 유형의 근무시간 단축제가 자사 문화에 잘
맞을지 생각해야 한다.

○ 포괄적인 계획 과정을 개발한다

대개 하향식으로 운영되는 기업일지라도 포괄적인 계획 과정을 개발하는 것이 중요하다. 좋은 아이디어는 조직의 어디에서도 나올 수 있고, 직원은 자신이 맡은 업무에 관한 전문가이기 때문이다. 또한 포괄적인 계획 과정을 밟으면 모든 직원에게 주인의식을 심어줄 수 있다. 계획 과정을 거치면서 직원들은 우려 사항을 제기하고, 추진 방법에 대한 아이디어를 공유하고, 모두가 기대할 수 있는 미래를 향해 회사를 전진시킬 수 있다.

○ 시나리오를 예상하고 비상 대책을 짠다

계획 과정에서는 발생 가능한 상황에 대처하는 비상 대책을 구축해야 하고, 상충하는 목표나 예상하지 못한 문제(이런 문제는 언제라도 출현할 것이다)를 현명하게 처리할 수 있도록 좀더 일반적인 지침을 마련해야 한다. 이와 관련하여 모든 직원이 책임을 맡으면 업무를 리디자인하는 방법을 생각하고, 자신의 전문 지식을 적용하고, 근무시간을 압축할 방법을 함께 모색할 수 있다(노동 규제와 충돌하지 않으면서 가동할 수 있는 휴가 제도, 초과근무, 가족 휴가에 대한 새로운 정책도 마련할 필요가 있다). 직원에게는 기존 업무 수행 방식이나 매일의 업무와 일정을 형성하는 요소를 깊이 생각하고, 어떻게 하면 주 4일 근무제를 사용해 업무 수행 방식을 개선할 수 있을지 고민할 기회가 될 것이다.

○ 실험 기간과 시작 날짜를 정한다

대부분 기업은 상황이 여의치 않은 경우에는 기존 근무시간으로 돌아
간다는 전제를 내세우면서 3개월 동안 실험한다.

○ 분명한 목표를 세운다

전 직원이 실험 평가 방식을 알아야 하며, 이것은 실험의 성공과 조직
의 이익을 위해 중요하다. 이와 동시에 근무시간을 단축할 때 발생할
수 있는 간접적인 이익을 항상 고려해야 한다. 초기의 계량적 분석에만
초점을 맞추면 다른 이익을 간과하거나 가치를 과소평가할 가능성이
있다.

○ 시도가 끝이 아니라는 사실을 인식한다

3개월 동안 시도하는 것은 지속적으로 실험하고 개선하는 과정의 시작
에 불과하다.

일단 계획 단계를 완수하면 실질적인 실행 단계에 진입할 수 있다. 이
제 새 근무제의 프로토타입을 제작할 때가 된 것이다.

SHORTER

SHORTER

더 집중적인 업무와
더 효과적인 협업을 지원할
기술, 문화, 규칙

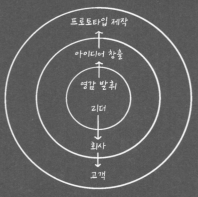

디자인 씽킹 과정의 한 단계에서 다음 단계로 이동하면 더 좁은 원에서 더 넓은 원으로 움직이게 된다.

이제 계획을 바탕으로 프로토타입을 만들고, 가동 방식을 살펴볼 때다. 디자인 씽킹 과정 중 프로토타입 제작 단계에서는 초점이 아이디어와 이상에서 벗어나 조직도와 행동으로 옮겨 간다.

지금까지 일반적인 형태의 주 4일 근무, 하루 6시간이나 주 35시간 근무 같은 대안을 검토하고, 몇 가지 비상 대책과 지침을 세우고, 실험 결과를 어떻게 얼마나 밀접하게 측정할지 결정했다. 이제는 근무시간의 설계와 업무 흐름의 최적화로 무게중심을 옮겨보자. 여기서 과제는 더욱 집중적인 업무 수행 방식과 더욱 효과적인 협력 방식을 지원할 기술, 새로운 규칙, 조직문화 등을 구축하는 것이다.

이 단계에서 참여 범위는 리더와 직원에서 협력사와 고객으로 확장된다. 주 4일 근무제를 실제로 가동하는 방법을 파악한 기업은 이제 고객에게 이 소식을 알려야 한다. 자사가 무엇을 하고 있는지 고객에게 설명하고, 실험이 성공해 제도가 잘 정착할 수 있도록 이해시켜야 한다.

덴마크 코펜하겐, 아틸러리바이

덴마크 코펜하겐 남부 조용한 교외에 IIH노르딕 본사가 고즈녁하게 둥지를 틀고 있다. 나는 어느 가을날 오전 그곳을 방문하고 깜짝 놀랐다. 실리콘밸리 또는 싱가포르에서나 볼 수 있을 것 같은 광경을 만났기 때문이다. 검색엔진 최적화 서비스를 제공하는 이 회사의 사무실은 평면으로 탁 트인 공간, 노출된 벽돌, 단순한 요소를 통해 최대 효과를 노린 실내 장식, 유리로 사방을 두른 회의실, 전 세계 스타트업들이 선호하는 현대적인 주방을 갖추고 있었다.

대부분의 기술 기업과 달리 IIH노르딕은 근무시간을 단축하기 위해 꾸준히 노력해왔다. 우선 2014년 주 4일 근무제를 실험하기 시작했고, 2년간 시도한 끝에 정착시켰다. 새 제도를 시행한 결과는 회사의 독특한 작업 방식을 뒷받침하기 위해 제작한 물건들에서도 드러났다. 회의실 시계는 새로 설정한 기본 회의시간인 20분 단위로 작동했다. 사방에 소음 차단 헤드폰이 놓여 있었고, 책상마다 빨간 등이 설치돼 있었다. 수신함에 들어온 이메일의 제목은 매우 간결하면서 효과적이었으며, 메일 내용은 짧았다. 주방에는 감자칩과 과자 대신 과일과 채소가 놓여 있었다. 공동 창업자이자 CEO인 헨리크 스텐먼이 휴식 시간을 늘리기 위해 고안한 장치들이었다.

학생 시절에 스텐먼은 한 교수에게 "엑셀을 능숙하게 활용해보게. 휴식 시간이 많아질 걸세"라는 조언을 들었다. 엑셀은 비즈니스 세계 어디서나 눈에 띄지만, 대부분의 사용자는 엑셀의 더욱 막강한 기능을 활용하거나 반복적인 작업을 자동화하는 방법을 배우기 위해 굳이 노력하지 않는다. 스텐먼은 교수의 조언이 단순히 스프레드시트에만 적용되지 않는다는 것을 깨달았다. 그는 말했다.

"도구를 지적으로 사용해서 행동을 바꾸면 시간을 만들어내고 절약할 수 있습니다."

하지만 도구를 더욱 현명하게 사용할 방법을 고민하는 직원은 거의 없다. 그렇게 할 동기가 거의 없기 때문이다. 대부분 기업에서 효율성을 높여 창출되는 가치는 직원이 아닌 소유주에게 돌아간다. 이런 환경에서 대부분 직원은 업무를 더욱 빨리 효율적으로 처리하는 법을 배워 업무량을 늘리는 위험을 감수하기보다는 근무 시간에 업무량을 맞추는 쪽을 선호한다.

스텐먼은 2014년 IIH노르딕에서 이 문제에 주목했다. 시간 사용에 관한 한 연구에 따르면, 노동자들은 근무시간의 최대 60%를 이메일과 회의에 쓰고, 관리자들은 주당 평균 17시간을 회의에 썼다. IIH노르딕은 "정말 시간을 절약해줄 수 있고" 적절하게 사용하면 업무를 "더욱 효과적으로 수행하고 생산성을 증가시킬 수 있는" 소프트웨어 도구를 갖추고 있었지만, 직원들에게 도구를 채택하고 숙달하도록 동기를 부여하는 일은 결코 쉽지 않았다. 어떻게 하면 직원들이 업무에 더욱 효과적으로 집중하고, 도구를 더욱 능숙하게 사용하도록 만들 수 있을까? 또 어떻게 하면 직원들을 밖으로 내몰지 않고 정말 중요한 업무에 우선순위를 두도록 조직을 리디자인할 수 있을까?

스텐먼이 찾은 해답은 근무시간을 단축하는 것이었다. 금요일마다 쉬게 해주면 직원들에게 동기가 부여돼 중요한 도구를 숙달해 더욱 효율적으로 일하게 될 것이다. 그러면 새로운 기술과 업무 수행 방식을 동료와 공유하도록 직원을 격려할 수 있을 터였다. 이것은 어떤 경쟁사도 제공하지 않는 혜택이었다.

2015년 IIH노르딕은 주 4일 근무제로 순탄하게 전환했다. 몇 개월 동안 매달 한 번 금요일에 쉬면서 직원들이 자기 프로젝트를 진행하기 시작하자 '혁신의 날'을 추가로 쉬게 하다가 마침내 주 4일 근무제를 본격적으로 시행했다.

주 4일 근무제를 시작하자마자 그 제도가 "빙산 같다는 사실"을 깨달았다고 스텐먼이 말했다.

"새로운 근무제를 도입하자 업무 수행 방식, 사고방식, 문제 해결 방식이 바뀌기 시작했습니다. 우리의 업무 수행 방식 이면에 있는 많은 사고는 산업 시대의 유물이었고 시간의 흐름에 맞추어 업데이트되지 않고 있었습니다." 변화의 일부는 익숙한 도구를 사용해온 방법을 되돌아보는 과정을 포함했다. "일테면 이메일을 얼마나 잘 처리하는지 관심을 갖는 사람은 없죠. 하지만 실제로 직원들은 상당히 비효율적으로 일합니다. 직원들에게 이메일에 제목을 다는 방법을 가르친 것만으로도 생산성을 크게 증가시킬 수 있었습니다."

작지만 의도가 담긴 물건들에서도 두드러진 변화가 나타났다. 직원 전체가 소음 차단 헤드폰을 갖추고, 집중력을 높여주는 스트리밍 음악 서비스인 포커스앳윌Focus@Will을 구독한다. 책상 위에 있는 빨간 불과 달걀 타이머는 포모도로를 구동하는 도구다. 타이머를 작동시키고 빨간 불을 켜면, 앞으로 25분 동안 방해하지 말라는 메시지를 외부에 분명하게 전달한다. 회의실 테이블에는 '회의 중 휴대전화를 사용하지 않아 주셔서 감사합니다'라고 적힌 팻말이 놓여 있다. 참석자 전원에게 당면한 문제에 집중할 기회를 주기 위해 회의의 시작과 마무리 때 1분 동안 침묵한다. 또 직원들의 입맛을 유혹해 업무 처리 속도를 떨어뜨리는 열량 높은 과자를 치우고 과일과 채소를 비치했다.

밖으로 드러나지 않는 중요한 변화도 있다. 직원들은 업무를 세 가지 범주로 분류한다. 즉 필수적이고 가치를 창출하는 업무는

A와 B, 일상적인 업무에 가까우면 C로 나눈다. C급 업무는 자동화하거나 필리핀에 있는 가상지원팀에 위임한다. IIH노르딕은 많은 도구를 맞춤 제작해 이메일로 알림을 설정해 받고, 기본적인 연구 기능을 자동화해 고객을 위해 보고서를 작성한다. 또 직원의 기분을 매주 조사하고, 신입사원에게는 직장에 적응하는 과정을 안내하는 앱을 제공한다.

근무시간을 리디자인한다

1960년대와 1970년대에 많은 미국 공장이 주 4일 하루 10시간 근무제를 실험했다. 공장은 하루 근무를 시작하고 끝내면서 기계에 시동을 걸고 끌 때마다 생산라인을 멈춰야 한다. 그래서 관리자들은 주 4일간 생산라인을 더 오랜 시간 가동하고 5일째 되는 날 유휴 시간을 없애면 생산량을 늘릴 수 있으리라 생각했다. 건물에 들어가는 냉난방비도 절감할 수 있을 터였다.

오늘날 주 4일 근무제를 시도하는 실험도 에너지와 관계가 있다. 하지만 과거와 달리 기업이 보존하고 더욱 효율적으로 사용하고 싶어 하는 것은 직원의 에너지다. 서비스 제공 업체와 소프트웨어 기업은 디자이너와 개발자의 창의성과 집중력을 최대로 끌어올리고, 시간 소비나 비생산적인 활동에 소요되는 시간을 최소화하고 싶어 한다. 레스토랑은 셰프와 직원이 과도한 노동에 시달리는 것을 원하지 않는다. 콜센터는 마케터가 매출을 거의 올리지 못하는 날에 근무하는 것을 원하지 않는다. 기업이 근무시간을 단축하면 공공요금이나 기타 고정 비용을 절감할 수 있지만, 정작 실험을 하기로 할 때 이 점을 고려해야 한다고 말하는 사람은 거의 없다. 그만큼 요즈음 근무시간 단축제는 무조건 사람과 관계가 있다.

기업들은 근무시간을 리디자인할 때 더욱 효율성을 높일 수 있도록 직원과 조직을 지원하기 위해 몇 가지 조치를 취한다. 비생산적인 업무를 합리적으로 개선하거나 제거한다는 뜻이다. 예를 들어 회의를 줄이고, 몇 가지 업무를 자동화하고, 집중력을 흩뜨리는 요소를 무시하라고 직원을 격려한다. 일별 일정을 재정비해서 가장 중요한 업무에 정신을 집중할 수 있도록 방해받지 않는 시간을 보장해주고, 사회생활을 할 수 있도록 휴식 시간을 확보해준다. 또 더욱 생산적으로 일하고, 주의를 산만하게 하는 요인을 최소화하도록 직원을 돕는 방향으로 기술을 사용한다.

좀더 미묘한 이야기이기는 하지만 근무시간을 리디자인하려면 전 직원의 관심을 존중하고, 집중을 단순히 개인적인 자원이 아닌 사회적 자원으로 다루기 위해 기업 문화를 바꿔야 한다. 직원을 위해 목표를 설정하되, 실행 방법을 찾는 것은 직원에게 맡겨야 한다는 뜻이기도 하다.

/
회의를 리디자인한다
/

주 4일 근무제로 전환하는 기업들은 전체 회의 횟수를 줄이고, 회의시간을 단축하고, 더욱 집중적이고 목적에 맞는 방향으로 회의를 진행한다. 회의는 근무시간을 리디자인하는 과정의 출발점으로 삼기에 적절하다.

왜 회의부터 손을 봐야 할까? 대부분 직원이 회의를 없애거나 최대한 간결하게 진행하는 것을 좋아하기 때문이다.

"이런 운동을 10년 전에 펼쳤다면 정말 좋았을 텐데요." 영국의 마케팅 및 브랜딩 기업인 구달 그룹Goodall Group의 창업자 스티브 구달Steve Goodall의 말이다. "지난 10~15년 동안 매주 회의하느라 허비한 시간을 생각하면 말이죠."

에이트레인의 공동 창업자 그레이스 라우 역시 "원래 회의를 싫어했어요. 그러다 보니 회의시간을 단축하고 싶어 하는 성향은 창업 첫날부터 회사의 DNA에 들어 있었죠"라고 말했다. 그래서 주 4일 근무제로 전환할 당시 월요일 점심 회의를 제외하고 모든 회의를 없앴다.

직원들은 회의를 좋아하지 않는 데다 시간 낭비로 보는 경향이 강하므로 회의를 더욱 짧고 효과적으로 진행하려는 노력은 언제나 인기를 끈다. 이것은 기업들이 어떻게 회의 과정을 개선해 직원들에게 시간을 돌려주는지, 어떻게 이런 종류의 시간 단축이 직원들에게 함께 일하고 문화적 규범을 존중하라고 요구하는 사회현상인지를 보여주는 단적인 사례다.

이런 기업들은 좀더 효과적으로 회의를 진행하기 위해 어떤 대책을 세우고 있을까?

회의시간을 단축한다

IIH노르딕은 대부분의 회의시간을 60분에서 20분으로, 90분에서 45분으로 단축했다.

"평균적인 사무실 노동자는 근무시간의 40~60%를 이메일과 회의에 씁니다." 스텐먼이 말했다. "그리고 평균적인 리더들은 회의에 주당 17시간을 쓰죠. 그래서 우리는 근무시간을 단축하는 방법을 실험할 때 이 점도 고려했습니다."

전자상거래 기업 조조가 주 30시간 근무제로 전환할 당시 상상력 전략 실장이었던 우메자와 다카유키는 "우리는 회의시간을 1시간으로 제한하자는 결정을 별반 고민하지 않고 내렸습니다"라고 회상했다. 이런 변화를 겪고 나서 직원들은 회의의 길이와 일정에 대해 더욱 신중하게 생각하기 시작했고, 결과적으로 회의시간을 30~45분으로 단축했다. 사내 회의를 20~30분, 고객과 진행하는 회의를 45분으로 제한하는 기업도 있다. 걷거나 서서 회의를 진행하는 것은 회의시간을 단축하기 위해 사용하는 인기 있는 방법이다.

내가 창업자들과 직원들에게서 가장 많이 들은 말은 기업들이 대부분 회의 일정을 1시간으로 잡는 데 익숙해 있다는 것이었다. 이렇듯 강력한 관행을 깨고 회의시간을 재설정하는 것은 근무시간을 재고하는 동시에 지금까지 인식하지 못한 제약에서 벗어나려는 초기 징조다.

얀 슐츠-호펜은 플라니오에서 기본 회의시간을 10분으로 재설정했다. 그는 회의에 팀 전체나 경영진을 초대하기보다는 '이 문제를 해결하는 데 정말 필요한 인물은 누구인가?'라는 질문을 던져서 회의에 참여시킬 사람을 신중하게 선택하면 실제로 단축된 회의시간 안에 문제를 해결할 수 있다고 강조했다. 많은 사람이 모여 앉아 마음속으로 '내가 왜 여기 앉아 있는 거지? 도대체 언제 끝나는 거야?'라고 생각하는 것보다는 10분짜리 회의에 참석자가 너무 적어서 다음에 회의를 한 번 더 하는 편이 오히려 낫다. 플라니오에서는 거꾸로 수업 모델^{flipped classroom model}(온라인으로 선행학습을 하고 오프라인 강의로 교수와 토론식 강의를 진행하는 수업 방식-옮긴이)

을 회의에 적용하기도 했다. 즉 어떻게 문제를 해결할 수 있을지 토론하느라 회의시간을 사용하지 않고, 직원들이 먼저 문제를 해결하기 위해 노력한 후에 스스로 생각해낸 해결책을 다른 직원과 공유하는 것이다.

회의의 집중화

회의 횟수를 줄이고 시간을 단축하려는 움직임은 매주 정기적으로 열리는 회의나 금세 처리할 수 있는 문제를 1시간 동안 토론하는 회의, 비공식 회의에서도 나타난다.

"매우 단순하게 들릴지 모르지만, 우리가 사업을 수행하면서 단행한 가장 큰 조치 중 하나는 중요치 않은 회의를 없앤 것이었습니다." 블루스트리트캐피털의 CEO 데이비드 로즈가 말했다. "보통 '잠깐 시간 있나요?'라고 시작하지만, 결코 잠깐으로 끝나지 않죠. 업무로 복귀했을 때는 이미 30~40분이 훌쩍 지난 후입니다. 그래서 우리는 이런 회의를 단호하게 없앴어요." 알렉스 가포드는 자신이 하루 8~9시간 일하던 때와 비교할 때 "현재 우리가 회의하는 방식은 매우 효율적입니다"라고 밝혔다.

기업은 정신을 집중해 회의를 효율적으로 진행하기 위해 새로운 관행을 개발하기도 한다. 대부분은 회의를 시작하기 전에 의제와 목표를 전달하거나 배경 자료를 배포한다. 조조가 주 30시간 근무제로 전환했을 때 CEO인 마에자와 유사쿠는 부피가 큰 발표용 슬라이드 기계를 치우라고 지시하면서 "이제 이것들은 필요하지 않습니다. 그냥 직접 설명하세요"라고 말했다.

규칙을 시행하기 위해 기술을 사용한다

기업은 회의 일정을 잡기 전에 회의용 전화와 기타 기술들이 원활하게 작동하는지 주의 깊게 확인한다. 그래야 직원이 마커를 찾거나 회의 코드를 입력하느라 시간을 낭비하지 않기 때문이다. 또 새로운 도구를 채택해서 회의시간이 끝나가고 있다거나 발언할 시간이 몇 분 남지 않았다는 사실을 참석자들에게 알린다. 이 중에서 가장 인기 있는 도구는 간단한 주방용 타이머(값이 저렴하고 누구나 사용 방법을 안다)이지만, 일부 기업은 회의실에 필립스휴Philips Hue 전구를 설치하거나 사전에 코드를 배포해서 회의를 마무리해야 할 시점을 알리는 등 좀더 첨단의 접근법을 채택한다.

나는 IIH노르딕에서 이 도구에 대해 처음 들었지만, 비슷한 도구를 활용하는 기업이 몇 있다. 필라델피아에 있는 디자인 기업인 O3월드03 World에서는 회사의 일정 API와 스마트 전구 API를 연결하는 룸봇Roombot 앱을 만들어 회의시간이 거의 끝나가면 회의실

189 4장
프로토타입
제작

조명을 깜빡여 참가자에게 경고한다. 만약 다른 집단이 회의실을 사용할 예정일 때는 더욱 공격적인 방법을 동원해 다음과 같은 말로 경고한다.

"이제 회의실을 비워주시겠어요?"

"밖에 사람들이 기다리고 있는 것 보이시죠? 이제 시간이 없어요. 룸봇이 화가 났다고요!"

회의가 늦게 끝나는 것을 막는 데 아주 효과적인 장치다.

목표를 세우고 회의를 연다

상시 주간 회의를 없애고 구체적인 결정을 내려야 하거나, 회의가 정보를 공유하는 유일한 방식이거나, 다른 분명한 목적이 있을 때만 회의를 하는 기업도 있다. 어드미니스트레이트의 젠 앤더슨은 이렇게 말했다.

"우리는 분명한 의제가 있을 때 반드시 참석해야 하는 사람들만 회의에 초대합니다. 애초에 회의가 필요한지에 의문을 품습니다."

회의를 하루 중 특정 시간대로 제한한다

매우 인기 있는 회의 관행 중 하나는 하루 중 특정 시간대, 특히 오후에만 회의를 하는 것이다.

"IIH노르딕에서 회의는 점심시간 이후에만 연다는 것이 사내 규칙입니다." 스텐먼은 내게 이렇게 말하면서 하루의 나머지 시간 동안 정신을 집중해 업무를 수행할 수 있게 하려는 의도라고 밝혔다. "만약 자신과 무관한 회의에 초대받았다면 참석을 거절할 수 있습니다."

원격근무자를 둔 기업에서는 회의 여는 시기를 고민하다가 결국 회의를 거의 완전히 없애자는 결론을 내릴 수도 있다. 와일드비트의 직원들은 몇 가지 시간대로 나뉘어 일한다. 나탈리 나겔은 회사가 주 4일 근무제를 도입하면서 더욱 비동시적인 의사소통 방법을 사용하기 시작했다고 말했다.

"나는 하루의 초반에 회의를 하는 것이 좋습니다. 하루의 중간에 회의를 하면 하루가 이리저리 찢긴다고 생각하는 사람들도 있어요."

노멀리의 공동 창업자 크리스 다운스는 이렇게 설명했다.

"우리 회사에는 예정되어 있는 회의가 거의 없습니다. 필요한 경우에는 장시간 회의를 할 수도 있죠. 하지만 대개 1시간 동안 회의하기로 정해놓고도 회의 초반에는 주말을 어떻게 보냈는지 잡담하고, 결정을 내린 다음에는 잡담을 이어가면서 회의시간을 늘리지 않나요?"

콜렉티브캠퍼스Collective Campus의 창업자인 스티브 글라베스키 Steve Glaveski는 회의시간을 15분으로 잡고, 회의시간이 1시간은 되어야 한다는 전제에 의문을 던지도록 중역들을 이해시켰다.

/
회의시간 단축은 근무시간 단축의 모델이다
/

많은 기업에서 회의는 1시간 동안 진행되는 것으로 여겨지고 있다. 이런 오랜 관행은 우리의 하루를 점령해 많은 시간을 빼앗는다. 회의시간을 단축하면 기업 문화와 일반적으로 눈에 보이지 않는 제약이 어떻게 변화를 방해하는지 더욱 잘 인식할 수 있다. ELSE의 워런 허친슨은 "의문에 답을 찾기 위해" 회의를 하라고 직원들에게 권하고, "일단 답을 찾고 나면 우리가 할 일은 끝난 것입니다"라고 말했다. 그는 주의를 집중해 짧게 회의를 추진하려는 움직임이 있지만 "그동안 고객과 내내 소통해온 방식대로 회의를 1시간으로 잡았고, 고객의 문화에서 영향을 받았기 때문이라고 주장하는 태도"가 사내에 어느 정도 존재한다고 덧붙였다.

일부 기업은 회의시간을 단축하고자 시도할 때 기술적인 장애에 부딪힌다. IIH노르딕은 표준 회의시간을 1시간에서 20분으로 단축했을 때 일정 관리 소프트웨어와 충돌했다.

"우리 시스템에서 회의에 적용하는 기본 설정은 1시간이었습니다." 스텐먼이 설명했다. "그런데 설정을 변경하기가 정말 너무나 어려웠어요."

우리가 매일 사용하는 도구가 오랜 습관을 강화하고, 변화를 실천하는 능력을 방해할 수 있다는 사실을 보여주는 눈에 띄는 사례다.

회의시간을 단축하려는 시도는 훌륭하지만 습관으로 굳히려면 시간이 걸린다. 왜 회의가 근무시간에서 큰 비중을 차지하는지 의심을 품기 시작하고, 다음처럼 단순한 질문을 던져보면 생각의 좁은 틀에서 벗어날 수 있다.

'회의를 1시간은 해야 한다고 누가 정했는가?'

'회의를 몇 분만 하면 왜 안 되는가?'

'이런 식으로 일하고 싶은 사람이 있을까?'

회의 방식을 바꾸면 업무 수행 방식과 업무 개선 방식에 대해 다른 질문을 할 여지가 생긴다. 회의시간을 단축하려는 시도는 시간을 낭비하거나 절약하는 것이 집단에서 일어나는 사회적 현상이라는 사실을 드러낸다는 점에서도 가치가 있다. 회의에서 의제를 명확하게 정하지 않거나 참석자가 장황하게 말하면 나머지 참석자들의 시간이 낭비된다.

4장
프로토타입
제작

회의를 리디자인하는 과정을 거치면 하루 근무시간을 리디자인할 때 사용하는 기술을 배울 수 있다. 이것은 소비 시간을 '줄여서', 예를 들어 회의실에 앉아 있는 시간을 줄여서 더 큰 효과를 거둘 방법을 보여주는 좋은 예다. 또 다른 시간 절약 방법을 실험하고, 예전에 이리저리 쪼개지던 시간을 연속된 고품질의 시간으로 통합할 수 있다.

쪼개진 시간을 통합한다

일단 회의시간을 단축한 후에 밟을 단계는 근무시간을 통합해 직원들이 집중력을 잃지 않고 일할 수 있는 시간을 더욱 많이 확보하는 것이다. 경제경영 저자들과 생산성 전문가들은 시간의 양보다 질에 우선순위를 두면 업무의 질을 개선하고 양을 늘릴 수 있다고 오랫동안 주장해왔다. 주 4일 근무제를 채택한 기업들은 이런 주장이 사실임을 입증한다.

일부 기업은 1~2주에 걸친 업무 수행 성과를 그래프로 그려서 추가적인 충돌이나 비효율성이 있는지 검토한다. 플라니오의 얀 슐츠-호펜은 "우리 회사는 먼저 직원들이 근무시간을 어떻게 사용하는지 조사했습니다"라고 말했다. "그러자 시간을 그다지 효율적으로 사용하지 못한다는 사실이 매우 분명하게 드러나더군요."

특히 소프트웨어를 다루고, 고객과 상호작용하는 두 핵심 업무가 서로 충돌했다. 즉 개발자와 제품 관리자를 포함한 모든 직원이 고객의 문의에 응답하는 데 시간을 쓰고 있었다. "우리는 많은 시간을 들이고 정신을 집중해 업무를 처리하려고 노력하지만 고객의 전화나 이메일에 응답하느라 업무 흐름이 끊깁니다. 한 업무에서 다른 업무로 옮길 때마다 정신을 다시 집중하고 맥락을 바꾸는 데 약간 시간이 걸리므로 낭비되는 시간은 더욱 늘어납니다."

이 문제를 해결하기 위해 플라니오에서는 "고객의 전화나 이메일을 교대로 받을 수 있도록" 지원 교대근무제를 시행했다. "교대근무조가 아닌 직원은 방해받지 않고 자기 업무에 집중할 수 있게 됐습니다. 덕분에 집중력을 회복할 수 있었죠."

소프트웨어 기업으로서는 직원이 정신을 충분히 집중할 수 있는 환경을 조성하는 것이 특히 중요하다. 오랫동안 대단한 집중력을 발휘해야 하는 매우 복잡한 문제를 자주 다루기 때문이다.

소프트웨어 기업에서 업무 흐름이 중요한 이유

얀 슐츠-호펜(플라니오 창업자)

코드 작업을 할 때는 작업 중인 문제를 계속 깊이 파고들어 간다. 기능을 개발하거나 오류를 수정할 때는 겉으로 드러나지 않는 요인을 발견하고 근본 원인을 찾기 위해 한층 더 깊이 들어간다. 결국 그래도 요인을 찾지 못하면 소프트웨어의 다른 부분으로 훨씬 깊이 들어가야 하거나, 다른 구성 요소를 열어서 어떤 상황이 벌어지고 있는지 살펴봐야 한다. 이렇게 작업하다 보면 기본적으로 토끼 굴처럼 정말 많은 층을 파고들게 되기도 한다.

이렇게 작업할 때는 출발점에서 시작해 그동안 거친 층을 모두 기억해야 한다. 일단 근본 원인을 수정하더라도 자신이 잘 알지 못하는 요인이 소프트웨어의 핵심 부분에 깊이 묻혀 있을 수 있으므로, 그동안 거쳐 온 경로를 되돌아가서 수행한 모든 과정을 처음부터 되짚어야 한다. 일할 때 이미 밟은 단계들을 모두 기억해야 한다는 뜻이고 그러려면 정신을 고도로 집중해야 한다.

나는 이것이 소프트웨어 엔지니어에게 가장 어려운 작업이라고 생각한다. 소프트웨어를 구성하는 많은 부속은 함께 작동하므로 이 모든 사항을 동시에 염두에 두어야 한다.

이처럼 머리 한쪽에 모든 층을 쌓아두고 있기 때문에 누군가가 내 사무실에 불쑥 들어오거나 전화를 걸어오거나, 이메일을 보내면 이 층들이 무너져 내리는 것처럼 느낀다. 다시 집중하고 층을 쌓아서 내가 작업하고 있던 문제로 돌아가려면 적어도 30분에서 1시간이 걸린다.

집중 시간을 확보한다

회의시간을 단축하고 비효율성의 요인을 식별하고 나서 밟는 단계는 직원이 주요 업무를 더욱 효과적으로 수행하고, 주 5일보다 주 4일 동안 더 많은 업무를 처리할 수 있도록 일정을 설계하는 것이다.

생산성을 개선하기 위해 정신을 집중해 작업하는 것이 결정적으로 중요한 기업에서는 만만치 않은 업무를 수행하기 위해 낮 시간대를 나눈다. IIH노르딕의 프로그래머들은 포모도로 기술을 사용해 25분간 집중적으로 작업하고 5분간 휴식한다. 스웨덴 게임 기업인 필리문더스Filimundus는 하루 6시간 근무제를 시행하면서 점심시간을 1시간으로 정하고 하루를 3시간씩 두 개로 나누어 집중적으로 작업하는 시간으로 정했다.

집중 시간을 좀더 공식적으로 일정에 짜 넣는 기업들도 있다. 플록은 하루를 90분 단위로 나누고 집중과 정숙의 수준을 달리해서 '적색 시간', '황색 시간', '녹색 시간'으로 불렀다. 우선 짧게 회의하면서 일과를 시작하고, 그다음에는 90분 동안 고도로 정신을 집중해 일하는 적색 시간을 갖는다. 마크 메리웨스트는 적색 시간 이면에 담긴 개념을 이렇게 설명했다.

"우리는 '정말 중요하지 않으면 나를 방해하지 마세요. 이 업무를 완수하려고 정신을 완전히 집중하고 있습니다. 그러니까 최대한 나를 내버려 두세요'라고 말할 수 있어야 합니다. 이것은 동료에게 할 수 있는 말이지만 실제로 이메일이나 전화, 그 외 정신을 분산시키는 모든 요소에도 적용됩니다.”

90분의 적색 시간이 지나면 피카fika(커피 타임을 뜻하는 스웨덴어)라고 불리는 녹색 시간을 15분 동안 갖는다. 나머지 오전 시간인 황색 시간에 회의를 열고, 전화를 걸고, 이메일을 점검하는 등의 업무를 처리한다. 1시간 동안 점심을 먹고 볼일을 보면서 녹색 시간을 누리고 나서 오후가 되면 집중적으로 일하는 적색 시간, 약간 느슨하게 일하는 황색 시간, 일을 손에서 놓고 휴식을 취하는 녹색 시간의 패턴을 반복한다.

하루를 시작하면서 중요한 일을 미리 처리하는 데에는 그만한

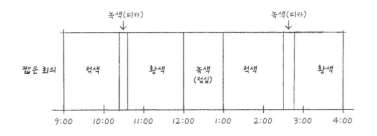

/ 플록의 하루 일정 /

이유가 있다. 사람들은 하루 중 아침에 에너지와 집중력을 더 많이 발휘하기 때문이다. 전통적으로 기업은 직원의 에너지와 집중 수준이 하루 내내 다르지 않고, 매시간이 본질적으로 상호 교환될 수 있다는 암묵적인 가정하에 근무일을 조직한다. 이것은 노동자들이 근무시간 내내 같은 작업을 하리라고 예측하는 공장에서 빌려온 개념이다. 하지만 심리학자들과 수면 연구자들은 인간의 집중력과 인지 과제 수행 능력이 개인의 에너지 수준, 민첩성, 주의력에 따라 하루 동안 서로 다르다는 사실을 발견했다. 울트라디언 리듬 ultradian rhythm (24시간보다 짧은 주기-옮긴이)에 대한 연구에 따르면 대부분의 사람은 90~120여 분 동안 집중력을 강력하게 유지하다가 잃기 시작한다. 매우 창의적인 사람은 종종 이런 리듬을 발견하고 여기에 맞춰 근무시간을 설계하고, 몇 시간 동안 방해받지 않으면서 시간을 쓰기 위해 가장 중요한 일을 아침에 처리한다. 어니스트 헤밍웨이, 토니 모리슨, 스티븐 킹을 포함해 많은 소설가가 대부분 아침에 글을 썼다.

근무시간을 단축하는 기업들도 비슷한 전략을 추구한다. 기업은 매일 일정을 인간의 울트라디언 리듬과 서캐디안 리듬 circadian rhythm (지구 자전을 따르는 24시간 주기의 리듬-옮긴이)에 맞춰 직원이 가장 잘 집중할 수 있는 때를 자유롭게 선택해 일할 수 있도록 보장한다.

모든 사람의 시간을 존중한다

자신의 시간을 더욱 잘 통제하고, 동료의 시간을 그만큼 소중하게 생각하라고 직원들을 격려해야 한다. 하루를 리디자인할 때는 관행을 따르기만 해서는 안 된다. 실험하고 우선순위를 정하고 가능한 한 시간을 효과적으로 쓸 수 있도록 자율성을 갖춰야 한다. 이런 통제는 조직 안에서 시간이 집단의 자원이라는 인식과 상호 존중이 전제되어야 한다. 각자의 업무 수행 능력은 다른 사람에게 시간을 존중받느냐 아니냐에도 영향을 받는다.

우아한형제들은 이 두 가지 의무의 균형을 맞추기 위해 기업 문화를 바꾸었다. "우리는 퇴근할 때 '안녕히 계세요. 내일 뵙죠'라고 인사하지 않는 운동을 펼치고 있습니다. 그냥 사무실을 나가면 되는 거죠." 김봉진이 지적했다. 한국 기업에서 퇴근할 때 인사하는 관행은 사무실 내 위계질서를 강화한다. 또한 우아한형제들의 피플팀 안연주 팀장에 따르면 "관리자들보다 일찍 퇴근하는 직원들에게 불편한 마음을 느끼게" 한다. 이것은 특히 아시아가 안고 있는 문제이기는 하지만, 서구의 기업 내 사회생활을 연구한 결과를 보더라도 마찬가지다. 특히 개방형 사무실에서는 일찍 퇴근하는 직원들이 쉽게 눈에 띄면서 판단의 대상이 되기 쉽다.

우아한형제들 사옥에 가보니 피플팀의 작품으로 '송파구에서 일을 더 잘하는 11가지 방법'을 적은 포스터가 벽 곳곳에 걸려 있었다. 첫째 원칙은 다소 수수께끼 같은 '9시 1분은 9시가 아니다'이다. 홍보 담당 부사장 류진은 그 원칙이 본질적인 두 개념, 즉 서로의 시간을 존중해야 하고, 자율성은 유연성과 규율의 균형을 잡을 때만 성공할 수 있다는 사실을 포함한다고 설명했다.

"한국 기술 기업의 문화에서 기업은 유연성을 강조해서 직원이 오전 10시나 11시에 출근할 수 있도록 허용합니다." 류진은 말했다. "직원이 출근하지 않는 것까지 허용하는 기업들도 있어요. 그런 기업의 직원들은 업무를 제대로 처리하기만 하면 출근하지 않고 집에 있어도 됩니다. 하지만 그런 분위기와 환경에서는 자칫 규율이 부족해질 수 있어요. 그래서 우리 회사는 9시에 업무를 시작합니다. 직원은 9시 1분도, 9시 2분도 아닌 9시까지 출근해야 합니다. 그리고 누군가와 회의를 하기로 했다면 최선을 다해 약속을 지켜야 하죠."

이처럼 시간 규율을 존중하고 이를 통해 타인의 시간을 존중하는 태도는 근무시간을 단축한 많은 기업에서 기본적인 규율로 삼고 있다. 예를 들어 〈와이어드〉에 따르면, 런던의 게임 기업 빅포테이토게임스Big Potato Games가 주 4일 근무제를 도입할 수 있었던 것은 "직원들을 사무실에 출근시키는 엄격한 규칙을 도입한 덕"이었다. 우아한형제들에서 시간을 엄수하는 행위는 자신의 시간과 동료의 시간을 보호하기 위해 자신을 관리한다는 뜻이다. 또 어떻

우아한형제들

송파구에서 일을 더 잘하는 11가지 방법 몽촌토성역 편

1 9시 1분은 9시가 아니다.
2 실행은 수직적! 문화는 수평적~
3 잡담을 많이 나누는 것이 경쟁력이다.
4 쓰레기는 먼저 본 사람이 줍는다.
5 휴가나 퇴근시 눈치 주는 농담을 하지 않는다.
6 보고는 팩트에 기반한다.
7 일의 목적, 기간, 결과, 공유자를 고민하며 일한다.
8 책임은 실행한 사람이 아닌 결정한 사람이 진다.
9 가족에게 부끄러운 일은 하지 않는다.
10 모든 일의 궁극적인 목적은 '고객창출'과 '고객만족'이다.
11 이끌거나, 따르거나, 떠나거나!

우아한형제들의 '송파구에서 일을 더 잘하는 11가지 방법' 포스터. 1번은 '9시 1분은 9시가 아니다'이다. 그 밖에 2번 수평적 문화와 수직적 업무 수행, 6번 팩트에 근거한 보고, 11번 '이끌거나, 따르거나, 떠나라' 등의 내용을 볼 수 있다.

게 업무를 수행할지 파악해야 할 때 자율성과 규율의 균형을 맞출 수 있다는 뜻이기도 하다. 피플팀 팀원인 나한나는 "우리 회사가 여느 스타트업과 다른 점은 먼저 규율을 지켜야 유연성이 따라온다는 사실을 직원 모두 알고 있다는 것입니다"라고 강조했다.

규율과 책임감이 없는 상태에서 유연성은 혼란을 초래한다. 회사의 필요에 동조하지 못하고 표류하게 방치해서 개인 경력에 해를 끼칠 수도 있다. 강력한 공식적 규율이 없다면 강력한 문화 규범과 상호 의무 의식이 필요하고, 주 4일 근무제 같은 도전을 성공시키려면 자신과 동료가 협력해야 한다는 인식이 밑바탕이 되어야 한다.

기술을 활용한 변화

공식적으로나 비공식적으로 하루를 집중적인 작업과 좀더 일상적인 작업으로 나눈 후에 수행해야 하는 과제는 집중력, 협업, 시간 관리의 수준을 향상시킬 수 있는 기술을 채택하는 것이다. 일부 기업에서는 기존 도구를 좀더 지적으로 사용하고, 시간 소비 업무를 자동화하고, 좀더 효과적으로 함께 일할 수 있도록 협업 도구 사용법을 습득하는 것이 중요하다. 예를 들어 헨리크 스텐먼이 노동 절감에 관심을 쏟고 기술에 초점을 맞춘 덕분에 IIH노르딕은 고객을 위해 보고서를 작성하는 과정을 자동화하거나, 고객이 직접 보고서를 작성할 수 있도록 지원하는 많은 도구와 시나리오를 구축했다.

그 기술들은 몇 가지 층으로 가동한다. 프로젝트 관리와 협업용 도구는 집단이나 기업이 더욱 효과적으로 일하는 데 유용하다. 직원이나 기업이 자동화 시스템을 사용하면 특정 업무를 수행할 때도 유용하다. 마지막으로 주의가 산만해지는 현상을 줄이기 위해 일부 도구와 관행을 채택할 수 있다.

/ 프로젝트 관리와 협업용 도구 /

근무시간 단축제는 프로젝트 관리 도구를 개선하거나 새로 개발하도록 기업을 고무할 수 있다. 플록은 하루 6시간 근무제를 실험적으로 시행하면서 사내 과정과 기술 인프라를 개선해야 한다는 사실을 깨달았다. 에밀리 웨스트는 이렇게 말했다.

"이전에 우리는 고객을 위해 상당히 최신 기술을 사용하고 있었지만 자체적인 구조와 공정을 제대로 갖추지 못했습니다." 플록에서는 "믿기 힘들겠지만 보고 사항을 종이에 펜으로 작성하다가"

지금은 설계자들과 개발자들이 더욱 쉽게 수정할 수 있도록 구글 드라이브 등의 도구를 채택하는 수준까지 발달했다고 했다. "의사 소통이 더욱 개선됐을 뿐 아니라 팀 단위 업무도 향상됐습니다."

시너지비전은 팀과 고객의 의사소통을 개선하기 위해 프로젝 트마다 전용 이메일 계정을 만들어서 수신 이메일을 팀원들에게 자동으로 전달한다.

"우리는 고객들에게 항상 참조를 넣어 이메일을 보내달라고 요청합니다. 그래야 담당 직원이 사내에 없더라도 누군가가 참조 메일을 확인할 수 있기 때문입니다." 피오나 도버가 말했다. "여기 에 머무르지 않고 우리는 많은 슬랙 채널을 보유하고 있고, 사내에 서 슬랙을 사용해 의사소통하는 방식으로 이메일 양을 줄이고 있 습니다."

블루스트리트캐피털은 계약서에 전자 서명을 할 수 있는 서비 스인 다큐사인DocuSign을 도입해 업무 속도를 크게 높였다. 서해안 에 있는 스타트업이 남부에 있는 은행에서 자금을 대출받는 경우 이전에는 계약서와 공증 서류가 최종적으로 확정될 때까지 며칠 또는 몇 주가 걸리기도 했다.

"다큐사인을 도입하기까지 시간이 오래 걸렸습니다. 보증인이 여럿 있는데, 그 서비스를 좋아하는 사람도 있었지만 그렇지 않은 사람도 있었기 때문이죠." 가포드가 설명했다. 하지만 이제는 다큐 사인이 "업계에 제대로 자리를 잡아" 서로 다른 당사자들에게 계약서를 보내고 서명을 받는 데 필요한 시간과 업무량이 크게 줄었다.

업무의 자동화

시간이 오래 걸리는 업무를 자동화하거나 실행 속도를 높이기 위해 도구를 사용하는 것은 시간을 절약하는 중요한 방법이다. 라디오액티브PR은 자동화 서비스를 사용함으로써 언론 기사를 수집하는 데 걸리는 시간을 줄인다.

"예를 들어 선거 운동에 관한 기사를 200여 편 확보했다고 하죠. 이를 정리해서 고객에게 보내려면 하루가 걸릴 겁니다." 리치 레이가 설명했다. "하지만 요즘은 온라인 모니터링 서비스와 도구를 사용해 기사를 편리하게 정리할 수 있어요. 단순히 URL을 복사해 붙이기만 하면 전체 화면 캡처, 도메인 권한, 적절한 배포 등의 기능을 제공받을 수 있죠. 예전에는 8시간 걸렸던 작업을 지금은 3분이면 할 수 있습니다."

라디오액티브PR은 이 서비스를 사용하는 것만으로도 금요일에 휴무를 할 수 있을 정도로 시간을 절약했다.

자동화는 근무일을 단축할 때 유용하고, 근무일을 단축하면 자동화하려는 동기를 부여할 수 있다. 하루 5시간 근무제를 실험하기 두 달 전에 콜린스SBA는 고객에게 교부하는 '자문 보고서'를 신속하게 작성하도록 지원하는 소프트웨어를 도입했다. 근무시간 단축제는 실험을 해보기 전까지는 제대로 이해받지도 환영받지도 못했다. 하지만 일단 직원들이 소프트웨어 사용법을 익히고 나서 하루 5시간 근무제로 전환할 수 있겠다는 걸 알게 되자 소프트웨어 채택률이 100%로 급격히 증가했다. 고객에게도 즉각적으로 혜택이 돌아갔다. 예전에는 직원이 재정 계획서를 작성하는 데 며칠이 걸렸지만 지금은 "고객 앞에서, 회의시간에, 20분 내에" 작성할 수 있다.

파넬클라크는 클라우드 기반 회계 시스템을 채택하면서 많은 과정을 간소화했다. 그 덕에 고객과 더욱 쉽게 의사소통할 수 있어서 하루 6시간 근무제로 전환할 수 있었다. 굳이 도구를 새로 도입할 필요가 없었고, 여러 해 동안 사용해온 플랫폼의 잠재력을 활용할 수 있었다.

여기서 주목해야 할 중요한 점은 자동화를 실천하는 주체는 대부분 경영진이 아니라 직원이라는 사실이다. 직원 스스로 더욱 효율적으로 일하면서 자기 가치를 높이기 위해 기술을 사용해야 한다. 근무시간을 단축한 기업들은 기술을 어떻게 사용해야 직원의 능력과 기술을 증대시킬 수 있을지 보여준다.

파넬클라크: 클라우드 기반 회계 기업

일반적으로는 회계를 첨단 기술 사업으로 생각하지 않지만 영국 노리치를 기반으로 창업한 파넬클라크는 가장 전통적인 산업 분 야에서도 클라우드 컴퓨팅, 모바일 기기, 빅 데이터를 이용해 근 무시간을 단축할 수 있다는 사실을 보여준다.

파넬클라크는 2009년 창업했다. 공동 창업자인 윌 파넬[Will Farnell] 의 차고에서 사업을 시작해 10년 동안 42명의 직원을 둔 기업으 로 성장했다. 대부분 직원은 20대와 30대이고, 고객은 기술 산업 이나 창조적 산업에 속하는 젊은 기업들이다. 파넬클라크는 2010 년대 들어 고객과 직원을 늘리고 더 큰 사무실로 이전하면서 사 세를 급격히 확장했다.

그런데 2016년 직원들이 이탈하는 사태를 맞으면서 오래된 관행 과 경영 습관에서 벗어나야 한다는 사실을 깨달았다. 고객관계이 사 프랜시스 케이[Frances Kay]는 "내부적으로 문제에 대처하기에 적 합한 직원과 과정을 갖추고 있지 못했습니다"라고 털어놓았다. 전무이사 제임스 케이[James Kay]는 "직원이 수행하는 업무와 고객 만족도를 추적하는 적절한 과정"을 추진하는 임무를 맡았다. 또 고용 관행을 바꿔 적절한 팀을 결성하는 역할도 담당했다.

파넬클라크는 클라우드 기반 회계 소프트웨어를 일찌감치 도입해서 연 단위가 아니라 실시간으로 고객의 자료에 접근하고, 다양한 보고서를 자동으로 작성하고, 전통적인 회계 서비스를 다양한 기술 서비스와 자문 서비스로 대체했다. 예를 들어 비용 추적 소프트웨어와 회계 시스템을 통합하거나 고객과 협력해 재정 건강을 나타내는 계기판을 구축했다.

제임스는 "전통적으로 회계 기업은 방대한 양의 서류 파일을 작성해야 합니다"라고 설명했다. 회계사들은 고객에게 자문을 제공하는 것보다 서류 작업을 하느라 대부분의 시간을 보냈다. 컴퓨터를 사용해서 일부 작업을 능률적으로 수행할 수 있었지만 "회계 소프트웨어를 적용하면 언제나 그렇듯 작업을 시작하기 전에 백업 파일 14개를 만들어야 하고, 정확한 데이터를 로딩해야" 했다. 이와 대조적으로 클라우드 기반 회계 시스템은 버전 관리에 따른 문제를 제거하고, 기업의 재무상태 보고서를 자동으로 생성하도록 회계사를 지원하고, 고객의 요구에 적합한 맞춤식 서비스를 더욱 쉽게 제공한다. 예를 들어 운전자들이 비표준적인 교대 근무를 하는 트럭 운송 기업이나 일부 국가에서 세금 납부 의무를 관리해야 하는 중소기업이 그 혜택을 받을 수 있다. 회계사들은 "커피숍이든 집이든 가리지 않고" 인터넷에 접속할 수 있으면 어느 곳에서든 자유롭게 일할 수 있다. 프랜시스는 그러면 고객에게 시간 단위로 청구하던 관행에서 벗어나 "마치 TV 시청료처럼 매달 고정 요금을 청구하는 방식으로" 전환할 수 있다고 말했다.

파넬클라크가 자동화를 추진하는 이유는 "수수료를 낮추거나" 직원 수를 줄이기 위해서가 아니라고 제임스는 설명했다. "(우리 회사는) 고객을 알아가고, 고객이 수행하는 사업을 이해하고 지원하고, 궁극적으로는 자문의 성격을 갖춘 서비스를 더욱 많이 제공하고자 합니다." 고객을 온라인 플랫폼으로 이동시키고, 어떤 과정을 안전하게 자동화할 수 있는지 파악하는 작업도 고객을 더욱 잘 이해할 수 있는 좋은 방법이다. 이 과정을 밟는다는 것은 고객이 파넬클라크의 시스템에 적응한다는 뜻이다. "그럼으로써 우리는 가능한 한 효율적으로 일할 수 있습니다."

2년 전부터 파넬클라크는 근무시간을 단축하기 위해 이런 도구들을 어떻게 사용할 수 있을지 연구해왔다. 윌 파넬은 2017년 한 인터뷰에서 이렇게 보고했다.

"우리는 직원의 업무 수행 방식에 유연성을 발휘하기 위해 (…) 시스템 개발을 둘러싸고 많은 일을 하고 있습니다."

파넬클라크는 경영의 초점을 투입량보다 생산량에 맞추고 싶었고, 그러려면 더욱 개선된 도구를 갖춰야 했다. 가시성과 유연성은 연결되어 있으므로 근무시간을 단축해서 효과를 얻으려면 직원들의 생산량을 점검하고 상황이 잘못 돌아가기 시작할 때 빨리 개입할 수 있어야 했다. 또 파넬클라크는 2016년 말 직원들에게 근무일 단축제에 대해 의견을 물었다. 대부분 직원은 "사실 현재 7시간 반 동안 수행하는 업무를 6시간이면 완수할 수 있습니다"라고 말했다. 이제 회사 전반을 아우르는 목표를 설정한 파넬클라크에서는 유연근무제와 하루 6시간 근무제를 도입하기 위해 새로운 도구의 사용법을 배우고, 새로운 습관과 과정을 발달시키고, 더욱 높은 수준의 감독을 수용하는 노력이 진행됐다.

이후 파넬클라크는 근무시간 단축제를 도입하기 위해 2년 동안 준비했다. 자사가 구상하는 방식으로 일할 수 있는 직원을 채용하고 훈련시키는 것이 "최대 난관이었고 준비하는 데 2년이라는 시간을 쏟은 이유"였다고 제임스는 설명했다. 2018년 12월 "크리스마스까지 절차와 과정을 정착시키는 노력을 대대적으로 펼쳤고, 모든 직원이 업무 흐름을 파악하는 동시에 어떤 업무를 처리하려면 어디로 가야 하는지 등을 알 수 있도록 문서로 작성하는 작업"을 수행했다. 사내에서 의사소통하고, 직원의 위치를 추적하기 위해 슬랙을 실험적으로 사용했다. 즉 고객도 사용할 수 있는 사적인 채널을 추가하고, 서로의 일정과 이용 가능성을 추적하기 위해 상태 메시지status messages를 사용하고, 영상 채팅과 같은 기능을 더욱 많이 활용했다(파넬클라크는 클라우드 기반 서비스를 제공하는 덕분에 젊은 기술 기업들의 관심을 끌어서 "온갖 종류의 기술 전문가를" 직원과 고객으로 확보하고 있다). 이메일 응답 시간과 고객의 순추천지수를 측정하는 새로운 도구도 추가했다(〈포춘〉 선정 1,000대 기업 사이에서 널리 사용되는 도구인 순추천지수는 회사를 다른 사람에게 어느 정도 추천할 것인지 질문하는 방식으로 고객의 충성도와 만족도를 측정한다). 또 새로운 휴가 추적 시스템을 가동함으로써 고객이 직원의 지원을 받을 수 없어서 발생할 수 있는 문제를 예측해 최소화하고 있다.

마침내 파넬클라크는 2019년 회사를 정상 궤도로 유지하는 시스템과 이 시스템을 다룰 인력이 있다는 사실에 확신을 갖고 하루 6시간 근무제를 시행했다.

기술을 사용해 주의 산만을 줄인다

기업은 주의를 산만하게 하는 요소를 줄여서 직원과 집단이 집중적으로 일할 수 있도록 하기 위해 많은 기술을 사용한다. 근무시간을 단축하는 사무실에서 흔히 사용하는 소음 방지 헤드폰은 직원의 사생활을 보호해주는 동시에 동료들에게 일을 방해하지 말아달라는 신호를 보낸다. 시너지비전은 사무실에 백색 소음 기계를 설치해 분위기를 완전히 바꾸었다고 피오나 도버는 설명했다. IIH 노르딕과 코크로치랩스는 방해하지 말아야 할 때와 방해해도 괜찮을 때를 각각 표시하는 적색과 녹색의 LED 조명을 직원 책상 위에 설치했다.

ELSE에서 직원들은 책상에 모래시계를 놓아둔다. 워런 허친슨의 설명에 따르면, 모래시계를 뒤집어놓은 경우에는 엄청나게 중요한 사안이 아니면 절대 말을 걸 수 없다. ELSE의 한 디자이너는 개방형 사무실에서 사용하기 위해 '방송 중' 버튼을 제작하기도 했다.

"라디오 방송국에서 사용하는 시스템과 비슷합니다" 허친슨이 설명했다. "버튼은 직원의 일정과 연결되어 있어요. 회의가 시작되면 버튼이 작동하면서 '방송 중'이라는 표지에 불이 들어오고, 실내 음악 소리가 작아지죠. 고객과의 미팅에 방해가 되지 않도록 모두가 배려해줍니다."

기술을 더욱 주의 깊게 사용하는 데 초점을 맞춘 변화도 있다. 많은 기업이 직원에게 이메일이나 슬랙을 지나치게 자주 확인하지 말고 하루의 특정 시간에 확인하라고 권장한다. 2017년 말 하루 5시간 근무제를 시행한 라인강스디지털인에이블러의 직원들은 이메일을 하루 두 번, 즉 아침에 당일 업무를 계획하면서 그리고 오후에 다음 날 업무를 배열하면서 확인한다. 주말에는 가능한 한 이메일을 보내지도 확인하지도 말라고 직원에게 권고하는 기업도 많다.

"우리는 근무 외의 시간에 오가는 의사소통의 양을 줄이려고 노력합니다." 김봉진이 말했다. "특히 하급 직원들을 생각해서 그렇게 합니다." 하지만 많은 기술 기업이 그렇듯, 우아한형제들은 기업의 사명을 완수하기 위해 필수적인 기능인 웹사이트와 서버를 하루 24시간 연중무휴로 모니터링해야 한다. "고위 직원들은 비상 상황에 대응할 수 있어야 합니다."

이런 관행은 주의와 에너지를 어디에 집중할지 선택하고 오랫동안 유지하는 능력을 향상시킨다. 캘리포니아대학교 어바인 캠퍼스의 정보학 교수 글로리아 마크^{Gloria Mark}와 동료들은 이메일을 차단하도록 허용받은 직원들이 업무를 더욱 집중해서 오랫동안 수행하고, 한 번에 여러 일을 하느라 주의가 산만해지지 않는다는 사실을 발견했다.

사교 활동을 리디자인한다

생산성과 집중력을 높여야 한다고 해서 사교 활동을 완전히 희생시켜서는 안 되고, 그렇게 할 필요도 없다.

로렌 그레이는 2016년 말 퍼슈트마케팅이 주 4일 근무제로 전환한 후에도 몇 주 동안 몇몇 직원이 여전히 금요일에 출근해 1~2시간 일한다는 사실을 알아차렸고, 이내 그 이유를 파악했다.

"주 4일 근무를 한다고 아내에게 말하지 않았던 겁니다. 그래서 사무실에 나와 몇 시간 일하다가 함께 술집에 가서 한잔하고 5시에 귀가한 거죠."

　이 이야기는 중요한 점을 시사한다. 즉, 직장에 친구가 있는 사람이 많다는 것이다. 2018년 미국 기술직 노동자를 대상으로 실시한 조사에 따르면 여성 응답자의 60%, 남성 응답자의 56%가 직장 동료가 가장 친한 친구라고 답했다. 일을 하다 보면 친구를 사귀게 되고, 친구를 사귀다 보면 일을 더 잘하게 된다. 동료와 친해지면 더욱 행복해지고, 업무를 더욱 열심히 하고, 어려운 도전에 대처하거나 실험 기간을 거치는 동안 타인과 협력하는 능력을 키울 수 있다. 근무시간 단축으로 직원 간의 유대가 느슨해진다면 회사에도 직원에게도 손해다.

　그래서 주 4일 근무제를 도입한 후 사교 활동을 조직하는 기업이 많다. 일본 도쿄의 조조와 사이보주는 스포츠, 닌텐도 DS, K-pop, 젤 네일 등 다양한 취미를 중심으로 조직된 이익 집단과 클럽을 재정적으로 지원한다. 클럽들은 사내의 여러 부서 직원들을 연결하고, 동지애와 비공식적 유대를 강화하고, 직원의 소셜 네트워크를 넓힌다. 로스앤젤레스의 유기농 피부 관리 기업 스킨아울은 '스파 가는 날', '동물 보호소에서 자원봉사 하는 날' 등 다양한 월별 활동을 조직한다. 헬스 프로그램이나 정기적인 채팅 모임을 후원하는 기업도 있다.

　사무실 안에서는 열심히 일하고 밖에서는 자유 시간을 누리는 것을 우선하는 기업들도 사내에서 사교 활동을 하며 우정을 쌓는 것이 가치 있는 일임을 인정한다. 와일드비트의 나탈리 나겔은 이렇게 말했다.

"자나 깨나 정신을 집중해서 업무를 수행하라고 강조할 때 빠질 수 있는 최대 위험은 직원끼리 서로 얼굴 볼 시간이 없을 수도 있다는 것입니다. 서로 매우 친한데도 말이죠."

기업은 사무실에서 업무에 집중하더라도 우정을 약화시키지 않고, 마치 영화관에 있는 것 같은 분위기를 조성하기 위해 노력해야 한다. 영화관에 함께 앉아 있지만 영화를 보는 동안에는 서로 방해하지 않는 것처럼 말이다. 실제로 몇몇 기업은 주 4일 근무제를 실험했다가 사내 사교 생활을 해친다는 이유로 결국 포기하기도 했다.

│ 회사 소개

APV: 사무실 우정을 잃을 위험성에 주 5일제로 복귀하다

홍콩의 비디오 제작사 APV는 2018년 주 4일 근무제를 도입했지만 사내에서 사교 생활과 동지애가 사라지자 4개월 만에 폐지했다. 창업자인 마크 어더Mark Erder는 퍼페추얼가디언이 시행한 주 4일 근무제에 대한 자료를 읽고, "월요일 아침 회의시간에 전 직원에게 불쑥 선언"했다고 말했다.

비디오 제작 사업은 매우 창의적인 직원들을 영입하고, 강도 높게 협업하면서, 엄격한 마감에 맞추고, 정신적 압박을 견뎌내며 함께 일하는 법을 배우는 사람들을 보유하고 있다. 그래서 어더는 자신이 이끄는 팀이 새 제도에 찬성할 것으로 확신했다.

지금까지 관행으로 지켜온 월요일 회의에는 여전히 모든 직원이 참석해야 했지만, 직원들은 쉬는 날을 선택할 수 있었다. 회사 전체가 같은 날 휴무하면 고객에게 지나치게 불편을 안길 수 있고, 직원이 자리를 지켜야 하는 시간이 매주 다르고, 촬영 · 고객상담 · 제작회의에 직원이 참여할 수 있어야 했기 때문이다.

"우리가 유일하게 내세운 규칙은 반나절이 아니라 하루를 온전히 쉬어야 하고, 집에서 업무를 처리하지 않는 것이었습니다." 어더가 설명했다. "직원은 가족과 시간을 보내거나, 공동체 활동에 참여하거나, 자선단체에서 봉사하거나, 자신에게 커다란 가치가 있으면서 정말 즐길 수 있는 일을 합니다. 나는 직원들이 업무에 전혀 신경 쓰지 않기를 바랐습니다. 그래야 창의적인 활동을 하는 동안 아이디어가 떠오르고 그 아이디어를 업무에 적용할 수 있을 테니까요."

4개월이 지난 시점에서 측정한 재정적인 결과, 고객 만족도, 업무의 질은 모두 양호했다. 하지만 한 가지 문제가 있었다. 어더는 이렇게 말했다.

"우리 회사는 규모가 작아서 주 4일 근무제에 따라 직원 몇 명이 쉬거나, 누군가가 휴가를 쓰거나, 아프거나, 외부에서 촬영하는 날이면 사무실이 썰렁해집니다. 이런 상황이 일주일에 하루만이 아니라 며칠씩 펼쳐졌죠. 그러자 회사에서 일하는 것을 재미있게 만들어주었던 요소들, 즉 사교성, 친목, 일하는 즐거움이 약해지기 시작했습니다. 모든 직원이 하루 쉬는 것을 좋아했지만 자신이 쉴 때뿐이었어요. 썰렁한 사무실에서 일하는 건 그다지 좋아하지 않더군요."

그래서 APV는 실험 기간이 끝나자 주 5일 근무제로 복귀했다. 주 4일 근무제로 전환하려는 기업들이 APV의 전철을 밟지 않도록 조언을 해달라고 요청하자 어더는 이렇게 말했다.

"우리처럼 쉬는 날을 분산시키지 말고 일괄적으로 하루를 정하라고 말하고 싶어요. 금요일이나 월요일을 휴무일로 정해서 3일 동안 주말을 보낼 수 있게 하는 겁니다." 어더는 언젠가 주 4일 근무제를 다시 시도해볼 수 있으리라고 생각하고 있다. 직원들에게 자유 시간을 더 많이 주는 방향으로 근무제를 리디자인하는 것은 가치 있는 일이라고 여전히 믿기 때문이다. "특히 창조적인 일을 하는 직원에게는 자유 시간을 확보해주어야 합니다. 우리가 일하면서 어떤 스트레스를 겪고 있는지 생각한다면, 과거에 주 5일 근무가 그랬듯 주 4일 근무는 거의 피할 수 없는 제도입니다."

기업들도 개인에게 돌아가는 보상보다 집단 활동이 더욱 기억에 남는다는 사실을 인식하고 있다. 예를 들어 퍼슈트마케팅은 직원 전체가 스코틀랜드에서 겨울 휴가를 보냈다.

"한 사람당 약 420달러를 들여서 테네리페섬으로 겨울 휴가를 떠났습니다." 로렌 그레이가 말했다. "420달러를 보너스로 받으면 직원들은 금세 써버리고 잊고 말겠죠. 하지만 전 직원이 함께 휴가를 보냈더니 지금도 그때 이야기를 합니다."

직원들은 회사에서 열심히 일만 하는 게 아니라 동료와의 관계도 형성한다. 가장 손쉬운 방법은 점심을 함께 먹는 것이다. 점심시간은 사람을 사귀고 유대를 강화하고, 오전 시간 내내 압박감을 주던 고도로 집중해야 한다는 생각에서 벗어나 휴식할 수 있는 중요한 시간이다.

필리문더스의 CEO 리누스 펠트Linus Feldt는 자사가 하루 6시간 근무제를 도입하기 전에 직원들은 점심시간이면 뿔뿔이 흩어졌다고 말했다.

"직원들은 점심을 먹으러 밖으로 나가거나, 집에서 가져온 도시락을 먹거나, 컴퓨터 앞에 앉아 10분 안에 점심을 해결했어요." 하지만 하루 6시간 근무제를 시행하자 변화가 나타났다. "자연스럽게 사무실에 음식을 가져오고, 1시간 동안 함께 앉아 서로 어울리기 시작하더군요. 회사가 없앤 사교적인 활동을 직원들이 스스로 보완한 거죠. 회사에서도 장려하고 싶었던 사회적 유대를 직원들이 직접 형성한 것입니다."

휴식하면서 점심을 함께 먹는 분위기를 조성하는 것은 기업 문화가 바뀌고 있다는 중요한 신호다. 직원들에게 식사를 제공하는 곳도 있다.

레스토랑 노마가 영업을 재개하면서 주 4일 근무제를 시행했을 때 셰프 르네 레드제피Rene Redzepi는 단체 점심을 시작했다. 레드제피는 이렇게 말했다.

"몇 년 동안 플라스틱 통에 담긴 음식으로 선 채로 끼니를 때웠어요. 하지만 내 밑에서 일하는 요리사들만큼은 그렇게 먹는 것에 익숙해지지 않기를 바랐습니다."

레드제피는 레스토랑의 문화를 형성하고, 부하직원들을 돌보는 것이 주방장인 자신의 임무라는 사실을 알리고 싶었다. 장시간 일하는 데다 박탈감을 느끼는 문화에서 성장한 셰프이자 레스토랑 주인이 직원들에게 제대로 식사할 수 있는 시간을 만들어주는 것은 의미 있는 행보다. 주방에 더욱 나은 문화를 형성할 수 있을 뿐 아니라, 학대적인 문화가 아니더라도 얼마든지 훌륭하게 일할 수 있다는 사실을 직원과 차세대 셰프들에게 입증해 보일 수 있는 단순하지만 강력한 방법이다.

점심시간에 밖에 나가면 열심히 일하지 않는 것처럼 비칠까 봐 우려해서 점심을 거르거나 책상에 앉아 대충 때우는 직원들이 있다. 물론 이런 우려가 적중하는 기업도 많다. 미국과 캐나다에서 활동하는 관리자들을 대상으로 2018년 실시한 조사에 따르면, 업적 평가를 할 때 상사의 3분의 1은 직원들이 점심시간에 쉬는지 어떤지를 고려했고, 거의 4분의 1은 점심시간에 쉬는 직원이 그렇지 않은 직원보다 열심히 일하지 않는다고 판단했다. 이런 맥락에서 리더가 직원에게 업무를 중단하고 동료들과 점심을 먹으라고 격려하는 것은 직원을 인간적으로 대하고, 자신을 돌보는 것이 가치 있는 일임을 인정하고, 활동하기 위해서는 에너지를 보충하는 것이 당연하다는 신호를 보내는 방법이다.

함께 식사를 하면 조직을 더욱 일하기 좋은 곳으로 만들 수 있다. 신입사원에게는 회사의 문화를 습득할 기회를 제공하고, 젊은 직원에게는 오래 근무한 직원에게 이야기를 들을 기회를 주고, 여러 가지 방식으로 직원 개개인을 팀으로 결속시킬 수 있다. 소방관들을 대상으로 한 연구에 따르면, 교대조가 함께 식사를 하면 따로 식사할 때보다 뛰어난 응집력과 성과를 보여서 서로 가족처럼 느끼고 감독관에게 더 높은 인사고과 점수를 받는다고 한다. 한 소방서에서는 모두 돈을 모아 음식 재료를 사고, 요리 당번과 청소 당번을 정하고, 메뉴를 결정한다. 이들은 함께 요리하는 경험을 하면서 집단 안에서 자신의 가치와 정체성을 확립하는 방법을 배우고, 스트레스를 받았을 때도 치유받는다고 말했다.

○ 에밀리 웨스트

우리는 팀원들이 더욱 협력해서 일하는 동시에 서로 더욱 잘 알아가기를 원했다. 점심시간이 됐을 때 직원들은 특히 겨울에는 대부분 밖에 나가고 싶어 하지 않아서 소파에 함께 앉아 자연스럽게 대화를 나눴다. 동료들과 가까워지면 함께 일하기가 훨씬 수월해지는데, 이는 회사 입장에서도 중요했다. 순전히 팀원으로 함께 일하고 싶어서 플록에 입사하고 싶어 하는 인재들을 많이 끌어모을 수도 있었다. 근무시간에는 편하게 이런저런 이야기를 나눌 수 없지만, 점심시간에 모여 앉아 있을 때는 업무에 신경 쓰지 않고 재미있게 대화할 수 있다.

이렇게 직원끼리 점심을 함께하며 휴식하는 시간은 사무실에서 이루어지는 의사소통에서 중추적인 역할을 담당했다. 이것은 사무실에서 단순하게 잡담하는 것보다 의미가 더욱 커서 동료끼리 서로 알아갈 수 있는 놀랍도록 훌륭한 방식이다.

○ 마크 메리웨스트

하루 6시간 근무제를 도입하기 전에는 직원들이 늦게 출근해서 늦게 퇴근하고, 다른 시간대에 점심을 먹었기 때문에 함께 모여 회의하기가 상당히 힘들었다. 게다가 직원의 근무시간과 업무 흐름을 관리하기도 무척 힘들었다. 하지만 요즘에는 점심시간에 팀 전체가 모여 결속을 다진다. 일하는 시간이 아니므로 자신이 하고 싶은 걸 할 수도 있지만, 대개는 모두 한자리에 모인다. 그러다 보니 나는 팀원들을 더욱 잘 알게 됐고, 팀원들도 업무에 몰두하지 않을 때 함께 어울릴 수 있어서 서로 더욱 잘 알게 됐다.

그런데 직원끼리 함께 시간을 보내면 반드시 팀워크와 이해심이 생길까? 물론 꼭 그렇다고 단정할 수는 없다.

공간을 리디자인한다

기업이 근무시간을 리디자인하고, 협업하고 집중할 수 있도록 직원을 지원하는 새 도구를 도입하고, 사무실에서 이루어지는 사교 생활에 대해 새로운 규칙을 정하고 난 후에는 새로운 근무 방식과 사교 생활을 수용하기 위해 물리적인 공간을 바꿀 필요성을 느끼게 된다.

대부분의 경우에는 집중, 협업, 비공식 만남을 증진할 공간을

4장
프로토타입
제작

따로 마련한다는 뜻이며, 사무실에서 근무와 사교 시간을 더욱 분명하게 분리한다는 뜻이기도 하다. 내가 ELSE 사무실을 방문했을 때 허친슨은 사무실 뒤편의 직원용 주방, 사무실 중앙에 고객과 회의를 하거나 휴식을 취하기 위해 비치한 소파 두 개와 푹신한 의자들, 간단하게 회의하기 위해 한쪽 구석에 비치한 작은 테이블과 딱딱한 의자들을 구경시켜주었다. 회의는 의제에 초점을 맞춰 짧게 진행한다고 했다.

"아무도 저 딱딱한 의자에 오래 앉아 있고 싶어 하지 않죠."

플록은 2019년 이곳으로 이전하면서 사무실 앞쪽에 유리로 사방을 둘러싼 회의실을 만들어 적색 시간을 방해받지 않고 고객을 만나고, 뒤편에 사적인 직원 휴게실을 만들어 점심시간과 휴식 시간에 사용할 수 있게 했다.

일부 기업은 협업을 촉진하고 업무에 초점을 맞추기 위해 공간을 리디자인한다. 2019년 주 4일 근무제로 전환했을 당시 빅포테이토게임스는 런던 쇼디치의 사무실에 조용한 공간을 마련하여 직원들이 함께 모여 영업 관련 미팅을 할 수 있는 공간으로 만들었다.

노멀리에서는 사무실 벽을 빙 둘러 화이트보드를 세우고, 근처에 스탠딩 테이블을 설치했다.

"따라서 사무실 안을 둘러봤을 때 화이트보드 옆에 있는 스탠딩 테이블에 두 사람이 서 있고, 그중 한 사람이 화이트보드에 더 가까이 서 있으면 일을 하고 있다는 뜻입니다. 두 사람이 대화하고 아이디어를 벽에 쓰며 작업을 하고 있는 것이죠." 크리스 다운스의 설명이다. 직원에게 자기 책상은 없지만 협업 공간은 풍부하므로 "물리적인 환경의 효율성"을 촉진하면서 더욱 생산성을 발휘하게 할 수 있다. "프로젝트를 진행하기 위해 필요하다고 느낄 때는 누구든 언제라도 이곳에 모입니다."

이런 변화는 직원들이 요청해서 일어나는 경우가 많고, 미묘하지만 중요한 혜택을 안긴다. 자신이 일하는 직장의 물리적인 공간을 디자인할 수 있는 권한을 부여하면 직업 만족도와 생산성이 높아진다. 한 실험에서 연구자들은 직원을 세 가지 유형의 사무실, 즉 불필요한 장식을 완전히 배제한 사무실, 식물과 그림으로 장식한 사무실, 직원이 직접 꾸밀 수 있는 사무실에 나누어 투입했다. 실험 결과, 사무실을 손수 꾸민 직원들이 다른 집단의 직원들보다 고용주에게 좋은 감정을 느끼고 몸이 더 편하다고 보고했으며, 더 높은 직업 만족도와 생산성을 보였다. 직원이 자기 손으로 장식한 사무실이 건축 잡지에 실린 사진 같든, 학기말 시험 기간에 볼 수 있는 기숙사 방 같든 중요하지 않았다. 업무 공간을 꾸밀 수 있는 결정권이 자신에게 있다는 점이 생산성에 진정한 영향을 미쳤다.

허친슨은 주 4일 근무제를 실험적으로 시행하기 시작한 지 6개월이 됐을 때 직원들에게 이렇게 말했다.

"주 4일 근무제의 성공을 가시화할 수 있도록 앞으로 3개월 동안 노력합시다. 나는 성공을 눈으로 보고 몸으로 느끼고 싶습니다. 주 4일 근무제를 시행하는 기업과 시행하지 않는 기업의 차이를 분명하게 지적할 수 있기를 바랍니다. 누구라도 우리 회사에 왔을 때 '주 4일 근무제를 시행한 효과가 이것이군요'라고 알아차릴 수 있기를 바랍니다. 새 제도를 도입하는 것이 복잡하지만은 않습니다. 가구를 약간 다시 배치하고, 걸으면서 진행하는 회의를 늘리고, 전화 통화를 할 수 있도록 사무실 한쪽에 스탠드형 책상을 비치하고, 책을 읽을 수 있도록 조용한 공간을 설계하는 것처럼 간단할 수 있습니다."

직원에게 통제권을 준다

허친슨이 시도한 도전은 근무시간 단축 운동에 깃든 또 다른 중요한 특징을 보여준다.

"주 4일 근무는 리더십이 이끄는 변화입니다." 그는 말했다. "하지만 정말 필요한 것은 모든 직원이 주인 의식을 갖는 것이죠. 리더가 빗장을 열면서 '이제부터 새 제도를 시행하겠습니다'라고 선언합니다. 하지만 모든 직원이 자체적으로 리듬을 찾고 제도를 수용할 방법을 모색할 수 있게 해야 합니다. 나는 팀이 스스로 답을 찾아나갈 수 있게 하려고 많은 노력을 기울이고 있습니다."

근무시간 단축제로 전환하는 기업에서 좋은 리더는 고객 만족, 생산성, 수익을 희생시키지 않으면서 주 4일 근무나 하루 6시간 근무제를 시행하기 위한 광범위한 목표와 이정표를 정의한다. 하지만 위대한 리더는 목표에 도달할 방법을 알아내는 일을 의도적으로 직원에게 맡긴다.

런던에 본사를 둔 검색엔진 최적화 컨설팅 기업 타입에이미디어Type A Media의 사업부문 전무이사 암리탄 왈리아Amritan Walia는 이렇게 설명했다.

"직원들이 감당할 수 있는 한도에서 업무를 추진할 자율권을 주고, 약간의 환상을 심어주면서도 그 위에 정직의 문화를 구축하는 것이 매우 중요합니다."

플록의 마크 메리웨스트도 같은 생각을 드러냈다.

"세부 사항까지 통제하면 직원들을 더욱 효율적으로 일하도록 만들 수 없고, 개발자들은 특히 그렇습니다."

근무시간 단축제를 시행할 때 직원 주도 접근법이 유리한 까닭은 무엇일까? 직원은 자신이 맡은 업무에 대해 상사보다 잘 알고 있다. 따라서 주 4일 근무제가 궁극적으로 추구하는 목적을 어떻게 행동으로 구현할지 더욱 잘 파악할 수 있는 위치에 있다.

시너지비전에서는 직원으로 구성된 기획 집단이 현재 자사가 사용 중인 가장 중요한 도구 몇 가지를 생각해냈다. 피오나 도버록은 이렇게 말했다.

"대학교를 갓 졸업한 신입사원이 있었어요. 우리 회사가 첫 직장이었는데 우수하고, 뛰어난 손재주를 지녔고, 실용적인 관점까지 갖춘 직원이었죠." 시너지비전이 걸어온 경로를 짚어보면, 기획 과정에 다양한 관점과 역할을 적용하는 방식이 참신한 해결책을 강구하는 데 중요하다는 사실을 알 수 있다. "프로젝트마다 전용 이메일 주소를 만들자는 아이디어는 그가 속한 이벤트 담당 집단에서 나왔어요. 또 프로젝트팀들은 주 5일 동안 결근을 관리하고 필수 기능을 가동시킬 목적으로 작성한 "복잡한 엑셀 스프레드시트"가 "그냥 서로 이야기를 나누는 것"만큼 효과적이지 않다는 사실도 알아냈다. "프로젝트팀이기 때문에 이런 해결책을 생각해낼 수 있었어요. 나는 해결책을 알아낼 수 있을 만큼 자세한 사항을 파악하고 있지 못합니다."

직원들은 자신에게 효과적인 규칙을 직접 만들었을 때 지킬 확률이 더 높다. IIH노르딕이 거쳐 온 경로를 살펴보더라도 직원이 참여한 경우에 더욱 인기 있고 성공적인 규칙과 도구가 탄생했다. IIH노르딕이 채택해온 도구 중에는 직원이 직접 발견하고 시험하고 검증한 것이 많았다. 사내에서 널리 채택하는 도구의 뿌리는 외부 컨설턴트나 이른바 전문가들이 제시한 의견이 아니라 직원들이 지닌 지식이다. 실험을 성공으로 이끌 방법을 강구하도록 재량권을 부여받은 직원은 실현 불가능해 보이는 난제를 해결하면서 만족을 얻는다.

새로운 시스템을 배우고, 익숙한 업무 수행 방식을 새로운 방식으로 바꾸는 일은 결코 쉽지 않다. 근무시간 단축제는 혁신을 중심으로 인센티브 구조를 새로 설계해 더욱 쉽게 변화를 이루게 한다.

근무시간 단축제를 시행하는 기업에서 좋은 아이디어에 대한 피드백은 즉각적이고 구체적이다. 한마디로, 업무를 빨리 끝내면 빨리 퇴근할 수 있다. 대부분의 직장은 사회적인 성격을 띠므로 모두 힘을 합하면 일찍 퇴근할 수 있다. 근무시간을 단축하면 회사는 이익을 얻지만 직원은 손해를 보는 제로섬 게임에서 벗어나 서로 윈윈할 수 있다. 생산성과 업무 효율성이 증가하는 덕분에 직원은 시간을 더 벌고, 기업은 제품 생산량을 늘리고, 고객은 더욱 신속한 서비스를 받는다.

콜린스SBA의 CEO 조너선 엘리엇에 따르면, 정상적인 상황에서 기업들이 새로운 도구를 채택할 때 관리자와 고객은 혜택을 받는 반면 직원은 사용법을 익혀 도구에 적응해야 하는 부담을 떠안는다.

"이것은 많은 사업주가 고민하는 난제죠. 사업주는 직원들에게 '우리가 더욱 효율적으로 일할 수 있도록 도와주는 훌륭한 도구가 여기 있습니다. 이 도구를 사용하면 생산성을 30% 높일 수 있어요. 한번 시도해봅시다'라고 말합니다. 그러면 생산성이 향상되므로 사업주 입장에서는 혜택을 얻죠. 고객 입장에서도 더욱 개선되고 빠른 결과를 얻으므로 혜택을 얻는 것이고요. 하지만 정작 도구를 사용하는 직원은 어떨까요? 여전히 하루 8시간씩 근무하므로 전혀 혜택을 누리지 못하죠. 도구를 최대한 활용하도록 직원들에게 동기를 부여하는 요인이 아무것도 없는 거예요."

직원들이 자유 시간을 더 확보하는 형태로 직접적인 혜택을 누릴 수 있어야 도구를 활용해 일할 이유가 생긴다. 근무시간 단축은 직원들에게 생산성 향상에 따른 혜택을 즉시 누리게 해주는 사회적 계약으로 작용한다.

자기 업무를 리디자인할 권한을 직원에게 제공하면 회사를 향한 충성도와 직업 만족도를 높일 수 있다. 직원들은 자기 손으로 만든 것에 가치를 둔다. 듀크대학교 심리학과 교수인 댄 애리얼리 Dan Ariely는 한 집단에 판지 상자를 조립하게 하고, 다른 집단에는 조립된 판지 상자를 주고 나서 각 집단에 상자가 얼마나 마음에 드는지, 상자에 어느 정도 가치가 있다고 생각하는지 물었다. '검사 집단'과 비교해서 '조립 집단'은 자신이 직접 만든 상자를 더 좋아하고 소중하다고 생각했다. 과학자와 마케터들이 다양한 맥락에서 관찰하고 있는 현상으로, 연구자들은 여기에 '이케아 효과'라는 이름을 붙였다. 소비자가 달걀과 기름을 넣어야 하는 케이크 믹스를 그냥 물만 부어 만드는 제품보다 맛있다고 평가하는 이유도 이 때문이다. 그래서 토핑을 직접 뿌리게 하는 요구르트 가게가 가격을 높게 책정할 수 있고, 소비자가 사양을 선택한 곰 인형이 진열대에 놓인 기성 장난감보다 비싼 것이다. 단순히 지침을 따랐을 뿐이라도 직접 만들면 자신에게 더욱 가치 있는 물건이 된다.

의식했든 아니든, 허친슨은 같은 원리를 적용해서 직원들에게 주 4일 근무제를 성공시킬 자신만의 방법을 찾게 했다.

"상황이 내가 희망한 대로 신속하게 돌아가지 않거나, 어떤 직원이 헤매고 있는 것을 볼 때 즉시 문제를 해결할 수 있도록 돕는 건 간단한 일이 아닙니다." 허친슨은 이렇게 말했다. "직원들에게 이리저리하라고 지시하고 싶지는 않아요. 직원들 스스로 헤쳐나가야 하니까요. 따라서 내가 할 수 있는 일은 누구를 위해 주 4일 근무제를 가동하고 있는지, 스스로 어떤 업무 수행 방식을 선택해왔는지, 나머지 팀원들에게 어떤 메시지를 전달할 수 있는지에 대해 대화하도록 직원을 격려하는 것뿐입니다."

이런 접근 방법을 사용할 수 있는 문제는 사소한 개인적 일부터 회사 전체의 문제까지 광범위하다.

"나는 목록을 작성하는 것을 좋아하기 때문에 일정 관리 앱인 트렐로Trello 같은 제품을 선호하지만 모든 직원이 그런 것은 아니에요. 우리 사무실만 보더라도 컴퓨터 화면을 빙 둘러 포스트잇을 붙이는 직원들이 있습니다. 업무 내용을 눈으로 바로 확인하고, 업무를 처리하고 나서 떼어내는 방법을 선호하기 때문이죠. 지금 이 순간에도 많은 방식이 쓰이고 있어요. 우리는 여러 가지 효과적인 방식에 대해 많은 정보를 공유하면서 직원들에게 채택하라고 권합니다."

업무 수행 방식을 스스로 통제할 수 있다고 인식하는 것도 유익하다. 제2차 세계대전 당시 영국 공군과 독일 공군의 조종사, 베트남 전쟁 당시 미국 공군의 조종사를 연구한 결과를 보면 명령 수행 방식을 결정할 자유가 자신에게 있다고 느끼는 조종사들의 성과가 뛰어났다. 자율성은 팀에 성공할 여지를 준다.

스킨아울의 CEO 애니 테벌린의 주장에 따르면, 비인습적인 성격을 지닌 산업에 속하는 중소기업은 "모든 사람이 스스로 알아서 일하는" 환경에서 일할 수 있는 직원을 채용하는 것이 절대적으로 중요하다. 직원이 6명이고, 세계 온라인 팬층을 보유하고 있는 스킨아울은 미국·홍콩·오스트레일리아·캐나다·남아프리카·레바논에 소매 협력사를 두고 있으며, 팟캐스트를 운영하고 셀프 케어 행사를 개최한다. 스킨아울을 이끄는 테벌린은 제품 개발부터 재료 공급과 마케팅에 이르기까지 모든 사항을 처리해야 한다. "결과적으로 나는 직원들을 시시콜콜 관리하고 싶지 않고 그렇게 할 수도 없습니다."

사람들은 업무에 대해 자율성을 발휘하고 자신이 속한 환경을 통제하는 것을 좋아하며, 자신이 만든 대상에 더욱 큰 가치를 부여한다. 따라서 근무시간을 리디자인하고 근무시간 단축제로 전환하기 위해 필요한 변화를 주도할 기회를 직원에게 주면, 조직에 더욱 충성하고 실험을 성공시키기 위해 더욱 노력할 것이다. 그러면 근무시간 단축 실험이 긍정적인 결과를 낳을 가능성을 높일 수 있다. 케스터블랙 창업자 애나 로스는 "기업 문화를 바꾸려고 노력할 때, 열쇠는 직원에게 있습니다"라고 강조했다.

고객에게 알린다

주 4일 근무제로 전환할 때 최대 걸림돌은 고객이 결코 지지하지 않으리라는 굳은 생각이다. 근무시간 단축제를 실험하고 있다고 고객에게 알리면 참담한 상황이 벌어질 것으로 여기는 리더들이 많다. 더믹스의 태시 워커는 주 4일 근무제를 도입했을 때 고객이 어떤 반응을 보일지 매우 긴장했다고 털어놓았다.

"'이 제도가 과연 통할까?'라는 의문이 생겼고, 고객들이 내게 연락해 '대체 당신은 어디 있나요? 이 일을 끝내야 해요!'라고 말할 것만 같았습니다."

대부분의 리더는 왜 근무시간을 단축하려 하는지, 이 제도에서 어떤 결과를 기대하는지, 고객과의 관계에서 어떤 점은 그대로 유지되는지 고객에게 열심히 설명하려 한다. 하지만 그보다는 관계를 유지하고, 지속적으로 업무를 탁월하게 수행하고, 마감 시기를 정확하게 지키고, 응급 사태가 벌어질 때 즉시 업무에 뛰어들 수 있도록 실험을 설계할 방법을 고민하면 기업이 진지하게 행동한다는 사실을 고객에게 더 잘 알릴 수 있다.

이미 참신한 계획을 실행하는 방향으로 고객과 관계를 쌓고 있는 기업이라면 근무 일정을 바꾸기가 훨씬 쉽다. 킨앤코의 로지 와린은 "직원들이 원하는 것은 다 다릅니다"라고 말했다. 직원들에게 재충전할 시간을 주기 위해 수요일 오후를 휴무하는 정책은 고객에게 '우리는 원칙을 지킨다'라는 메시지를 전달했다. 행동 변화 컨설팅 기업으로서 이것은 강력한 메시지 전달 방법이었다. 게다가 "'우리는 그 원칙을 믿고 그에 따라 행동합니다'라고 말할 수 있었으므로" 새 제도를 시도함으로써 과학을 행동으로 옮기는 능력을 입증했다.

"우리는 새 제도를 시행하는 이유를 고객에게 매우 명쾌하게 설명했습니다"라고 더믹스의 제마 미첼은 설명했다. "그리고 근무시간 단축을 위협이 아닌 혜택으로 자리매김했습니다. 왜 새 제도를 시행하는지 모든 직원이 이해할 수 있도록 언어를 신중하게 선택했어요. 자칫하면 그저 비용을 줄이기 위한 제도로 보일 수 있기 때문이죠. 모든 직원이 예전과 같은 임금을 받았고, 이것은 우리가 고객과 의사소통할 때 정말 중요한 사항이었습니다. 사업의 건강을 나타내는 신호이고, 뭔가 다른 방식을 시도하고 싶어 한다는 표시니까요."

광고대행사인 타입에이미디어가 금요일마다 휴무하는 것은 고객에게 더욱 가치 있는 시간을 제공하는 방식이었다. 창업자인 로스 타벤데일Ross Tavendale은 수사적인 질문을 던졌다.

"고객은 직원들이 숙취 상태에 있고, 술집에서 점심을 먹고 음료를 마시면서 하루가 쪼개지는 금요일에 우리와 일하고 싶을까요? 아니면 월요일에 일하고 싶을까요?"

근무시간 단축은 고객에게 월요일 시간을 더 많이 할애할 수 있는 한 가지 방법이다.

ELSE가 주 4일 근무를 시작할 때, 비상사태에 대응하지 못할까 봐 우려하는 고객을 허친슨은 이렇게 설득했다.

"우리는 가까스로 기한에 맞추며 일하지 않으므로 그런 사태는 벌어지지 않을 것입니다. 게다가 컨설턴트들은 앞으로 모든 업무를 하루 일찍 목요일에 마칠 것입니다." 그러면서 "필요하다면 금요일에 원격지원을 예약할 수 있습니다"라고 약속했다.

고객이 불안해하는 것은 이해할 만하다. 리치 레이는 라디오액티브PR 회의실에서 내게 이렇게 덧붙이며 작별 인사를 했다.

"최종적으로 고객이 행복하지 않으면 우리는 새 제도를 도입할 수 없습니다."

IIH노르딕의 업무 업그레이드

헨리크 스텐먼은 IIH노르딕이 일상 업무를 자동화하고, 집중을 장려하고, 주의를 흩뜨리는 요소를 억제하고, 중요도가 떨어지는 업무를 제쳐놓고 중요한 업무를 먼저 처리하기 위해 300여 가지 실험을 했다고 말했다. 현재 IIH노르딕은 주 5일 근무제에 따른 습관과 관행에 의문을 제기할 뿐 아니라 주 4일 근무제 시행 초반에 시도했던 일들을 재평가하고 있다. 예를 들어 교육용 영상이나 〈TED〉 강연을 매일 10분 동안 시청하는 등 교육을 실시했지만 습관으로 만들기는 쉽지 않았다. 그래서 매일 하던 교육을 매주 '기술 화요일'의 교육으로 대체하고, 금요일에는 직원이 선택해 참여할 수 있는 해커톤을 실시했다.

대부분의 실험은 직원들이 제안해 실시하고 있다. 이런 접근 방법의 장점은 실험에 참여해 자신의 업무 수행 방식을 돌아보고, 새로운 방식을 시도하고, 경험을 통해서 또는 직원끼리 배울 기회를 제공한다는 것이다. 반면 단점은 생산성을 향상시킬 수 있는 몇 가지 흥미로운 기술이 합당한 관심을 받지 못할 때가 있고, 필수가 아니라 선택으로 간주된다는 것이다. 스텐먼은 "우리는 매우 많은 도구를 채택했고, 직원들은 이 도구들을 서로 다른 방식으로 사용하고 있습니다"라고 말했다.

그의 설명에 따르면, 2018년 말 IIH노르딕은 "정말 효과적인 방법을 채택해서 회사 전체에 필수 사항으로 부과하기 위해 IIH Nordic 2.0을 출시할 때가 됐다고" 결정했다. "우리는 모든 직원에게 같은 수준에서 같은 개념을 갖게 해야 하고, 주 4일 근무제가 어떤 제도인지 이해시키고 싶습니다." 신입사원부터 고위직 직원에 이르기까지 모든 직원이 가장 가치 있는 도구와 관행에 확실히 익숙해질 수 있도록 기업 문화를 익히고 적응하는 과정을 다시 밟을 것이다. "기업 입장에서는 모든 직원이 방법을 알아야 한다고 요구하는 사항들이 있습니다. 기업과 근무 문화에 정말 중요하기 때문입니다."

스텐먼이 설명했듯 주 4일 근무제를 도입하는 목적이 업무를 더욱 빨리 수행하는 방법을 찾는 것만은 아니다. 물론 상사도 팀원도 업무를 더욱 효과적으로 수행하고, 시간을 엄격하게 다루고, 목요일까지 업무를 끝낼 방법을 생각해야 한다. 하지만 문화적·인지적 변화도 시도해야 한다. 그러면 시간을 디자인할 수 있는 대상으로 보고, 새로운 하드웨어나 경험과 마찬가지로 근무시간도 프로토타입을 제작할 수 있는 대상으로 생각할 수 있다.

시간을 디자인할 수 있다는 것은 교과서에서 배울 수 있는 추상적인 개념이 아니다. 오히려 팀 스포츠를 하거나 언어 규칙을 세우는 것에 더 가까워서 연습을 통해 습득할 수 있다. 그렇다면 어떻게 연습해야 할까? 리더와 기업은 다음 과정을 거치며 그 방법을 익힌다.

○ 회의시간과 규모를 줄이고 더욱 명확한 목표를 설정한다

회의시간을 줄이고 회의를 리디자인하는 것은 초기 목표로 설정하기 좋다. 회의를 완전히 없애는 것이 아니라 통제하고, 도구처럼 다루고, 그 도구를 가능한 한 유용하게 만드는 것을 목표로 삼는다. 회의는 필요 이상으로 시간이 길어서도, 규모가 커서도 안 되며 최대한 명확한 목표를 설정하고 열어야 한다.

○ 하루 일정을 리디자인한다

회의시간을 자유 시간으로 전환하고 다음 단계로는 직원이 집중력을
흐뜨리지 않고 고부가가치 업무에 집중할 수 있는 시간대를 형성한다.
직원들이 이 시간대에는 이메일이나 집중력을 흐뜨리는 요소들을 무시
하고, 중요도가 떨어지는 업무를 배제해 주요 업무를 집중적으로 처리
하게 한다. 이는 회사 전반에 걸쳐 하루 중 특정 시간을 회의시간으로
정하거나, 집중을 방해하고 메시지나 이메일을 보내는 행위에 관해 새
로운 규칙을 설정한다는 뜻이다.

○ 업무를 리디자인하고 새 도구를 시험하는 과정을 만든다

행동경제학자들이 주장하듯 대부분 사람은 결정을 내리는 다양한 방
식, 업무 수행 방식, 기술 사용 방식에 대해 놀랄 정도로 생각을 하지
않는 경향이 있다. 기업들도 마찬가지다. 개인이 사용하는 도구든 기업
이 가동하는 시스템이든, 유망한 기술을 개인적으로나 집단적으로 시
험하는 방식과 과정을 명확히 표현하는 것이 중요하다.

○ 고객에게 스토리를 들려준다

기업이 근무제를 바꾸는 이유를 설명할 수 있으면 왜 그토록 극적인 변
화를 수용하려 하는지 고객을 이해시킬 수 있다. 고객의 우려를 예측하
고 이에 답하면, 고객을 자사 계획에 참여시킬 정도로 소중하게 생각한
다는 사실을 보여줄 수 있다. 그러면 고객은 기업의 계획을 비판하기보

다 지지할 가능성이 더 커진다.

직원들은 근무시간을 리디자인하는 것이 혼자 할 수 있는 일이 아니라는 사실을 깨닫는다. 또 직원의 개인적인 생산성에만 국한한 문제도, 개인에게 가장 적합한 일정을 디자인하는 데만 급급한 문제도 아니다.

○ 시간과 주의력은 사회적 자원이다

개인의 집중력은 타인이 이를 존중하느냐 아니냐에 영향을 받는다. 생산성을 높이는 일이 순전히 개인적인 문제가 아니라는 뜻이다. 근무시간을 리디자인할 때는 모든 직원의 생산성을 높이는 데 유용한 사회적 규범을 만들고 지킬 수 있도록 주의를 기울여야 한다.

○ 효과 있는 방법을 공유한다

실험 단계에서 모든 직원이 새로운 도구를 조정하고 시도해야 한다. 또 실험을 혼자만 알고 실행하는 것으로 끝내지 말아야 한다. 실험을 거치면서 효과의 유무를 확인한 방식을 공유하면 자신에게도 이롭다.

○ 다른 사항도 공유한다

일이 주는 즐거움 중 하나는 사회적 연결을 제공한다는 것이다. 직장에서 형성하는 사회적 연결은 업무에 더욱 집중하고 열심히 일하더라도 잃게 되지 않는다. 근무시간을 단축하면 직원이 문자를 보내는 정도가 아니라 같이 점심을 먹고 대화를 하면서 더욱 바람직한 사회적 상호

작용을 할 시간을 확보할 수 있다는 장점이 있다. 사무실에서 형성되는 사교 생활도 직장에서 이루어지는 다른 요소들과 마찬가지로 리디자인 할 수 있는 대상으로 생각해야 한다.

프로토타입을 제작해보면 도전에 대해 어떻게 생각하는지 명확해지고, 그 생각을 충족시키는 방식으로 창의성을 발휘하면서 생각하고 노는 기회를 얻을 수 있다. 하지만 프로토타입을 디자인하고 제작하는 것만 으로는 충분하지 않다. 새로운 제도가 정말 효과가 있는지, 어떻게 하면 프로토타입을 개선할 수 있을지 파악하려면 결국 실험을 해봐야 한다.

4장
프로토타입
제작

SHORTER

근무시간 단축이
생산성, 수익, 채용,
고객만족도 등에 미치는 영향

실험 단계에서는 프로토타입의 성과에 대한 자료를 수집해 기존의 계획을 개선하고, 이 과정을 다음 프로토타입을 제작할 때 활용한다.

우리가 활동하는 세계에서 근무시간을 디자인하는 것은 지속적이고 개방적인 과정이어서 결코 끝나는 법이 없다. 고객이 바뀌고, 직원이 직장을 그만두고 새 직원이 들어오고, 업무를 자동화하거나 직원의 능력을 향상시켜주는 새로운 기술이 등장하는 이 모든 요인들이 끊임없이 근무시간을 개선할 기회를 제공한다.

하지만 이 책에서는 단계의 주기를 한 번만 추적할 것이다. 주 4일 근무제가 생산성과 수익성에 미치는 영향, 직원의 채용과 이직률에 미치는 영향을 검토할 것이다. 창의성, 워킹맘의 삶과 경력, 직원의 건강과 행복, 기업의 혁신 정신, 리더십의 질에 미칠 수 있는 더욱 미묘하고 이따금 의도치 않게 나타나는 영향을 조사할 것이다. 그리고 고객의 반응 방식도 살펴볼 것이다.

영국 런던, 스크루턴 스트리트

디자인 기업 노멀리를 방문해 공동 창업자인 마레이 월러스버거와
크리스 다운스를 만났다. 월러스버거는 이렇게 말을 꺼냈다.

"우리 기업은 천성적으로 실험정신이 강합니다. 그래서인지
늘 이렇게 자문합니다. '이것이 존재하는 이유는 무엇일까? 왜 그
럴까? 달라질 수 있을까?'라고 말이죠. 우리는 근무시간과 근무일
을 다른 방식으로 조직할 수 있다고 생각했어요. 그래서 근무일을
단축할 수 있을지 실험해보기로 했죠."

2014년 월러스버거와 다운스는 다른 두 친구와 함께 노멀리
를 창업했다. 노멀리는 페이스북과 BBC 등의 고객에게 서비스를
제공하는데 전략·디자인·데이터가 교차하는 프로젝트를 주로
진행한다. 노멀리의 고객들은 "우리는 이 시장에 사업 기회가 있다
고 생각합니다. 이 시장에 신제품을 내놓을 수 있도록 도와주세요"
라고 요청한다. 노멀리를 창업하기 전에 두 사람은 영국과 유럽에

있는 서로 다른 기업에서 경력을 쌓다가 프리랜서로 일했다. 월러스버거는 이렇게 털어놓았다.

"우리는 일 중독 증상에서 회복하는 중입니다. 언제나 나는 주말까지 미친 듯 일했어요. 그것이 스스로 용납할 수 있는 업무 수행 수준을 유지하는 유일한 방법이라고 생각했기 때문이죠."

하지만 두 사람 모두 전통적인 기업의 근무시간과 경력 전망에 환멸을 느꼈고 노멀리에서 다른 삶을 창조할 기회를 보았다. 경력 초반에 다운스는 "주말도 빠짐없이 일하고, 퇴근 시간을 넘겨 밤늦게까지 일하고, 종종 밤새워 일해야 하는" 직장에 다녔지만, 가끔 평일에 쉴 기회가 생기자 "휴식할 수 있었던 주에 더욱 생산적으로 일하게 된다는 사실"을 깨달았다. "최근에 부모님이 정년을 맞았어요. 부모님 세대는 많은 것을 희생하며 매우 열심히 일했지만, 결국 건강이 나빠졌고 시장이 붕괴한 탓에 원래 기대했던 것과 다른 재정 상황에 직면하면서 은퇴 후의 생활을 즐기지 못하고 있습니다."

이 두 가지를 경험하면서 다운스는 그다지 매력적이지 않은 미래를 위해 현재의 행복을 미루고 지속 불가능한 환경에서 고되게 일하는 것이 과연 맞는 행동인지 다시 생각하게 됐다.

"그래서 은퇴 생활을 부분적으로 앞당겨 누릴 수 있을지 알고 싶었습니다. 일을 약간 줄이고, 상대적으로 몸이 감당하는 동안 야외 활동을 하고, 스포츠를 즐기고, 아이들과 시간을 보내는 등 내가 좋아하는 일을 하고 싶었어요. 그러면서 우리가 어떻게 다른 방식으로 일할 수 있을지 자문하게 됐습니다."

월러스버거는 첫아이가 태어난 후 자신의 노동관에 의구심을 품기 시작했다.

"부모가 되니 당시 다니던 직장과 육아를 병행할 수 없게 됐어요." 그래서 주 3일 근무하는 직장으로 옮겼다. "아이가 집에서 기다리고 있으므로 일정한 시간에 업무를 마쳐야 했습니다. 난생처음으로 무한정 일할 수 없게 된 거죠." 하지만 놀랍게도 월러스버거는 정상 근무시간에만 일해도 같은 업무량을 처리할 수 있다는 사실을 깨달았다. "파트타임으로 일하는 부모들에게 물어보면 거의 같은 대답을 할 겁니다. 아이를 키우면서 직장에서 처리하는 업무량을 줄여야겠다고 생각했지만, 파트타임으로 옮기고 나서 결과적으로 처리한 업무량은 같거나 훨씬 많았다고 말이죠. 그때 다운스가 '이것을 회사 정책으로 삼아야 해요. 이제 주 4일만 근무합시다'라고 선언하더군요."

노멀리는 주 4일 근무제를 어떻게 운영하고 있을까?

"생산성은 우리 기업 문화의 절대적인 핵심이고, 조직의 DNA에 존재합니다. 모든 것이 생산성을 중심으로 형성됩니다." 다운스가 설명했다. "우리는 가장 효율적인 업무 환경을 직원에게 제공하기 위해 물리적 환경에 관심을 두었습니다." 다른 조직들처럼 전통적인 근무시간을 채택해서 직원의 노동력을 더 짜내려는 게 아니라 근무시간을 단축하기 위해 생산성을 향상시키고자 한다. "우리가 사용하는 소프트웨어 도구는 대부분 협업용입니다. 한 사람만 볼 수 있는 소프트웨어는 거의 사용하지 않아요."

협업용 도구를 사용하면 팀이 협업하는 과정을 더욱 수월하게 하고 책임감을 증가시킨다. 노멀리는 연구, 전략, 프로토타입 제작, 구축으로 진행하는 전통적인 디자인 과정을 뒤흔들었다.

"노멀리에서 모든 직원은 두 가지 역할을 맡습니다." 다운스가 말을 이었다. "직원들은 연구하고 디자인하고 구축하는 소규모 팀을 동시에 구성합니다. 우리 팀은 대부분 직원보다 훨씬 빨리 무언가를 구축할 수 있어요. 더욱이 우리는 경영 스타일과 경영 구조에 효율성을 주입하고, 팀에 많은 자율성을 부여합니다." 많은 사람이 이런 방식으로 일할 수 있는 것은 아니다. "우리 직원들은 업무 수행 수준이 매우 높고, 생산성이 뛰어나며, 주 4일 동안 매우 집중해서 일합니다. 그렇기에 5일 동안 그 집중력을 유지하며 근무하는 것은 불가능합니다."

도전적인 문제를 해결하고자 다양한 방식을 모색하는 것은 상당히 힘이 드는 일이다. 월러스버거는 이렇게 강조했다.

"특히 복잡한 문제를 붙들고 씨름할 때는 다양한 관점에서 생각해야 하므로 때로 약간의 휴식이 필요하죠."

이쯤 되면 정신을 집중하는 방법을 알고, 자율적으로 움직이는 소규모 팀에서 일하는 동시에 주 4일 근무제의 진가를 알고 있는 지적이고 복합적인 직원을 찾기 힘들다고 생각할지도 모르겠다. 그런데 업계를 둘러보면, 좀더 전통적인 기업에는 꼭 맞지 않지만 이런 특징을 가진 사람들이 있다. 일부는 내향적인 성향을 지닌 사람들이다.

"우리 업계에는 외향적인 성격과 자신을 표현하는 특징을 높이 사는 문화가 존재합니다." 월러스버거가 말했다. "이런 성격 특성이 주로 성공·경영·리더십과 상관관계가 있다고 인식하죠."

좀더 나이가 많거나 아이가 있는 사람들도 있다. "특히 아이가 있어서 주 5일 근무를 할 수 없는 여성들이 많습니다." 다운스가 말했다. "그들은 아이가 있기 때문에 현재 수준의 직업 세계에 다시 진입할 수 없고, 다른 기업에서 자기 경력을 지속할 수도 없습니다." 하지만 노멀리에서 일하기에는 적합하다.

그렇다면 고객은 노멀리에서 시행하는 주 4일 근무제에 어떤 반응을 보일까?

"처음 시작할 때는 솔직히 걱정이 앞섰습니다." 다운스가 말했다. "주 4일 근무제를 고객이 받아들일지 탐색하는 것도 실험의 일부였고요. 그런데 몇 가지 주목할 만한 현상이 일어났습니다. 주 4일 근무제를 거부하는 고객이 단 한 명도 없더군요! 지금 생각하면 놀랍기만 합니다."

"놀랍다마다요." 월러스버거가 말을 이었다. "문제가 되리라고 생각했는데, 전혀 영향이 없었습니다."

"고객들은 더 높은 수준이라고 인정해주더군요." 다운스가 말했다. "고객은 우리가 가치를 추구하고 지켜나갈 준비를 했고, 상업적 기회보다 주 4일 근무를 우선하여 좇을 의지가 있다는 점을 높이 샀습니다."

"대부분의 고객은 새 제도의 취지를 진심으로 이해할 것입니다." 윌러스버거가 강조했다. "실제로 고객은 좋은 아이디어라고 생각하고, 개인적으로 자신들이 누릴 수 없는 것을 안타까워합니다. 나는 대부분의 고객이 주 4일 근무제를 선호하고, 거의 예외 없이 긍정적인 반응을 보이리라 확신합니다. 하지만 처음에는 그런 기대를 할 수 없었습니다."

"고객들이 자신들에게는 도움이 되지 않으니 당직을 세우든 비상 상황에 대처할 방법을 제시하라고 요구할 것으로 생각했어요." 다운스가 말을 받았다. "하지만 예상과 달리 '그렇게 할 수 있다니 놀랍군요. 당신들이 시행하는 방법에 대해 좀더 알고 싶네요. 우리도 시행하고 싶습니다'라는 반응을 보였어요."

"정말 그랬습니다." 윌러스버거가 덧붙였다. "업무를 시작하고 나면 고객은 대부분 새 근무제에 대해 잊습니다. 궁극적으로 업무 성과를 결정하는 것은 기업의 업무 추진 방식이 아니라 결과이기 때문이죠. 대부분 고객은 주 4일 근무제에 대해 잊고 있다가 업무 성과만을 보고 프로젝트의 질이 거의 예외 없이 자신들의 기대를 넘어선다는 사실을 깨닫습니다. 팀들이 업무를 효율적으로 처리할 수 있고, 좀더 긴 주말을 보내면서 매우 복잡한 문제를 해결하기 위해 생각할 시간을 가진 덕이죠. 이런 현상을 경험한 고객은 '당신들이 4일 만에 이런 성과를 냈다니 믿을 수가 없네요!'라고 말합니다."

고객은 어떻게 반응할까?

고객이 주 4일 근무제를 외면할까 봐 불안해하는 리더의 심정은 충분히 이해할 만하다. 하루 24시간 연중무휴로 가동하는 세계 경제에서는 고객을 위해 항상 대기하면서 접근 가능성을 유지하는 것이 필수 요건처럼 보인다. 콜렉티브캠퍼스의 공동 창업자인 스티브 글라베스키는 이렇게 말했다.

"많은 전문직 종사자가 고객은 5분 안에 요구에 응할 것을 기대하고, 기대가 충족되지 않으면 떠나리라는 잘못된 믿음에 길들어 있습니다."

장시간 근무가 업무를 대하는 진지한 태도로 여겨지는 환경에서 근무시간을 단축하는 것은 자칫 아마추어 같은 태도로 비칠 위험성이 있다. 대부분의 경쟁사가 밤늦게까지 일하거나 주말에도 일하는 업계에서 근무시간을 단축하는 것은 위험하고 반항적인 조치로 비친다. 중소기업, 특히 창의적이고 전문적인 서비스를 제공하는 기업에서는 고객을 만족시키고 행복하게 하는 것이 본질적으로 중요하다. 고객과 맺은 계약을 잃으면 리더는 걱정에 빠지고 기업은 사업을 잃는다.

그런데 내가 도출한 연구 결과를 보면, 상시 대기하고 경쟁이 치열한 환경에서 기업을 운영하는 고객이 노멀리의 새 제도에 보이는 반응은 예상을 크게 벗어난다. 거의 예외 없이 긍정적이다. 파넬클라크의 전무이사인 제임스 케이는 "어떤 방식으로든 응답한 고객의 99.9%가 긍정적인 반응을 보였습니다"라고 말했다.

로지 와린에 따르면 킨앤코의 고객들도 새 제도를 환영한다. "우리가 수요일에 쉬면서도 탁월한 성과를 내놓자 고객들은 놀라워했습니다."

긍정적인 반응은 전 세계에 퍼져 있는 고객들에게서도 나오고 있다. 런던에 본사를 두고 있는 시너지비전은 주로 유럽의 제약회사들과 협력하는데 "고객의 90%가 매우 긍정적인 반응을 보였습니다"라고 피오나 도버가 말했다. "고객들은 놀랍다고 감탄하면서 우리를 미래 지향적인 기업이라고 추켜세웠습니다."

홍콩의 에이트레인 역시 "주 4일 근무제를 시행하면서 정말 멋진 평판을 구축"할 수 있었다고 그레이스 라우가 말했다.

멜버른에서 애나 로스는 이렇게 말했다. "우리 회사에는 400개의 도매 계정이 있는데, 단 한 고객도 주 4일 근무제를 놓고 과거에도 불평하지 않았고 현재도 마찬가지입니다."

그렇다면 고객들이 긍정적인 반응을 보이는 이유는 무엇일까?

/
고객은 시간보다 업무에 더 관심이 많다
/

첫째, 대부분의 고객은 기업이 투입하는 시간보다 결과에 관심을 기울인다. 라디오액티브PR이 시행한 새 근무제에 대해 첫 고객인 리치 레이는 이렇게 말했다.

"우리가 의뢰한 업무를 제대로 수행하고, 결과가 과거 수준을 유지하거나 더 나아진다면 당신 기업이 어떤 제도를 시행하든 개의치 않습니다."

공식적인 설문 조사에 따르면 고객은 근무시간 단축제를 시행하고 나서 기업이 수행하는 업무 결과를 호의적으로 평가한다. 주 40시간 근무제를 실험적으로 시행했을 당시 바이든+케네디 런던 사무소는 고객의 절반에게만 실험에 대해 알리고 이후 반응을 비교해봤다. 기업의 업무 처리에 만족하는 수준은 실험 소식을 들은 기업들과 듣지 못한 기업들 간에 차이가 없었다.

파넬클라크는 순추천지수를 사용해 고객이 자사를 추천할 가능성을 1~10의 척도로 대답하는 형식을 써서 고객 만족도를 측정한다. 9나 10으로 응답한 고객의 비율에서 6 이하로 응답한 고객의 비율을 뺀 수치가 해당 기업의 순추천지수다. 이 지수가 양수이면 좋은 것이고, 50 이상이면 탁월하며, 70 이상이면 세계적인 수준이다. 영국에서 존루이스^{John Lewis} · 알디^{Aldi} · 버진트레인^{Virgin Train}이 40대를 기록했고, 미국에서 코스트코 · 애플 · 노드스트롬이 70 이상이었다. 그리고 파넬클라크는 무려 79였다.

/ 근무시간 단축으로 고객이 얻는 혜택 /

둘째, 일부 고객은 근무시간 단축을 통해 직접적인 보상을 받는다는 사실을 알고 있다. 로지 와린은 이렇게 설명했다.

"우리가 직원의 마음을 얻으려 한다는 것, 그리고 직원이 지치면 제도가 무용지물이 된다는 것을 고객은 알고 있습니다."

로렌 그레이는 이렇게 말했다. "퍼슈트마케팅의 고객은 직원이 근무시간 단축 덕분에 업무를 제대로 추진할 동기를 부여받고 팀을 아끼므로 더욱 좋은 결과를 산출하리라는 사실을 인식하고 있어요."

주 4일 근무제는 고객에게도 좀더 많은 자유 시간을 부여한다. 킨앤코가 수요일 휴무를 시행하자 고객사들도 삶과 일의 균형을

더욱 잘 이룰 수 있었다고 로지 와린은 말했다.

건축 기업인 바우만라이언스Bauman Lyons는 "금요일 휴무는 우리만이 아니라 협력사에도 이롭다"라는 사실을 깨닫게 됐는데, 뒤처진 업무를 따라잡을 시간을 확보할 수 있기 때문이다. 너나없이 지금 당장 모든 것을 원하는 시대에 직원들을 괴롭히지 않는 정책은 선물로 느껴질 것이다.

/
고객은 혁신 기업과 일하는 것을 좋아한다
/

그레이는 퍼슈트마케팅이 전 세계 최고 기술 기업들과 일한다고 말했다.

"기술 산업을 들여다보면 원격근무에 익숙하고, 주당 근무일은 적으면서 하루 근무시간은 많습니다. 그들은 직접 경험했으므로 문화적으로 상당히 진보적인 성향을 띠고, 주 4일 근무를 환영하는 경향을 보입니다. 설사 회의적인 생각을 갖고 있더라도 일단 찾아와서 우리 팀을 만나고 업무 과정을 지켜보면 이해하더군요."

고객의 미래를 구상한다

고객은 주 4일 근무제를 시행하는 기업을 지켜보면서 자사도 시도할 수 있겠다는 교훈을 얻을 수 있다. 아마도 하루 24시간 연중무휴로 일하면서 과도한 노동과 극도의 피로 때문에 발생하는 온갖 결과를 알고 있을 것이다. 일부 고객은 유연근무제를 시행하거나, 삶과 일의 균형을 맞추기 위해 자체적으로 분투하면서 해결책을 찾으려는 노력에 공감한다. 이런 문제를 다루기 위해 혁신적인 접근 방법을 개발하는 기업을 지지하는 고객은 자신도 바뀔 수 있다는 희망을 품게 된다.

고객과 마찬가지로 전 세계 기업들도 긍정적인 반응을 보인다. 소트봇의 채드 파이텔은 이렇게 설명했다. "많은 스타트업 고객은 구체적으로 우리 기업에 어울리는 문화와 가치를 자사에도 주입하고 싶어 하기 때문에 우리를 선택합니다."

아이스랩의 마이클 허니가 보고한 내용에 따르면, 아이스랩의 고객들은 대부분 주 4일 근무제가 멋지다고 생각하는 것으로 나타났다. "자신들도 시행해보고 싶어 하고, 가치도 알고 있으므로 주 4일 근무 개념에 흥분하고 있어요. 그리고 삶과 일의 균형을 잘 잡는 팀원들과 함께 일하고 싶어 합니다."

에이트레인의 그레이스 라우는 홍콩에서 고객들이 어떻게 여기는지에 대해 이렇게 말했다. "우리가 어떻게 주 4일 근무제를 성공시켰는지 묻고, 어떻게 하면 자신들도 이 제도를 성공적으로 시행할 수 있을지 이야기합니다."

일부 고객은 새 근무제를 실험하는 것에 매우 관심이 많아서 기업이 주 4일 근무제를 정상 궤도에 올려놓고 계속 시행할 수 있도록 응원하기도 한다. 만약 노멀리가 금요일에 이메일을 발송한다면 고객에게 '오늘은 쉬는 날 아닌가요?'라는 질문을 받을 것이다. 실제로 더믹스의 태시 워커가 그런 경험을 했다.

"내가 어쩌다가 금요일에 이메일을 보내면 어떤 고객은 '오늘 왜 이메일을 보낸 건가요? 쉬는 날 아니에요?'라고 물어옵니다. 기업이 주 4일 근무제를 시행할 수 있도록 고객이 지원한다면 둘은 정말 좋은 관계를 맺고 있는 것입니다." 그러고는 덧붙였다. "전반적으로 고객은 상당히 협조적입니다. 새 제도가 대단히 좋다는 사실을 깨닫고 당신에게 힘을 실어줄 것입니다. 새 제도에 대해 설명하면 고객은 개념을 이해하고 전반적으로 존중해줍니다. 그러면서 자신도 금요일에 이메일을 보내거나 전화하는 횟수를 줄여 당신이 주 4일 근무제를 성공시킬 수 있도록 도울 것입니다."

○ 에밀리 웨스트(플록)

우리는 가능한 한 개방적이고 정직한 태도를 취하고, 새 제도에 대한 기대치를 높이며, 이것이 우리가 일하는 방식이라고 설명하기 위해 노력한다. 그 덕분에 많은 고객과 직원을 끌어들일 수 있었다. 새 제도를 시행하려는 이유를 설명하면 고객과 직원은 온전히 수긍한다. 많은 사람이 새 제도에 정말 많은 관심을 갖고 있으며 "이 제도를 우리 기업에도 시행하자고 이사회에 제안해야겠습니다"라고 말하기도 했다.

○ 태시 워커(더믹스)

새 제도를 시행한 지 3개월이 끝나갈 무렵 여러 직원과 고객에게 이메일을 보내 그동안 진행 과정을 설명하고 의견을 물었다. 일반적인 반응은 의외의 결과를 대하고 놀라워하는 것이었다. 그들은 결과를 예상하지 못했지만, 우리의 정책을 믿기지 않을 정도로 지지해왔고 결과에 흥분했다. 뜨거운 열정을 담은 답장을 보내오는 등 놀라운 찬사를 쏟아냈고, 심지어 어떤 이들은 부러워하는 것 같았다. 우리가 시행하는 제도가 사내에서 화제가 됐다고 말하는 기업들도 있었다.

새 제도를 도입하는 즉시 내가 깨달은 점이 있다. 바깥세상으로 눈을 돌리면 다른 사람들이 혁신적인 일을 추진해주기를 바라고, 이것을 자사의 근무 관행을 개선하는 롤모델로 삼으려는 사람들이 있다는 것이다. 예를 들어 우리 고객 중에는 파트타임으로 일하거나 유연근무를 하고 있지만, 자신이 속한 조직에서 그다지 지지를 받지 못한다고 느끼는 사람이 많다. 우리를 자신들의 행동을 이해할 수 있는 공모자로 생각하는 것이다.

우리는 이 문제에 대해 많은 대화를 나눴다. 직장에 복귀하는 워킹맘이든, 다양한 이유로 유연근무를 하는 사람이든 그들은 근무시간 단축제를 지지하면서 뜻을 모아 실천할 수 있는 사람들을 찾고 있었다. 그래서 우리가 "근무시간 단축제를 시행하고 있습니다"라고 말했을 때 고객들은 "정말 훌륭합니다. 이런 제도를 실천하고 있는 사람들이 있다니 정말 멋져요. 이 제도에 대해 이야기를 나누어볼 수 있을까요?"라고 반응했다.

주 4일 근무제는 업무 성과를 향상시킨다

몇 가지 척도를 사용해서 측정한 결과를 보면 근무시간 단축제를 도입한 기업은 전과 같거나 더욱 향상된 업무 성과를 낸다. 기업들은 주 4일 근무제 시행이 사내에서 협력을 북돋운다고 보고하기도 했다.

"주 4일 근무제는 팀 정신력에 크게 영향을 미칩니다." 더믹스의 태시 워커가 말했다. "새 제도를 시행할 때 개인이 팀보다 앞선다는 생각은 금물입니다. 모두 함께 모여 주 4일 근무제를 성공시켜야 하므로 더욱 잘 협력해야 한다는 집단적인 공감대가 형성되어 있습니다. 주 4일 근무제에서는 아무도 혼자서 업무를 완수할 수 없어요. 목표를 달성하려면 팀원에게 의존해야 하죠. 따라서 주 4일 근무제를 성공시키려면 근본적으로 협업이 더욱 잘 이루어져야 합니다."

조너선 엘리엇은 "하루 5시간 근무제를 시행하는 경우에 직원들은 팀으로 일해야 합니다"라고 강조했다. "직원들 사이에 책임감과 팀워크를 북돋우는 것이 정말 중요하죠. 5시간 만에 퇴근하면서 다른 직원에게 업무를 떠맡겨선 안 되니까요."

또 근무시간 단축제는 단기적으로 직원 개인의 생산성이 아니라 기업 전체의 효율성을 높이는 도구들을 채택하도록 권장한다. 현재 플록은 새 고객을 겨냥해 진행하는 프로젝트를 바탕으로 구성 요소 라이브러리를 구축하고 있다. 새로운 프로그램을 적절하게 작성하고 문서화하려면 며칠이 걸리는 일이지만, 장기적으로는 개발자의 시간을 절약해준다.

근무시간 단축제하에서는 직원들이 더욱 열심히 일할 수 있다. 노르웨이 오슬로의 레스토랑 마에모가 주 4일 근무제로 전환했을 때 "직원들은 더욱 행복하고 활력에 넘치고 흥분했습니다"라고 셰프 에스벤 홀름보 방이 말했다. 나중에 주 3일 근무제를 도입하고 나서는 "주 3일 근무하는 셰프들은 듀라셀 건전지를 내장한 토끼 같았어요"라고 말하기도 했다.

앞에서 살펴봤듯 근무시간 단축제를 채택한 후에 수익이 증가했다고 보고하는 기업이 많다. 일부 기업은 매우 극적인 수익 증가를 기록했다. 한국 유기농 화장품 제조 기업인 에네스티는 2010년 들어 주 4일 근무를 실험하기 시작했고, 2013년 전 직원을 대상으로 확대 시행했다. 그 후 3년 동안 에네스티의 총매출은 60억 원에서 2016년 100억 원으로 증가했고, 직원은 32명에서 50명으로 늘어났다. 스웨덴의 검색엔진 최적화 기업 브라스Bråth는 하루 6시간 근무제를 도입하고 나서 2012년부터 2015년 사이에 매출이 매년

2배씩 증가했다. 스킨아울은 2013년 설립 이후 매출이 해마다 2배씩 늘어났다. 더믹스는 주 4일 근무제로 전환한 첫해에 매출이 57% 증가했고, 같은 시기 VERSA 역시 매출이 46% 늘고 수익이 3배 늘었다.

통상적인 근무시간을 거부하면서도 벤처캐피털로부터 투자유치에 성공한 스타트업도 많다. 한국의 인테리어 중개 서비스 기업 집닥^{Zipdoc}은 처음 2년 동안 15억 원을 투자받았다. 코크로치랩스는 3회에 걸쳐 성공적으로 모금해서 모두 5,350만 달러를 확보했다. 어드미니스트레이트는 2015년 스코틀랜드 벤처투자가들과 투자은행에서 250만 달러, 2019년 초 460만 달러를 추가로 받았다. 우아한형제들은 2018년 12월 한국·싱가포르·미국의 투자자들에게 3억 2,000만 달러를 모금했다. 벤처투자가들은 기술 산업이 추구하던 과도한 노동 문화를 장려해온 것으로 알려져 있다. 하지만 훌륭한 제품과 커다란 잠재력을 지니고 있다면, 그들조차도 근무시간 단축제를 시행하는 기업에 투자한다는 것을 보여주는 사례들이다.

주 4일 근무제는 채용을 향상시킨다

주 4일 근무제가 채용에 긍정적인 영향을 미치는 것은 의외의 결과가 아니다. 주 4일 근무제를 시행한다고 언론에 보도된 일부 기업에 지원서가 급격하게 늘어나고 있다고 한다. 결과적으로 근무시간 단축제를 시행하는 기업들은 노동시장에서 위상을 높이고 있다. 더욱 중요하게는 지식과 경험이 풍부한 지원자들을 채용하고, 더욱 높은 연봉을 제시하거나 대도시 또는 산업센터에 사무실을 갖춘 기업들에 맞설 수 있도록 경쟁력을 높이고 있다.

주 4일 근무제는 중소기업과 스타트업이 더 많은 연봉을 제시하는 대기업과 경쟁할 때도 유리하게 작용한다. 노멀리의 크리스 다운스는 이렇게 설명했다.

"우리는 직원을 채용할 때 구글·페이스북·애플 등과 경쟁해야 합니다. 그런데 재정적인 이익을 놓고 그 기업들과 경쟁할 수는 없어요. 직원에게 주식을 줄 수 있는 것도 아니고요."

어드미니스트레이트의 존 피블스는 에든버러시에서 기술 인재를 채용하려는 경쟁이 치열하지만 "우리는 하루 4시간, 주 32시간 근무제로 전환하면서 인재들을 영입하고 회사를 성장시킬 수 있었습니다. 아마도 근무시간 단축제가 아니면 우리 회사에 지원하지 않았을 인재들이죠"라고 말했다.

뉴욕과 런던 같은 대도시에 있는 기업이나 에든버러 같은 새로운 기술 중심지에 있는 기업에서만 일어나는 건 아니다. 라디오액티브PR의 리치 레이는 "영국에서 전통적인 홍보 중심지가 아닌 글로스터셔에 회사가 있다는 것이" 약점으로 비칠 수 있지만 자사에 유리한 방향으로 활용하는 방법을 찾아냈다.

"나는 런던에서 생활해왔고 이 산업에 대해 매우 잘 알고 있습니다. 그래서 사람들이 런던에서 10년 정도 일하고 나면 글로스터셔주로 이주해 오는 경향이 있다는 사실을 간파할 수 있었죠. 그들은 첼트넘, 글로스터, 코츠월즈, 배스를 포함한 주변 지역으로 옮겨옵니다. 기후가 좋은 데다가 혼잡한 생활에서 벗어날 수 있기 때문이죠. 결과적으로 높은 직급에 있던 인재들이 우리 회사 주변으로 모여들고 있어요."

그들은 여전히 전문직을 유지하면서 활발하게 활동하고 싶다는 열망을 품고 있지만 통근 시간을 줄이고 싶어 하고, 주 60시간 일하는 직장으로는 돌아가고 싶어 하지 않는다. 그래서 라디오액티브PR의 근무시간과 태도에 크게 매력을 느낀다.

멜버른에서 남쪽으로 600킬로미터 떨어진 태즈메이니아주 호바트에 있는 중소기업 콜린스SBA도 마찬가지다. 지리적으로 불리하지만 하루 5시간 근무제로 전환한 덕분에 시드니와 멜버른에 있는 대형 회계 기업으로부터 영입 제의를 받는 우수한 인력이 입사 지원서를 들고 찾아온다.

사업 자금을 자체 조달하며 주 4일 근무제를 도입한 중소기업들은 규모도 더 크고 연봉도 더 많은 대기업의 경험 많은 노동자들에게 인기를 끌고 있다. 창업자들과 마찬가지로 이 노동자들은 게을러서가 아니라 자신의 희생을 당연하게 여기지 않는 환경에 자신의 숙련된 경험과 재능을 쏟고 싶어 한다.

타입에이미디어의 창업자 로스 타벤데일은 이렇게 설명했다. "우리 회사는 활동 분야의 대형 네트워크에서 정상에 있으면서 일에 지친 사람들을 찾습니다." 이런 사람들에게 이상적인 직장 후보는 어디일까? "그들은 회사로부터 경비를 쓸 수 있는 계정을 받긴 하지만 형편없는 취급을 당해왔습니다. 그런 점에서 우리 회사는 무척 매력적이죠."

회계법인인 파넬클라크의 프랜시스 케이는 대기업에서 훈련을 받았지만 파트너 경로에 진입하지 못할 소장급 인재나 "대기업에서 10~15년 근무하고 파트너나 이사로 승진할 시기에 가까워진" 고위 인재들에게 연락을 받고 있다고 말했다.

마레이 월러스버거는 노멀리에서 일하는 많은 디자이너가 대부분 기업에서 과도한 노동 문화에 환멸을 느끼고 "사생활을 누릴 수 있는 직장"을 찾고 있다고 설명했다. 이들은 장시간 근무를 정상적인 현상으로 생각하는 회사의 태도에 환멸을 느끼고, 무료 마사지나 세탁 서비스 등의 혜택에 감동하지 않으며, 3일간의 주말을 포함한 단순한 혜택에 깃든 가치를 이해한다. 그들은 자신만의 시간을 갖는 것에 가치를 두고, 주 4일 근무제를 통해 알 수 있는 기업의 운영 방식과 야심 찬 목표가 무엇인지 파악할 수 있을 만큼 충분한 경험을 쌓았다. 그렇기에 더 높은 연봉만큼이나 근무시간 단축에 매력을 느낀다.

주 4일 근무제는 이직률을 낮춘다

2015년 주 4일 근무제를 시행하고 나서 퍼슈트마케팅의 연간 이직률은 2%까지 감소했다. 이직이 흔한 업계에서 놀랍도록 낮은 수치다. 높은 생산성을 유지하고 직원 교육에 평균 이상으로 투자해서 효과를 거뒀을 뿐 아니라, 채용에서도 26만 달러 이상을 절약할 수 있었다. 글래스고에서 채용 담당자들은 텔레마케터 한 명을 소개하고 통상적으로 약 4,200달러를 청구한다. 하지만 퍼슈트마케팅은 주 4일 근무제를 시행한 덕분에 50명이었던 직원을 채용 수수료를 전혀 내지 않고 120명까지 늘릴 수 있었다. 주 4일 근무제는 직원 채용 과정이 더욱 쉬워지게 하고, 다른 기업이 직원들을 빼내 가는 것을 더욱 어렵게 한다.

"경쟁사들이 우리 직원들을 빼내 가려고 애를 쓰고 있어요." 구달 그룹의 창업자인 스티브 구달이 말했다. "하지만 주 4일 근무제 덕분에 직원들을 붙잡아둘 수 있죠."

몇 년 동안 근무시간 단축제를 시행해온 기업들은 대부분 이직률이 하락했다고 보고한다. 일본 그룹웨어 기업인 사이보주는 주 4일 근무 방식의 유연근무제를 도입하고 나서 이직률이 28%에서 4%로 감소했다. IIH노르딕에서는 주 4일 근무제를 채택하고 나서 이직률이 20% 감소했다. 일부 양로원은 근무시간을 단축함으로써 숙련된 간호조무사의 이직률을 줄였다. 레스토랑에서도 이직률이 급격하게 감소하고 있다. 셰프인 스튜어트 랠스턴은 에이즐에 주 4일 근무제 덕에 직원을 더욱 잘 유지하게 됐다고 말했다.

노르웨이 오슬로의 레스토랑 마에모는 2016년 주 4일 근무제로 전환하고 나서 이직률이 0으로 떨어졌다.

"레스토랑의 일선에서 일하는 직원들이 1년 넘게 바뀌지 않았어요. 근무시간 단축이 근속 기간을 연장시켰다고 생각합니다."

주 4일 근무제로 발생하는 이직률 감소 현상에는 예외가 있다. 근무시간 단축을 받아들이지 않고 차라리 직장을 그만두는 사람도 있다. 블루스트리트캐피털이 하루 5시간 근무제를 시행하겠다고

발표했을 당시의 상황을 가포드는 이렇게 회상했다.

"직원들은 '정말 굉장한 계획인걸요. 한번 시도해보죠!'라고 말했지만, 주의를 분산시키는 요소가 여전했고 한 번에 여러 가지 작업을 하느라 결국 제도를 제대로 활용하지 못했습니다. 그래서 회사를 그만두는 사람도 있었죠."

하지만 블루스트리트캐피털의 CEO 데이비드 로즈는 이렇게 일부 직원이 이탈한 덕분에 "자신이 몸담은 곳을 사랑하고, 직장을 위해 훌륭하게 업무를 수행하는 놀라운 인재들을 채용할" 여지가 생겼다고 덧붙였다.

조너선 엘리엇은 콜린스SBA가 하루 5시간 근무제를 도입하고 나서 "우리가 책임지고 있는 직원들에 대해 훨씬 더 잘 파악하게 됐습니다"라고 말했다.

"우리가 추진 중인 제도는 매우 관대하지만 아무에게나 혜택을 주고 싶지는 않습니다. 팀에 합류하고 싶다면 그만큼 역량을 갖춰야 해요." 엘리엇은 업무에 대한 열정이 적은 직원들을 교체하고, 직원들을 좀더 선별해서 채용함으로써 훨씬 강력한 노동력을 구축할 수 있었다고 말했다. "만약 1년 전에 '기업을 처음부터 시작한다면 현재 직원들을 다시 채용하겠습니까?'라는 질문을 받았다면 나는 아니라고 대답했을 거예요. 하지만 지금이라면 그러겠다고 대답할 겁니다." 직원들이 근무시간 단축제를 성공시켰고, 이 제도가 결과적으로 더욱 향상된 노동력을 구축했기 때문이다.

그렇다면 단순히 일을 적게 하고 싶어 하는 게으른 직원은 어떻게 걸러낼까? 슈테판 아르스톨은 게으른 직원을 분간할 수 있는 점잖은 방법을 생각해냈다.

"타워패들보드에 지원하는 사람들은 누구나 면접을 보기 전에 2~3분 분량의 동영상을 보내야 합니다. 그중 절반은 '나는 사무실에 있는 어떤 직원보다 일을 3배로 많이 하고 있습니다'라고 말하죠. 근무시간 단축제가 이처럼 고성과자들에게 인기가 높은 것은 당연하지만, 기본적으로 게으른 사람들에게도 인기가 있어요. 그들은 소파에 앉아 감자칩을 먹으면서 '이 제도를 시행해야 한다고 내가 계속 주장해왔는데 왜 누군가가 더 일찍 나서지 않았는지 이해할 수가 없군'이라고 말합니다."

동영상을 보면 하루 5시간 근무를 도전으로 생각하는 사람과 업무량을 줄이는 방법으로만 생각하는 사람을 쉽게 분간할 수 있다는 얘기다.

근무시간 단축제를 시행하면 능력이 부족한 지원자를 채용하게 되리라고 생각할지 모르지만 실제로는 그렇지 않다. 라디오액티브PR이 주 4일 근무제로 전환한 지 두 달이 지났을 때 리치 레이는 이렇게 말했다.

"훌륭한 인재들에게 이력서를 받으려고 직접 나설 필요가 없습니다. 이것은 근무시간 단축제를 시행해서 얻은 이익 중 하나입니다. 나는 최고 인재들에게 이렇게 이야기하고 싶어요. '그 기업은 정말 사업을 잘하고, 업계에 상당히 떠들썩한 파문을 일으키고 있어. 게다가 같은 연봉을 주면서 주 4일 근무제를 시행하는 기업은 눈 씻고 찾아보기 힘들어. 그렇다면 최소한 그 기업과 이야기는 해봐야 하지 않을까?'"

케스터블랙의 애나 로스는 "주 4일 근무제를 시행하는 덕분에 근무시간 단축에 강한 흥미를 느끼면서 열심히 일하는 인재들을 끌어모을 수 있습니다"라고 말했다. 한편 일본의 전자상거래 기업인 조조는 대학을 갓 졸업한 사람들을 더는 채용하지 않는다. 지난 몇 년 동안 업계에서 경험을 쌓은 사람들을 수월하게 채용할 수 있기 때문이다.

| 회사 소개

글레브Gleb : 주 30시간 근무제를 이용해 간호사의 이직률을 낮추고 간호의 질을 향상시키다

글레브는 버지니아주 로어노크의 외곽에 있는, 주민 200명으로 구성된 은퇴자 커뮤니티다. 많은 은퇴자 커뮤니티가 그렇듯 여러 부문으로 나뉘어 주민에게 다양한 수준의 서비스를 제공한다. 예를 들어 여전히 적극적으로 활동하는 사람들을 위한 독립적인 생활, 이동성과 기억력에 영구적인 문제가 있는 사람들을 위한 생활 보조, 질병에서 회복 중인 사람들을 위한 숙련된 간호 등이다. 미국에서는 약 130만 명이 양로원에서 생활하고, 대부분 공인 간호조무사가 간호 서비스를 제공한다. 공인 간호조무사는 환자가 침대에서 일어나고 눕도록 부축하고, 옷을 갈아입히고, 밥 먹고 목욕하는 것을 도우며, 사회 활동을 조직한다. 글레브를 소유하고 있는 라이프스파이어LifeSpire의 CEO 조너선 쿡Jonathan Cook은 "노인, 낙상 환자, 만성 질환 환자를 돌보는 일은 쉽지 않습니다"라고 말했다.

대부분의 나라에서 이런 일에 종사하는 사람들이 받는 임금은 많지 않다. 양로원 산업을 취재한 제임스 버먼James Berman 기자는 "(간호조무사들이) 환자의 대소변을 치우거나 성난 가족들을 상대하는 대신 패스트푸드점에서 일하기만 해도 같은 돈을 벌 수 있다"라고 보도했다. 많은 간호조무사는 생계를 유지하기 위해 부업을 두세 개씩 뛰어야 한다. 결과적으로 양로원에 따라서는 연간 이직률이 100%를 넘는다. 양로원이 직원을 끊임없이 교체해야 한다면 비용이 많이 들 뿐 아니라 입주자들의 생활에도 혼란이 발생한다. 버먼은 "장기 간호에서 삶의 말기에 있는 사람들을 돌볼 때 가장 중요한 것은 숙련된 직원이다"라고 강조했다.

글레브도 지방에 있기에 숙련된 간호 인력의 채용과 이직 문제로 골치를 앓는다. 간호사들은 업무를 수행하기 위해 현장에 있어야 한다. 게다가 직원이 갑자기 결근하면 회사는 다른 직원에게 추가 근무를 시키거나 인건비가 비싼 임시직 노동자를 채용해야 하므로 회사와 동료에게 부담을 지운다.

2018년 5월 글레브 전무이사 엘렌 다르덴느Ellen D'Ardenne는 간호조무사들이 주 30시간 일하고 40시간 일한 만큼의 임금을 받는 제도를 실험적으로 시행했다. 글레브는 여기에 '30/40 프로그램'이라는 이름을 붙였는데, 원래는 인센티브 프로그램으로 계획됐다. 근무시간을 엄격하게 지키고 교대근무를 하는 일주일 동안 결근하지 않은 직원은 주 30시간 일하고 40시간 일한 만큼의 임금을 받는다. 이때 지각을 하거나 결근한 직원은 보너스를 받지 못한다. 하루 6시간 근무에는 식사 시간을 포함하지 않는데 일손이 부족해 업무 공백이 생기는 사태를 줄이기 위해서다. 인센티브 구조를 활용하는 덕분에 공식적으로는 근무시간 단축제가 다른 산업보다 더욱 엄격하게 시행되고 있다.

글레브는 30/40 프로그램을 시행한 최초의 양로원이 아니다. 쿡은 인디애나폴리스에 있는 은퇴 주택 마르케트Marguette의 간호센터에서 30/40 프로그램을 처음 경험했다.

"마르케트가 유능한 간호조무사를 채용하고 유지하는 방식을 보고 매우 놀랐어요. 그곳에는 취직하고 싶어 하는 간호조무사 대기자 명단이 있더군요. 세상에, 유능한 사람들을 고를 수 있는 선택권이 있다는 뜻이죠!"

30/40 프로그램을 성공적으로 가동하기 위해 글레브는 직원 18명

에 추가로 간호조무사 9명을 채용했다. 다르덴느는 업계 잡지와의 인터뷰에서 이렇게 말했다.

"(임금으로 더 많은 돈을 지출해야 했지만) 채용에 지속적으로 투입하는 금액과 이직에 따른 비용을 고려하면 현명한 결정이었습니다."

30/40 프로그램을 시행한 첫해에 임금과 복리후생으로 14만 5,023달러를 지출했지만 채용 비용, 초과근무 수당, 직원 서비스 비용에서 절감한 12만 2,762달러를 빼면 총비용은 약 2만 2,261달러에 불과했다.

그렇다면 글레브는 지출을 통해 무엇을 얻었을까? 프로그램을 시행한 지 1년 만에 호출용 벨에 응답하는 시간이 57% 단축됐고, 감염률은 65% 감소했다. 간호사들이 환자를 더욱 안정적으로 돌보고 안전하게 이동시키면서 낙상과 욕창의 발생률이 급격하게 낮아졌다(낙상은 노인의 주요 사망 원인이기도 하다). 또 간호사들이 환자와 더 많은 시간을 보낼 수 있고, 지속적인 간호가 가능했으므로 약물 투여량이 훨씬 줄었다. 직원의 연간 이직률은 128%에서 44%로 감소했고, 지원자는 4배 증가했다.

다른 나라들도 비슷한 실험을 하고 있다. 스웨덴 고센버그에서 정부가 운영하는 스바테달렌Svartedalens 양로원은 근무시간 단축제를 2년 동안 실험적으로 시행하면서 간호조무사들의 임금을 삭감하지 않고 교대 시간을 8시간에서 6시간으로 줄였다(재정적으로 좀더 보수적인 중도 우파 정부가 들어서면서 실험적인 운영은 막을 내렸다). 양로원은 실험 기간에 간호사 15명을 추가로 채용해야 했기에 인건비가 20%, 약 73만 5,000달러 증가했다. 지출 증가액의 약 절반은 병가와 결근에 따른 추가 근무가 15% 감소하면서 보충할 수 있었고, 새로 고용된 노동자들이 더는 국가 수당을 받지 않게 돼 그 금액으로 상쇄할 수 있었다. 주민들은 간호사들이 하루 6시간 근무하면서 향상된 서비스를 제공한다고 보고했다. 간호사들은 더 많이 활동하고, 활력이 넘치고, 주민의 필요에 더욱 민감하게 반응했다. 모니카 액셰드Monica Axhede 이사에 따르면 간호사들이 충분히 휴식하고 나서 근무를 시작하자 손이 많이 가는 치매 환자들의 상태가 더욱 안정됐다. 하루 8시간 근무제를 유지하고 있는 인근 양로원과 비교할 때 간호사들의 건강이 좋아지고 스트레스는 줄었다. 간호조무사 에밀리 텔랜더Emilie Telander는 2017년 BBC와의 인터뷰에서 "실험 기간에 모든 직원이 더욱 활기를 띠었습니다. 모두 행복해한다는 사실을 알 수 있었어요"라고 말했다.

의료 분야에서 근무시간 단축 프로그램을 시행하는 총비용을 산정할 때는 추가되는 인건비 이상을 고려해야 한다. 스바테달렌 양로원에서 그리 멀지 않은 곳에 있는 살그렌스카대학병원 Sahlgrenska University Hospital 정형외과는 2015년 의사와 간호사를 합해 89명의 근무시간을 하루 6시간으로 단축했다. 직원 12명을 채용하느라 매달 약 100만 크로나(약 10만 달러)를 추가로 지출해야 했으므로 싸지 않은 방법이기는 했지만, 전보다 수술을 더 많이 시행해서 수익을 거두고 합병증으로 입원하는 환자의 수가 줄어들어 비용을 절감함으로써 추가 비용의 일부를 상쇄하고 있다. 또 대기자 명단을 극적으로 줄이고, 진료를 받기 위해 예약하고 기다리는 시간을 몇 달에서 몇 주로 줄였다.

주 4일 근무와 일하는 부모

회사가 시행하는 근무시간 단축제를 가장 열렬하게 환영하고 그 혜택을 받는 사람 중에는 단연 워킹맘들이 있다. 기업 입장에서는 주 4일 근무제를 시행하면, 가정생활에 충실해야 해서 자기 능력에 걸맞은 수준으로 일할 수 없는 숙련되고 경험 많은 노동자들을 끌어들일 수 있다. 일하는 부모 입장에서는 근무시간이 단축되면 아이들과 더 많은 시간을 함께 보낼 수 있고, 일과 육아에서 생겨나는 상충하는 요구를 더 균형 있게 처리할 수 있다.

근무시간 단축제를 시행할 때 기업은 장시간 근무를 버텨내는 지구력보다 집중력, 우선순위 결정 능력, 경계 유지 능력 등이 더욱 진가를 발휘한다는 사실을 이내 깨닫는다. 그렇다면 이런 개인적인 기술과 전문적인 경험을 보유한 사람은 누구일까?

케스터블랙 창업자 애나 로스는 이렇게 설명했다. "우리가 영입하고 싶어 하는 직원은 일에 복귀하는 유자녀 여성, 노동시장에서 한동안 벗어나 있던 유자녀 여성 등입니다. 그들은 축적된 기술과 경험을 보유하고 있어요."

퍼슈트마케팅의 로렌 그레이는 이렇게 말했다. "학부모의 일정을 고려해 아이들의 학기에 맞춰 일할 수 있는 자리를 만들어내면서 유능한 직원 2명을 채용할 수 있었어요."

크리스 다운스는 노멀리가 주 4일 근무제를 시행하면서 "탁월하고, 경험 있고, 고도로 집중할 수 있고, 생산성이 뛰어난 여성들을 직장에 복귀시킬 수 있었어요. 그들은 누구에게도 능력이 뒤지지 않는다고 느끼게 됐죠"라고 말했다. 동시에 대부분의 직장이 워킹맘들을 얼마나 불공평하게 대우하는지 인식하는 계기도 됐다고 덧붙였다. "우리가 이렇게 불공평한 사회를 만들어왔다는 사실에 분노했습니다."

여러 해 동안 기업들은 일하는 어머니들과 이보다 정도는 덜하지만 일하는 아버지들을 보유하고 지원하는 문제로 씨름해왔다. 이미 극도의 피로와 과도한 노동에 시달리는 의료 인력을 비롯해 스트레스를 많이 받는 직업에서 이런 문제는 열악한 상황을 더욱 악화시킨다. 업무 수행 능력은 뛰어나지만, 30~40대에 생산성과 수익성이 최고조에 이르렀을 때 직장에서 퇴출당한 사람들을 대체하는 비용은 매우 클 수 있다. 2009년 한 보고서는 미국 대형 법률 회사들이 높은 성과를 거두는 변호사를 교체하느라 연간 2,000만 달러를 쓴다고 추산했다.

/

단축근무 vs. 유연근무

/

유연근무가 상대적으로 소수의 괜찮은 직업에만 국한된다는 것이 문제다. 2015년 타임와이즈Timewise가 실시한 조사에 따르면, 영국에서 광고를 통해 채용한 연봉 약 2만 달러짜리 직책의 6%만 유연근무를 선택사항으로 제공받았다. 연봉이 10만 달러 이상인 직책에서는 그 비율이 2%까지 떨어졌다. 대부분 기업에서 유연성은 선택지가 아니다.

한편으로는 기업들이 공식적으로 파트타임 근무나 유연근무 형태를 만들어내더라도 직원들이 사용하지 않기도 한다. 예를 들어 미국 대형 법률회사의 90%가 유연근무 프로그램을 보유하고 있지만 자격을 갖춘 변호사 중에서 4%만 활용하고 있다.

왜 이 프로그램은 더 인기를 끌지 못할까? 미래 지향적인 기업에서조차도 유연근무를 활용하는 직원들은 사회학자들이 붙인 명칭대로 '유연성 낙인flexibility stigma'이 찍힐 위험을 무릅써야 하기 때문이다. 즉 유연근무를 선택한 직원들은 중대한 시기에 신뢰하기 힘들거나, 야망이 적거나, 다른 직원에게 여분의 업무를 지우는 사람으로 낙인찍힐 위험성이 있다.

결과적으로 유연근무를 하는 직원들은 상사에게 잊히지 않으려고 각별히 신경을 쓰고, 자신이 자리를 비움으로써 동료에게 문제를 안기거나 시스템이 제대로 가동하지 않는 사태가 발생하지 않도록 특별히 노력해야 한다. 그러면서도 흥미나 중요도가 떨어지는 프로젝트에 투입되고, 승진 속도가 늦고, 임금 인상 폭이 작고, 그러다가 결국 직장을 그만둘 가능성이 크다. 일반적으로 사람들은 이론상 시간에 대한 통제권을 많이 쥐고 있는 전문직 종사자라면 쉬지 않고 일하는 쪽을 '선택'할 것으로 기대한다. 그래서 일테면 학자들은 다른 사람들 눈에 한가롭게 비치면 자책하기도 한다.

유연성 낙인은 남성보다 여성에게 더욱 강력한 영향을 미친다. 유연성은 여성에게 더 필요할 확률이 높다. 여성들은 일과 가정 사이에 끼어서 정신이 분산되리라는 가정 때문에 채용과 승진에서 불리한 입장에 놓인다. 하지만 유연근무를 활용하는 남성들도 상사의 눈에 야심 또는 적극적 태도가 부족하거나 업무에 제대로 집중하지 못하는 것으로 보일 위험성이 있다.

/
근무시간 단축과 직장에 복귀하는 부모
/

자녀를 키우기 위해 휴직하는 사람들은 또 다른 구조적인 문제에 부딪힌다. 2017년 KPMG의 추산에 따르면 전 세계적으로 30~54 세 직장 여성 9,600만 명이 직장을 쉬고 있다. 그중에서 5,500만 명은 중간 관리자, 중역, 고위 전문직 종사자 등이었다. 휴직 중인 많은 여성이 증언하듯 직장으로 복귀할 때는 경력 선택, 직업에 대한 헌신도, 직장에 남을 가능성 등에 대해 질문 공세를 받을 수 있다. 영국의 다국적 회계 감사 기업 PwC가 실시한 연구에 따르면 영국에서만도 관리자, 변호사, 의사, 엔지니어를 포함해 40만 명이 넘는 전문직 여성이 2016년 자발적 또는 비자발적으로 직장을 쉬고 있었다. 만약 이들이 구직 시장에 복귀한다면 25만 명 이상은 자신이 원하는 자리보다 낮은 기술 수준을 요구하는 직위에서 일하거나, 원하는 것보다 적은 시간을 일해야 할 것이다. 그러면 시간당 소득이 12~32% 즉시 감소할 것이고, 임금 손실액이 연간 11억 5,000만 달러에 달할 것이다.

경력 단절이 평생 소득에 미치는 장기적인 영향은 상당히 클 수 있다. 미국에서 남성 MBA와 여성 MBA를 대상으로 실시한 연구에 따르면, 졸업한 지 10년이 지난 시점에서 남성의 소득은 자녀가 있는 여성 동기보다 60% 많았는데, 대부분의 소득 차이는 여성이 자녀를 출산하고 나서 일을 쉬었기 때문에 발생했다. 최근 연구 결과를 살펴보면 유급 육아 휴직 정책이 관대한 덴마크에서도 유자녀 여성의 소득은 즉각적으로 급격히 감소했다. 심지어 10~20년이 지나도 남성이나 무자녀 여성보다 20% 적을 가능성이 컸다. 이와 대조적으로 자녀 유무가 남성의 소득에 미치는 영향은 통계적으로 미미했다.

주 4일 근무제가 모두 바꿀 수 있다. 유자녀 여성 MBA의 주당 근무시간은 남성보다 평균적으로 24% 적다. 따라서 근무시간 단축제를 시행하면 이 격차를 정확하게 메울 수 있다. 또 유연성 낙인을 제거하고, 경력을 낮출 필요성을 줄일 수 있다. 모든 직원에게 더 많은 휴가를 제공함으로써 일찍 퇴근하는 행동을 향한 의심과 분노를 없앨 수 있다. 근무시간 단축제는 평등주의 개념을 포함한다. 사람들이 유연근무라는 '선물'을 받는 대신 추가로 일해야한다고 느낄 필요가 없기 때문이다. 또 주 4일 근무제는 모든 직원이 열렬하게 바라는 삶과 일의 균형을 맞추게 한다. 기업은 직원들에게 한 주의 근무시간이 끝나면 연락을 끊고 3일 동안 에너지를 충전하는 활동, 전문성 개발, 진지한 취미, 자기 관리에 힘쓰라고 권한다. 일과 개인적인 시간의 경계가 더욱 명확해질 가능성이 크다는 뜻이다.

첫째 자녀가 장기적인 소득에 미치는 영향

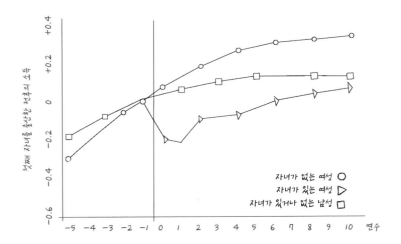

자녀가 없는 여성 ○
자녀가 있는 여성 ▷
자녀가 있거나 없는 남성 □

첫째 자녀가 장기적인 소득에 미치는 영향. 1980~2013년 덴마크 정부가 수집한 통계 자료에 따르면, 첫아이를 출산한 여성의 소득은 급격하게 감소했고, 남성(자녀 유무와 상관없이)과 자녀가 없는 여성 모두에게 뒤처졌다.

근무시간 단축, 유연근무, 일하는 부모

○ 태시 워커(더믹스)

내가 관찰한 사실에 따르면 유연근무는 조직에 힘의 불균형을 초래할 수 있다. 어떤 면에서 생각하면 유연근무를 하는 직원은 조

5장
실험과
리뷰

직에 고마움을 느껴야 하고, 그러면 조직에 혜택을 받고 있다는 분위기가 조성된다. 직원 입장에서는 유연근무를 할 수 있도록 준비해야 하고, 자기 일정을 모든 직원에게 알리는 등 별도의 활동을 해야 하며, 유연근무의 효과를 입증해야 하므로 더욱 열심히 일해야 한다. 내가 인터뷰했던 유연근무자들은 자기 능력을 지속적으로 입증해야 하기 때문에 대부분 동료보다 2배로 일하는 것 같은 느낌이 든다고 털어놓았다. 결과적으로 이렇듯 힘의 불평등과 불균형이 발생하므로 실제로 업무를 완수하기가 상당히 힘들다.

○ **마이클 허니**(아이스랩)

아이스랩에서 풀타임은 주 4일 근무다. 하지만 주 5일 근무가 표준인 조직에서 4일을 근무하는 사람은 비정상적이고 능력이 부족하다는 평가를 받는다. 전통적인 조직에서 실제로 이런 평가를 사라지게 할 수 있을지는 회의적이다. 중요한 회의에 참석하지 못하거나 중요한 프로젝트를 할당받지 못하면 실적을 올릴 수 없고, 결과적으로 승진 명단에서 누락될 수 있기 때문이다.

조직에서 주 4일 근무자가 다른 직원들이 수행하는 업무의 일부만 담당하는 데에는 뿌리 깊은 문제가 있다. 그 때문에 파트타임으로 일하고 싶어 하며, 충분히 짐작할 수 있듯 여성이 다수인 이들은 낮은 생애 소득을 비롯한 체계적인 문제를 안고 있다. 사회적 정의라는 관점에서 생각할 때 사람들에게 파트타임으로 일할 수 있는 유연성을 제공하는 것만으로는 충분하지 않다. 기업 입장에서는 괜찮을지 모르지만 파트타임 근무자들은 일하기가 더욱 어렵고 장기적으로 숨은 비용을 치러야 한다.

○ 젠 앤더슨(어드미니스트레이트)

자녀를 키우는 친구들을 지켜보며 깨달은 점이 있다. 출산 휴가를 마치고 직장에 복귀하는 여성들이 전에 맡았던 역할로 돌아오지 못하거나, 대개 자신이 원하는 근무일수를 확보할 수 없다는 것이다. 나는 이곳에서 일하는 동안 아이를 출산했다. 정상적인 상황에서 주 5일을 근무했었다면 직장에 복귀한 후에는 주 4일만 근무하고 싶을 것이다. 하지만 나는 아이가 있다는 사실과 추가로 생각해야 할 사항들을 제외하고는 직장 생활을 전혀 바꿀 필요가 없었다. 그래서 출산하기 전과 같은 업무를 추진했고, 연봉이나 혜택도 그대로였다. 주 4일 근무제는 매우 순탄하게 가동해서 나 개인에게도, 가족이 있는 다른 직원들에게도 엄청나게 커다란 이익을 안긴다.

○ 조지아나 로빌리아드Georgina Robilliard(인슈어드바이어스)

주 4일 근무제와 유연성을 결합하자 자녀의 삶에서 매우 적극적인 역할을 담당하고 싶어 하는 유능한 부모들이 많이 입사했다.

우리는 직원들이 자녀를 어린이집이나 학교에 데려다주고 출근하게 하고, 주 5일째 되는 날 아이들과 함께 지내게 한다. 우리는 시드니에서 주 5일 근무제만 시행했을 때보다 성별과 연령에서 광범위한 계층의 직원을 보유하고 있다.

/ 근무일 단축은 더욱 바람직한 양육을 뒷받침한다 /

주 4일 근무제는 양육할 시간을 더욱 많이 제공할 뿐 아니라 더욱 바람직한 부모가 될 수 있는 환경을 조성해준다. 스웨덴 고센버그의 스바테달렌 양로원에서 간호사로 일하며 혼자 아이들을 키우는 아르투로 페레즈Arturo Perez는 하루 6시간 근무를 시작하면서 양육에 따른 스트레스를 줄일 수 있었다고 말했다. 그는 2016년 한 기자에게 이렇게 말했다.

"아침에 아이들을 학교에 데려다주는 일로 더는 스트레스를 받지 않습니다. 지금은 모든 상황이 훨씬 편안해졌어요. (…) 그 덕분에 아빠로서도 간호사로서도 더욱 나아졌다고 생각합니다."

부모들은 아이들과 더욱 양질의 시간을 보내고 있다고 말했다. 마크 메리웨스트는 플록에 하루 6시간 근무제를 도입하고 나서 몇 주 지났을 때 한 직원에게 다음과 같은 말을 들었다고 했다.

"이제 더 일찍 퇴근할 수 있으므로 아이들이 피곤해서 짜증을 내기 전에 집에 가서 아이들의 얼굴을 보고 이야기를 나눌 수 있습니다. 전에는 퇴근하는 길에 차 안에서나 가능했지만 이제는 아이들과 언제라도 대화할 수 있어요. 정말 꿈만 같습니다."

근무시간 단축제를 시행하는 기업에 다니는 부모들은 아이들과 더 많은 시간을 함께 보낼 뿐 아니라 육아 비용도 아낄 수 있다. 런던에서 일하는 몇몇 부모는 인터뷰에서 이 점을 강조했다. 런던에 거주하는 부모들은 처분가능소득의 평균 50%를 육아 비용으로 쓴다. 주 4일 근무로 전환하면 연간 수천 달러를 절감하고 아이들과 수백 시간을 함께 보낼 수 있으므로, 두 마리 토끼를 한 번에 잡는 셈이다.

일하는 부모는 남녀 상관없이 근무시간 단축의 효과를 실감한다. 유자녀 여성은 일과 양육의 균형을 맞추느라 많은 어려움을 겪지만, 선진국에서는 좋은 부모가 되는 데 따르는 구조적인 문제를 불평하는 유자녀 남성의 비율도 점차 증가하고 있다.

아이스랩이 근무시간 단축과 원격근무제를 시행하면서 마이클 허니는 "좋은 부모이자 유능한 직원이 될 수 있었어요"라고 말했다. "아이들이 아프거나 개인적으로 처리해야 하는 일이 생겼을 때 더욱 유연하게 대처할 수 있죠."

주 4일 근무는 직원의 배우자에게도 혜택을 안긴다. "배우자도 자기 경력을 계속 추구할 수 있습니다. 내가 말했듯 우리 회사

에는 아버지들이 상당히 많아요. 경력을 희생하는 것은 흔히 어머니들이죠. 나는 주 4일 근무가 좀더 공평한 양육을 가능하게 해준다고 생각합니다." 다운스는 노멀리 직원을 아버지로 둔 어린아이들은 일주일에 하루 아버지와 시간을 보낼 수 있다고도 덧붙였다. "이것은 다른 조직에서는 제공하지 못하는 혜택이죠. 우리가 노멀

/ 일하는 아버지의 양육 태도 /

영국

양육에 적극적으로 참여한다.	58%
일과 양육의 균형을 맞추는 문제로 고용주와 갈등이 있다.	45%
양육이 정신건강에 영향을 미친다.	37%
일이 배우자에게 미치는 영향에 대해 죄책감을 느낀다.	61%
일이 자녀에게 미치는 영향에 대해 죄책감을 느낀다.	51%

미국

양육이 중요하다고 생각한다.	57%
일과 삶의 균형을 맞추기가 어렵다.	52%
아이들과 보내는 시간이 너무 적다.	63%

일하는 아버지를 대상으로 실시한 최근 조사에 따르면 좀더 많은 남성이 아버지 역할을 진지하게 생각하고 있으며, 오늘날 직장 구조는 좋은 부모가 되는 걸 가로막는다고 느낀다.

리에서 해온 모든 일을 통틀어 내가 가장 자랑스럽게 생각하는 성과입니다."

주 4일 근무가 창의성을 북돋운다

많은 산업에서 주 4일 근무는 창의성을 북돋운다는 장점을 내세워서 인기를 끈다. 창의적인 기획사, 소프트웨어 스타트업, 레스토랑은 브레인스토밍과 아이디어 회의, 흐름과 집중을 지원하는 도구의 채택, 다른 레스토랑에서 거치는 '실습'을 활용해 항상 새로운 아이디어를 찾고 생각해낸다. 주 4일 근무는 문제 해결 능력을 키우고, 창의성을 북돋우는 경험을 할 수 있는 시간을 더욱 많이 제공하고, 조직에서 혁신적인 사고방식을 키우는 등 몇 가지 방식으로 창의성을 북돋운다.

직장에서 발휘하는 창의성

근무하는 동안 방해받지 않는 시간이 늘어나면 직원은 문제를 해결하기 위해 더욱 집중적으로 노력할 수 있다. 기업이 휴식 시간을 늘려주면 직원은 집중해서 작업한 후 활력을 회복할 기회를 얻는다.

근무시간 단축은 가장 중요한 문제에 집중하고, 주의를 분산시키는 문제나 중요도가 떨어지는 문제에 시간을 적게 쓰도록 직원들을 격려한다. 코크로치랩스의 CEO인 스펜서 킴볼은 "월요일부터 목요일까지 직원들은 맡은 업무를 확실히 완수하기 위해 더욱 몰두합니다"라고 강조했다. 게임 디자이너인 라이너스 펠트Linus Feldt는 "근무시간을 단축한다고 해서 창의성을 잃진 않습니다. 직원들이 정신을 집중하면 더욱 창의성을 발휘하고, 더욱 능숙하게 문제 해결책을 찾기 때문입니다"라고 말했다.

웹 디자인 기업 루이서디자인Reusser Design의 디자이너 앤디 웰플Andy Welfle 역시 주 4일 근무제가 주 5일 근무 때보다 개발자들에게 "집중할 수 있는 시간을 더 많이 확보해주고, 업무 방해를 최소로 줄이려고 의식적으로 노력함으로써 생산성을 크게 향상시킵니다"라고 말했다. 2015년 CNN과의 인터뷰에서 CEO인 네이트 루이서Nate Reusser는 단축된 근무시간 동안 "우리는 믿기지 않을 정도로 많은 일을 해냈습니다"라고 밝혔다.

집중해서 일할 수 있도록 근무시간의 상당 부분을 비워놓는 것은 설계자와 프로그래머에게 큰 이익을 안긴다. 이들은 문제를 깊이 파고들 수 있을 때 가장 능숙하게 작업하기 때문이다. 소프트웨어 기업으로 2015년 주 4일 근무를 실험적으로 시행한 엘메조르트레이토el Mejor Trato의 창업자 크리스티안 레넬라Christian Rennella는 이렇게 썼다.

"개발자들이 양질의 작업을 수행해서 상당한 성과를 거둘 수 있으려면 방해받지 않고 평균 4시간 동안 계속 작업할 수 있어야 한다."

잇따른 회의와 주의를 분산시키는 요소들을 제거하면 프로그래머가 수행하는 작업의 질을 기하급수적으로 증가시킬 수 있다.

또 주 4일 근무제는 직장에서 고갈된 정신적·신체적 에너지를 재충전할 수 있는 시간을 직원에게 더 많이 제공해서 창의성을 향상시킨다. 이런 회복 시간은 주 4일 근무제나 하루 6시간 근무제처럼 좀더 집약적인 방식으로 일해야 할 때 특히 중요하다. 라이너스 펠트는 이렇게 강조했다.

"창의적인 작업은 정신을 소모시킵니다. 창의적인 예술가나 프로그래머는 하루 8시간 동안 집중력을 유지하기 힘들어요. 6시간을 둘로 나누어 일해야 집중력을 유지할 수 있습니다."

검색엔진 최적화 기업 브라스의 창업자 마리아 브라스Maria Bråth는 하루 6시간 근무제를 도입해 강력한 수준의 집중력과 창의성을 유지함으로써 좀더 인습적인 방식으로 운영되는 대형 경쟁사에 대항할 수 있었다면서 "하루 8시간 근무하면 그런 수준을 유지할 수 없습니다"라고 설명했다. "우리 직원들은 이전까지 하루 8시간 동안 수행해온 업무를 6시간 안에 집중적으로 처리할 수 있습니다."

프로그래머들은 주 4일 근무하기에 더욱 평온하고 맑은 정신으로 일할 수 있다고 찬사를 보낸다. 나탈리 나젤도 이렇게 말했다.

"창의력은 명료한 사고를 하는 동안 번뜩이죠. 3일 동안 주말을 보내면서 정신을 맑게 하면 상상을 뛰어넘는 효과를 거둘 수 있습니다."

스펜서 킴볼에 따르면, 코크로치랩스 소속 개발자들은 "지속적으로 추상적인 사고"를 해야 하는데 "다량의 카페인을 섭취하며 하루 14시간 근무하는" 야만적인 방식이 아니라 "명료하고 편안한 정신"으로 접근할 때 문제를 가장 잘 해결한다. 물론 모든 사람은 짜여 있지 않은 시간을 더 많이 누리면서 혜택을 받는다. 바이든+케네디 런던의 크리에이티브 부서 총괄 책임자 이언 테이트는 "두뇌가 창의적일 수 있으려면 휴식을 취해야 합니다"라고 말했다. 바이든+케네디가 실험적으로 시도하는 근무시간 단축은 "직원의 정신을 확실하게 보호하기 위해" 설계됐다. 테이트는 개인적인 경험을 통해 "뇌가 지쳐 있는데 더 열심히 생각하라고 채찍질까지 해대면 좋은 아이디어는 떠오르지 않는다는" 사실을 깨달았다.

또 근무일을 단축하면 직원들에게 새로운 아이디어를 실험하고 개발할 수 있는 시간과 에너지를 더 많이 줄 수 있다. 과거에 주 70시간 일했던 셰프들은 주 4일 근무하면서 새로운 요리를 만들어 낼 시간이 더 많아졌다고 말한다.

"나는 주 4일 근무하면서 더 많이 연구해서 제품을 개발하고 있습니다." 스튜어트 랠스턴의 말이다. "설거지하는 직원과 더 많은 시간을 함께 보내고, 요리를 개발하는 데 시간을 더 투자하고 있습니다. 그래서 요리의 질이 더욱 좋아졌어요."

라인강스디지털인에이블러의 라스 라인강스는 하루 5시간 근무제로 전환한 후에 발생한 변화를 이렇게 설명했다.

"팀과 함께 발견한 가장 놀라운 변화는 직원들이 자기 업무에 고도로 집중한다는 것이었습니다." 그처럼 강력하게 집중하는 직원은 문제를 더욱 빨리 해결할 수 있다. 그가 발견한 또 한 가지 사실이 있다. "고도로 집중해서 일한 직원들은 밖으로 나가 낮잠을 자거나, 친구와 점심을 먹고 수영장에 가거나 산책을 하는 등 자신이 하고 싶은 일을 합니다. 그러다가 불현듯 전혀 예상하지 못한 순간에 최고의 아이디어를 떠올리죠. 근래 들어 이런 순간들을 자주 접하고 있어요."

근무시간 단축제는 생각의 흐름을 느긋하게 따라가거나, 문제에 대해 편안하게 생각할 수 있는 시간을 더 많이 제공해서 창의성을 향상시킨다.

라인강스가 말하듯 예상치 못하게 통찰력이 번뜩이는 순간은 누구에게나 찾아온다. 시도했지만 문제를 해결하지 못하다가 잠시 다른 생각을 하고 있을 때 불현듯 해결책이 머릿속에 떠오른 적이 있다면, 당신도 같은 경험을 한 것이다. 거의 한 세기에 걸쳐 심리학자들은 창의적인 아이디어가 탄생하는 경로를 4단계 모델로 설명했다. 그 모델은 의식적으로 조사하고 문제를 해결하려고 노력하는 준비 단계, 부화 단계, 통찰 단계, 마지막으로 정확하게 상세한 통찰이 작용하는 검증 단계로 진행된다.

이처럼 통찰이 번뜩이는 순간을 맞이하는 경험은 외부에 잘 알려져 있지만 여전히 베일에 가려져 있는 현상이었다. 그런데 최근 들어 신경과학자들은 이런 순간의 원리를 설명하는 뇌 작용을 거의 밝혀냈다. 신경을 누그러뜨리면 세상사를 처리하고 해석하는 신경 네트워크의 스위치가 꺼지면서 과학자들이 말하는 디폴트 모드default mode 네트워크가 가동된다. 그 네트워크는 창의적인 사고 및 문제 해결과 관련한 영역을 연결하고, 아직 해결되지 않은 최근 문제로 강하게 끌리는 경향을 나타낸다. 19세기 수학자 앙리 푸앵카레Henri Poincaré와 20세기 생물학자 바버라 매클린톡Barbara McClintock 등이 제시한 자연발생적 문제 해결에 대한 설명에 따르면, 디폴드 모드는 우리가 쏟는 의식적인 노력과 강도에 비례해 문제에 작용한다. 창의적인 잠재의식이 더욱 활발하게 작용하는 대상은 우리가 수월하게 해결했거나 오래전에 고민했던 문제들보다는 최근에 끙끙 앓고 있는 문제들이다.

이것은 실험실 연구와 역사적 자료를 혼합해 만든 창의성 모델이므로 융통성 있게 받아들여야 한다. 더욱 체계적이고 집중적인 근무시간과 긴 휴식을 결합한 근무시간 단축제의 목표는 디폴트 모드 네트워크를 가동하고 문제를 해결할 시간을 제공해서 통찰력을 향상시키는 것이다. 로지 와린이 주장한 대로 근무시간을 단축하는 것은 "정신에 공간을 만들어 창의적인 생각이 들어서게 하는" 방법이다.

나와의 인터뷰에서 많은 이들이 퇴근하고 나서 아이디어가 떠올랐다고 말하는 이유도 이 때문이다.

"퇴근한 후에도 늘 업무에 대해 생각하는 나를 발견하곤 했어요." 플록의 에밀리 웨스트는 이렇게 말했다. 그런데 하루 6시간 근무제를 시행하고 나서는 상황이 달라졌다. "예전에는 퇴근한 후 '지금 그 일을 하고 있어야 하는데'라는 생각을 떨칠 수 없었어요. 하지만 지금은 근무시간 동안 주어진 업무를 완수했다는 것을 알고 있고, 일에 치어 지치지 않았으므로, 집에 있을 때 업무에 대해 생각하는 것이 싫지 않고 오히려 즐겁습니다."

자유 시간 동안 문제를 더욱 창의적으로 해결할 수 있다는 주장이 역설처럼 들릴 수 있다. 하지만 예를 들어 마음을 비우고 가볍게 산책하면서 아이디어를 이리저리 뒤집어보는 것과 책상에 앉아 치열하게 아이디어를 쥐어짜는 것 사이에는 큰 차이가 있다.

스펜서 킴볼은 "금요일에 긴장을 누그러뜨리고 편안하게 새 프로그래밍 과제에 도전하려 합니다"라고 말했다. 애나 로스도 비슷한 말을 했다. "여전히 나는 금요일마다 2시간 정도 일합니다. 하지만 할 일 목록에서 항목을 하나씩 지워나가는 데 급급하지 않고 더욱 창의적으로 일하고 있어요."

창의성과 근무시간 단축에 관하여

○ 마크 메리웨스트(플록)

근무시간을 단축한 후 직원들이 직장 밖에서 업무 때문에 스트레스를 받지 않으면서 생각할 시간을 갖는다는 사실에 나는 대단히 만족했다. 직원들은 출근해서 "간밤에 곰곰이 생각해봤는데 이것이 최선의 방법이에요"라고 말했다. 뇌를 쉬게 하면서 시간을 갖고 다른 활동을 한 덕분이라고 나는 거의 확신한다. 하루 8시간을 쫓기듯 일해야 하는 직원은 집에 가면 업무에 대해 생각하기는커녕 그저 소파에 몸을 파묻고 싶을 것이다. 그러므로 내가 판단할 때 근무시간 단축제를 도입하면 직원들은 사무실에서는 6시간 일하지만 직장 밖에서 자연스럽게 더 오래, 즐겁게 일한다.

○ 스펜서 킴볼(코크로치랩스)

나는 쉬는 날이면 딸과 더 많은 시간을 보내려고 노력한다. 일할 때 업무에 다른 방식으로 접근하기 위해 쉬는 날을 활용하기도 한다. 이것은 근무시간 단축제로 전환하면서 내가 가장 크게 깨달은 점이다. 사람들은 휴무일에 회의를 하지 않고 대부분 출근하지 않는다. 도착하는 이메일 양도 줄어든다. 주중에는 회의에 참석하고, 이메일을 확인하고, 업무를 처리하느라 눈코 뜰 새 없이 바쁘다. 하지만 금요일이 되면 그냥 자리에 앉아 내가 해결해야 하는 문제에 집중할 수 있다. 사무실에 편안하게 머물면서 커피도 끓여 마신다. 문제에 다른 방식으로 접근하다 보면 예상치 못했던 좋은 결과를 얻을 수 있다. 긴장을 풀고 좀더 여유로운 마음으로 문제를 탐색할 때 더욱 좋은 결과를 손에 넣을 때가 많기 때문이다. 주중에는 충분히 집중하지 못하는 데다 당장 해결해야 한다는 압박감을 느끼기 때문에 괴로울 수 있지만, 근무일을 줄이면 그런 상황에서 벗어날 수 있으므로 예상치 못한 효과를 얻기도 한다. 우리 회사에서 일하는 많은 직원도 나와 비슷한 경험을 한다고 들었다.

○ **라스 라인강스(라인강스디지털인에이블러)**

창의성은 억지로 발휘될 수 없다. 따라서 창의적인 사람에게 당장 좋은 아이디어를 생각해내라고 강요할 수 없다. 오히려 그들은 긴장을 풀고 다른 일을 하다가 불현듯 훌륭한 아이디어를 생각해낸다. 우리 회사에서도 같은 현상을 목격할 수 있다. 직원들은 휴식하는 동안 멋진 아이디어를 생각해내서 돌아온다. 그리고 그 아이디어에 대해 동료와 이야기를 나누고 싶어 하고, 직장에서 더욱 능력을 발휘할 수 있도록 서로 힘을 불어넣는다. 정규 근무에서 벗어나 직장 밖에서 보낼 수 있는 시간을 늘리면, 뇌에 이런 활동을 할 수 있는 에너지가 생겨난다.

주 4일 근무제는 새로운 경험을 쌓을 시간을 만들어낸다

근무시간 단축제는 새로운 일을 탐색하고, 창의적인 노동 생활을 풍성하게 해주는 주제나 활동에 몰입할 시간을 선사한다. 케스터 블랙의 애나 로스는 이렇게 말했다.

"하루를 더 쉬면서 다른 활동들을 하다가 월요일에 출근한 직원들은 창의적인 새 아이디어를 생각해내서 브랜드에 더욱 큰 이익을 안깁니다."

세계적인 셰프들은 주방에서 벗어날 수 있어야 한다. 훌륭한 요리를 만들기 위해서는 다양한 요리나 기존 요리 방법을 숙달하는 것보다 세계 여러 지역의 접근법과 재료를 혼합하고, 완전히 새로운 요리법을 개발하고, 생소한 요리를 탐색하는 것이 중요하다. 레스토랑 아티카의 벤 셰리는 2018년 인터뷰에서 이렇게 말했다.

"지난 6년 동안 내가 개발한 혁신적인 요리에 대한 영감은 대부분 요리와 서비스에서 벗어났을 때 얻었습니다."

그와 마찬가지로 2017년 마에모의 에스벤 홀름보 방은 1년 동안 주 3일 근무제를 시행함으로써 직원들에게 휴식하는 동시에 "일을 더욱 잘하기 위해 쉬는 시간"을 줄 수 있었다고 말했다.

바이든+케네디 런던이 근무시간 단축을 실험적으로 시도했을 때 전무이사인 헬렌 앤드루스Helen Andrews는 다음과 같은 이메일을 보내왔다.

"창의적인 생각을 하고 문화를 경험하고 끊임없는 회의와 이메일 홍수에서 벗어나 영감을 깨닫는 순간을 맞을 수 있도록 모든 직원에게 시간을 더 주자는 것이 우리의 주요 목표였습니다."

동료인 이언 테이트도 이런 말을 했다.

"우리는 매일 협업과 아이디어 창출에 매진합니다. 따라서 근무시간에 도출한 아이디어와 자극을 처리할 수 있는 시간과 공간이 필요합니다. 하지만 침묵하고 생각에 잠길 시간이 턱없이 부족합니다."

훌륭한 아이디어에 자신을 노출하기 위해 미술관이나 예술 행사에 갈 필요는 없다. 마이클 허니는 이렇게 말했다.

"나는 달리는 동안 생각을 많이 하는 편이에요. 문제와 관계없는 일을 하다가 생각하는 데 유용한 유사성을 발견해 계속 유추해가며 통찰을 얻죠. 자신이 일하는 영역에만 몰두해서 평생을 보내면 이런 기회를 얻을 수 없습니다."

라파트 알리는 스키프트에서 근무하는 몇몇 직원이 현역 가수이거나 즉흥극 코미디언이라고 내게 귀띔해주었다. 즉흥극을 예로들더라도 배우들은 열심히 듣고, 신속하게 생각하고, 다른 배우들의 아이디어를 토대로 아이디어를 생각해내고, 팀으로 활동하면서혼돈에서 벗어나 질서와 유머를 구축할 수 있다. 많은 조직이 직원들에게 북돋아 주고 싶어 하는 이런 자질을 스키프트의 직원들은스스로 개발한다.

회사 소개

바우메: 중요한 문제에 집중하기 위해 주 4일 근무제를 활용한다

브루노 케멀Bruno Chemel과 아내 크리스티는 2010년 캘리포니아주 팰로앨토에 레스토랑 바우메를 열었다. 이 레스토랑은 야트막한 냉전 시대 건물이 늘어선 쾌적하면서도 수수한 거리에 들어서 있다. 같은 블록에는 페덱스 인쇄 및 배송 센터, 술집, 피트니스 센터, 담배 가게 등이 연달아 있다. 근처에 저렴한 피자를 파는 가게와 유명하지만 허름한(실리콘밸리의 기준으로) 술집도 눈에 띈다. 레스토랑은 개업한 해에 첫 번째 미슐랭 별을 땄고, 2011년에 두 번째 별을 따서 지금까지 유지하고 있다.

브루노는 열다섯 살 때 프랑스 시골에 있는 여관이자 레스토랑에서 일을 시작했다. 그는 "직원이라고는 주방을 지키는 셰프 한 명과 나뿐이었으므로 긴 시간을 일했습니다"라고 말했다. 그 후 브루노는 파리·뉴욕·도쿄·호놀룰루에 있는 주방에서 일했고 샌프란시스코에서 크리스티를 만나 캘리포니아주에 정착했다. 바우메를 개업한 것은 실리콘밸리에 있는 레스토랑에서 주방장으로 2년 동안 일한 다음이다.

처음에 문을 열었을 당시 바우메는 주방과 매장에서 일하는 직원 12명과 테이블 24개로 시작해 점심과 저녁을 제공했다. 하지만 브루노와 크리스티는 장시간 영업과 그 정도 크기의 레스토랑을 운영하느라 받는 스트레스가 싫었다. 주 5일 영업하면서 여러 차례 식사 서비스를 제공하느라 많은 직원을 채용해야 했다.

"요리사나 직원의 실수를 잡아내려 신경을 쓰다 보니 정작 내 일에 집중하지 못했기 때문에 스트레스를 많이 받고 에너지도 소진됐습니다." 브루노가 말했다. "하루 영업을 끝내고 나면 너무 지쳤어요. 대체 무엇 때문에 이렇게 일해야 하는지 회의가 찾아오더군요."

대부분 사람이 그렇듯, 브루노는 좀더 젊었을 때는 장시간의 중노동을 견뎌낼 수 있었지만 주방에 갇혀 지내다 보니 자신의 요리를 풍부하게 만들어줄 경험을 쌓고 이리저리 탐색하고 시도할 기회를 거의 누리지 못했다. 하지만 주 4일, 그것도 저녁 시간에만 영업하기 시작하자 좀더 많은 시간을 채소밭과 지역 시장에서 보낼 수 있게 됐다. 베이 에어리어의 다양한 요리 현장을 탐험하면서 새로운 요리도 개발할 수 있었다.

"이제 레스토랑에서 보내는 시간이 줄어들었기 때문에 더 많은 아이디어를 떠올릴 수 있습니다. 자연스럽게 창의성을 발휘할 수 있게 됐죠. 게다가 주 4일 영업하면서 모든 직원이 더욱 효율적이고 집중적으로 일하게 됐어요." 브루노 부부는 레스토랑의 운영 규모를 계속 줄였다. 점심 영업을 없애고, 테이블 수를 24개에서 9개로 줄였으며 2015년 들어서는 급기야 레스토랑을 둘이서 운영하기로 했다. 직접 주방에 들어가 일하면서 안도할 수 있었다고 브루노는 털어놓았다. "누구에게도 소리를 지를 필요가 없잖아요. 정 그러고 싶으면 내게 소리를 지르면 그만이고요."

음식 맛은 더 좋아졌을까?

"더 좋아졌냐고요?" 브루노는 어깨를 으쓱하며 대답했다. "글쎄요, 아직 미슐랭 별 세 개는 받지 못했어요." 하지만 나는 브루노와 크리스티가 세 번째 별을 받지 못할까 봐 걱정한다는 인상은 받지 못했다.

"주 4일 일하면서 스트레스가 훨씬 줄었어요." 크리스티가 말했다. "자신을 위해 시간을 쓸 수 있고, 주변을 정리하거나 가족과 함께할 수 있는 시간도 늘어났습니다." 부부 둘 다 주 4일 영업을 포기하고 싶어 하지 않는 것 같았다.

바우메의 사례를 보면 근무시간 단축제는 리더가 자신의 포부를 실현할 방법을 찾게 하고, 대가가 크고 자기 파괴적일 수 있는 종류의 성공을 추구하지 않고 일의 질과 지속 가능성에 초점을 맞추게 함을 알 수 있다. 브루노와 크리스티는 많은 종업원과 요리사를 채용하는 것을 목표로 세우지 않고, 레스토랑의 규모를 작게 유지해 모든 일을 직접 하고 싶어 했다. 그렇다고 목표를 낮게 설정했다는 뜻은 아니다. 바우메는 세계에서 미슐랭 별 두 개를 받은 레스토랑 400곳 중 하나가 됐다. 대부분의 셰프가 그 정도 수준에 도달하려면 막대한 희생을 치러야 하고, 주방 안팎에서 고약한 대우를 견뎌내야 하며, 사생활에서도 엄청난 피해를 감수해야 한다. 브루노와 크리스티가 받는 스트레스는 수십 년 동안 매일 오랜 시간 일한 끝에 마침내 주 4일 일하기 시작하면서 훨씬 줄어들었다. 그러자 더욱 지속 가능한 경로를 걸으면서 믿기지 않을 정도로 훌륭한 음식과 세계적인 수준의 서비스를 고객에게 제공하고, 사업과 삶을 통제하는 데 더 잘 집중할 수 있었다.

"우리 레스토랑 같은 소기업이 누릴 수 있는 장점은 스트레스를 받지 않고 모든 것을 직접 통제할 수 있다는 것이죠." 브루노가 말했다. "물론 큰돈을 벌 수 없다는 단점이 있기는 합니다. 엄청난 부자로 죽을 수는 없겠죠. 그 점은 맞아요."

"하지만 우리는 행복해요." 크리스티가 말했다.

"예, 정말 행복합니다. 그리고 행복을 느낄 만큼 돈도 충분히 벌고 있어요." 브루노가 말을 이었다. "정말 돈을 엄청나게 많이 벌고 싶어 하는 사람들도 있죠. 차고에 페라리 열 대쯤 들여놓고 싶어 하니까요. 나는 어떠냐고요? 포르쉐 한 대면 만족합니다."

실리콘밸리의 기준으로 보자면 포르쉐 한 대는 확실히 수수하다.

/ 주 4일 근무제는 혁신적인 사고방식을 북돋운다 /

마케팅 및 브랜드 기획사인 구달 그룹이 주 4일 근무제로 전환한 후, 모든 직원이 주인처럼 일하기 시작했다고 스티브 구달이 말했다. 전에도 직원들이 거두는 성과에 만족했던 구달이 주 4일 근무제로 전환한 까닭은 직원들에게 일을 더 시키기 위해서가 아니라 보상과 행복을 안겨주고 싶었기 때문이다.

"근무일이 줄어들자 직원들은 오히려 평소라면 외면했을 업무도 자진해서 맡아 처리하고 있습니다. 직원들은 금요일, 토요일, 일요일에 내게 전화하고 이메일을 보냅니다. 전에는 이런 일이 없었어요. 내가 '오늘 토요일이잖아요? 일하지 말라니까요'라고 말했죠. 그러면 직원들은 '아뇨. 그냥 쇼핑을 나왔는데 생각이 났어요. 이 아이디어 어떠세요?'라고 물어요." 구달은 몇 달째 새 근무제를 실험적으로 시행하고 있는데 이런 변화는 전혀 예상하지 못했다고 말했다. "직원들이 스스로 주인처럼 느끼기 시작했습니다. 나는 그저 쉴 수 있는 날을 하루 더 주었을 뿐인데 말입니다."

직원들에게 휴식 시간을 더 주자 직장에서 주인의식이 강해졌다는 얘기는 모순처럼 들릴 수 있지만, 실제로 다른 기업에서도 확인할 수 있다. 더믹스의 태시 워커는 자사 직원들이 "우리가 업무를 수행하는 방식을 생각해봅시다. 더 바람직하고 현명하게 일합시다. 새로운 방식을 생각해봅시다"라고 말한다고 했다. 콜린스 SBA의 조너선 엘리엇은 하루 5시간 근무제를 시행하면서 "새로운 사고방식을 형성하고, 더 나은 업무 수행 방식을 연구하고, 실패와 업무 방해 요인을 식별하고 해결책을 강구하도록 팀원들에게 힘을 실어줄 수 있었습니다"라고 설명했다. 구달과 마찬가지로 엘리엇도 모든 직원이 창업자처럼 행동하는 모습을 목격했다.

"직원들은 끊임없이 '우리는 이 점을 개선할 수 있어요. 이렇게 하면 문제를 해결할 수 있습니다'라고 말합니다. 사업을 이끌어가는 입장에서는 직원들이 찾아와 '우리가 이 문제를 찾아냈습니다. 더 나은 해결 방법이 있어요. 이렇게 하면 효율성을 높일 수 있습니다'라고 건의해주면 정말 굉장히 좋죠."

이런 현상이 일어나는 까닭은 무엇일까? 근무시간 단축은 개인적인 혁신을 추구할 수 있도록 인센티브를 제공하고, 기업의 효율성을 향상시켜 직접적인 혜택을 창출하기 때문이다. 전통적인 기업에서 혁신에 따른 주요 이익은 기업에 즉각적으로 돌아가고,

혁신에 기여한 직원에게는 기업이 나중에 보상한다. 하지만 근무
시간을 단축했을 때 일어나는 변화의 결과는 거의 즉시 나타나고,
모든 직원이 누릴 수 있는 시간 절약의 형태로 보상이 돌아간다.

　이런 사고방식은 일단 채택되고 나면 자동으로 뿌리를 내리면
서 회사 전체에 퍼진다. 직원들은 새로운 과정, 사무실 디자인, 일
정을 실험하면서 더욱 빈틈없이 관찰하고 회의적인 관점을 발달시
켜 일상적으로 발생하는 다른 전제들을 더욱 비판적으로 감지하고
주목할 것이다. 정상적인 직장에서는 누구라도 문제를 식별할 수
있고 이때 문제는 예를 들어 정수기나 자판기 앞에 모인 직원들의
주요 화젯거리가 된다. 근무일 단축제를 시행하기 위해서는 직장
이 더욱 유연해지고, 아래쪽에서부터 시작된 변화를 수용하고, 기
업의 이익을 증가시키는 것은 물론 직원의 시간을 절약해주는 상
황을 받아들여야 한다. 그러면 직원이 주도적으로 혁신을 달성할
가능성이 생긴다.

　사실상 근무시간을 일단 단축하기 시작하면 관리자는 직원 편
에 서서 지속적으로 의문을 제기하고 관행에 도전하고 업무 수행
능력을 향상시키기 위해 노력할 각오를 해야 한다. 블루스트리트
캐피털의 알렉스 가포드는 하루 5시간 근무제로 전환하고 나서 이
렇게 말했다.

　"우리는 단축된 근무시간 안에 더욱 효율적으로 일할 수 있도
록 공정을 개선했습니다. 이것은 일회성이 아니라 지속적으로 실

천해야 하는 일입니다. 언젠가는 근무시간을 하루 5시간보다 더 줄일 수 있도록 업무 과정을 지속적으로 개선할 것입니다."

근무시간 단축은 혁신을 추구하기 위한 자극제다

○ **나탈리 나겔(와일드비트)**

주 4일 근무제를 유지하려면 업무를 추진하는 까닭을 알고 업무를 정확하게 처리해야 한다. 그래서 우리는 '왜?'라고 묻는 훈련을 계속하고 있다. 그 질문을 자신에게 지속적으로 던지고, 자신과 동료가 소유한 능력을 최대한 끌어내기 위해 노력하는 과정은 매우 흥미진진했으며, 상당히 창의적이고 용의주도한 작업을 하도록 팀원들을 밀어붙였다.

○ **패트릭 번(퍼슈트마케팅)**

나는 작업을 반복하거나 과정 중심으로 돌아가는 일자리들이 시간이 흐르면서 자동화되어가는 현상을 목격한다. 사람들은 기계학습과 인공지능 기술이 발달하면서 일자리 자동화 현상이 훨씬 심화되리라고 말한다. 하지만 창의성은 결코 사라지지 않을뿐더러 자동화할 수도 없다. 그러므로 직원에게 힘을 실어주어 창의성을 발휘하고, 더욱 짧은 기간에 더욱 큰 가치를 제공하는 해결책을 발견하고, 반복적인 작업을 수행할 필요성을 포기하게 할수록 기업뿐 아니라 경제 전체와 사회 전체에도 더욱 바람직할 것이다.

근무시간 단축제는 새로운 업무를 더욱 효과적이고 효율적으로 수행하고 기업이나 사회 전체에 이로운 방법을 찾아내기 위한 제도다. 그러려면 무엇 하나라도 그대로 수용하지 말고 의구심을 품어야 한다. 우리가 사업을 구축할 때도 그랬다.

"왜 주 4일 근무제를 도입하려 하나요? 그 제도가 어떻게 가동할까요? 모든 사람이 주 5일 근무를 하고 있지 않습니까?"

이런 질문을 받고 나는 다음처럼 되물었다.

"왜죠? 왜 사람들은 특정 방식으로만 일하나요?"

재무이사부터 전무이사, CEO 등 기업에 몸담은 사람들은 누구나 자신이 어떤 업무를 수행하고 있는지, 더 나은 업무 수행 방식은 없는지, 자신을 풍요롭게 하고 기업에 이익을 주는 방식으로 근무시간을 사용하고 있는지 자문해야 한다. 근무시간 단축제를 시행하는 것도 바로 이 때문이다. 우리는 모든 것에 의구심을 품어야 한다.

주 4일 근무제는
장기적인 행복과 직업 만족도를 높인다

한 세기 전 산업심리학자들이 일리노이주 호손워크스^{Hawthorn Works}라는 공장에서 노동자들의 생산성을 증가시키는 방법을 실험했다. 긍정적인 변화가 많이 발생했지만, 나중에 알고 보니 자신이 관찰 대상이라는 사실을 알아차린 노동자들이 더욱 열심히 일했기 때문이었다. 여기에 호손 효과^{Hawthorne effect}라는 이름이 붙었다.

근무시간 단축제를 도입한 기업에서 생산성과 행복이 증가한 것 역시 호손 효과의 한 예일까? 그래서 곧 사라질까?

주 4일 근무제로 전환한 일부 기업이 시간 경과에 따라 직원이 느끼는 행복과 직업 만족도를 측정했다. 런던에 있는 시너지비전을 방문했을 때, 전무이사인 아일린 갤러거^{Eileen Gallagher}가 주 4일 근무제를 6개월 동안 실험적으로 시행하는 동안 조사한 직업 만족도를 보여주었다. 직원이 느끼는 행복 수준은 주 4일 근무제를 시작하는 시점에서는 높았다가, 두 번째 달에는 새 근무제를 제대로 가동하는 방법을 알아내야 하는 현실적인 문제에 부딪히며 감소했

다(호손 효과와는 거리가 먼 결과다). 세 번째 달에는 행복이 다시 증가하기 시작해 높은 수준에 머물렀다. 6개월이 지나자 직원의 97%는 자신의 행복 수준을 10점 만점에서 7점 이상으로 보고했다. 더욱 인상적인 결과도 나왔다. 매우 행복하다고 답한 사람의 수가 4배 이상 증가했고, 자신의 행복 수준을 9~10점으로 응답한 경우는 실험을 시작하던 당시 전체의 12%에서 51%로 늘어났다.

더욱 놀라운 사실도 있다. 업무를 완수할 시간이 충분하다고 응답한 직원의 비율이 50%에서 79%로 증가한 것이다. 부분적으로는 시간을 더욱 효율적으로 사용했다는 뜻이지만, 심리적인 설명도 가능하다. 방해받지 않고 자기 업무에 더욱 깊이 집중하자 시간이 더욱 천천히 흐른다고 주관적으로 인식한 것이다. 자신이 시간을 어떻게 쓰는지, 어디에 신경을 집중해야 하는지에 더욱 주의를 기울이면 시간을 통제하고 있다는 인식이 증가한다. 심리학자 미하일 칙센트미하이^{Mihaly Csikszentmihalyi}가 '몰입^{flow}'이라고 부른 정신 상태로 진입했을 때도 시간에 대한 인식이 바뀔 수 있다. 즉 문제에 더욱 몰입하면 시간이 더욱 천천히 흐른다.

생산성 향상 측면을 살펴보면, 일부 기업은 근무시간 단축제를 몇 년 동안 시행하면서 생산성을 꾸준히 증가시키고 있다. 예를 들어 현재 퍼슈트마케팅의 생산성은 콜센터를 주 5일 운영했을 때보다 몰라보게 향상됐다. 기업 내부를 들여다보면 생산성 향상이 외부에서 가한 단순한 변화의 결과가 아니라는 사실을 매우 분명하게 알 수 있다. 근무시간을 단축한 것만으로는 일시적으로라도 생산성이 저절로 커지지는 않는다. 직원들은 근무시간 단축제를 효과적으로 가동하는 방법을 알아내며, 이때 그들이 시도하는 변

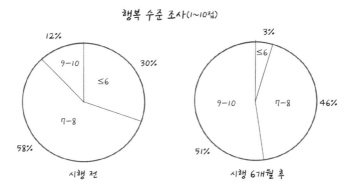

/ 시너지비전의 조사 결과 /

행복 수준 조사(1~10점)

기타 질문

	시행 전	시행 6개월 후
취미 생활을 하나요?	69%	85%
일과 삶의 균형을 잘 잡고 있나요?	23%	48%
업무가 가정생활을 침범하나요?	65%	45%
개인적인 일을 처리할 수 있나요?	54%	88%
업무 진행 속도를 따라갈 수 있나요?	50%	79%

시너지비전이 주 4일 근무제를 시행하기 전과 후의 행복, 일과 삶의 균형, 시간 압박에 대해 조사한 결과

화는 심리적인 속임수가 아니다.

2017년 스웨덴에서는 근무시간 단축제가 행복과 삶의 질에 미치는 장기적인 영향을 면밀하게 조사했다. 연구자들은 사무실, 양로원, 콜센터 등에서 일하는 공공 부문 노동자 636명을 선정해 급여를 그대로 지급하면서 근무시간을 25% 줄였다. 연구 참가자의 75%는 배우자와 함께 살았고 50%는 자녀를 두고 있었다. 참가자들은 실험을 시작하기 직전 일주일 동안 시간 사용 일지를 작성하고, 9개월 동안 실험에 참가하고 나서 다시 일지를 작성했다. 연구 결과를 보면, 9개월 후 대부분 참가자는 여분의 자유 시간 동안 부업을 하거나 심신 회복에 무익한 활동을 하지 않고, 집안일을 하고 마음을 안정시키는 취미 생활을 했다. 일과 삶의 균형이 눈에 띄게 개선됐고, 일과 가정 사이에 벌어지는 갈등이 줄어들었으며, 유급이든 무급이든 일에 쏟는 시간이 전반적으로 감소했다(즉 집안일과 육아 부담이 늘어나서 결국 자유 시간을 잠식하는 현상은 일어나지 않았다). 아이들을 학교에서 데려오거나 차로 이동시키거나 주방을 청소하는 일은 대개 심신을 회복하는 활동은 아니지만, 자유 시간이 늘어나면서 집안일을 서두르지 않고 할 수 있었으므로 스트레스도 감소한 것 같다. 연구자들은 이렇게 추측했다.

"집안일을 할 수 있는 시간이 늘어나면서 의무에서 벗어나 휴식을 취하기가 더 쉬워지고, 근무를 쉬는 날에 회복 활동을 하는 데 더 많은 시간을 쓸 수 있다."

근무시간 단축제를 시행한 지 18개월 후에도 수치는 바뀌지 않았다. 직원들이 새 근무제에 적응하면서 같은 혜택을 지속적으로 누린 것이다.

주 4일 근무제는 더욱 나은 리더를 만든다

하루 5시간 근무제로 전환하면서 라스 라인강스는 "오랫동안 바랐던 유형의 CEO가 될 수 있었습니다. 그 전에는 일을 손에서 놓지 않았기에 힘도 에너지도 창의성도 고갈되어 있었죠"라고 말했다. 근무시간 단축은 리더에게 도전 거리지만 더욱 바람직한 리더가 될 여지를 주기도 한다.

리더는 명령하는 사람이 아니라 코치다

주 4일 근무제는 리더십의 본질을 바꾼다. 직원이 더욱 주인처럼 행동하고, 더욱 집중해서 일하고, 기업 운영 방식에 관한 모든 사

항에 의문을 제기하는 기업을 운영하는 리더는 자신의 역할을 명령하는 사람에서 코치로 바꾼다. 덴마크의 한 경제 전문 잡지와 인터뷰하는 자리에서 헨리크 스텐먼은 자신을 코치에 비유했다. 그는 선수들이 항상 경기에 출전하고 싶어 하더라도 휴식하는 날을 일정에 넣는다고 했다. 다른 인터뷰에서는 주 4일 근무제를 시행하면 오늘날처럼 급변하는 세계에서 직원의 생존 능력을 향상시킬 수 있다고 강조했다. 살아남는 것은 가장 빠른 사람이 아니라 가장 적응력이 뛰어난 사람이고, 이때 주 4일 근무제가 직원의 진화를 돕는다는 것이다.

때로 리더는 매우 직접적으로 코칭한다. 라디오액티브PR의 리치 레이는 이렇게 말했다.

"6시인데 여전히 퇴근하지 않고 있는 직원을 보면 다가가서 '대체 무엇을 하고 있나요?'라고 묻습니다. 이례적인 상황이 아닌데 사무실에 여전히 남아 있는 것은 시간 관리 능력이 부족하다는 뜻이죠. 그렇다면 내가 어떻게 도울 수 있을까요?"

다시 말해 단순히 개입하는 것이 아니라 문제를 바로잡도록 직원을 돕는 것은 명령하는 사람의 사고방식이 아니라 코치의 사고방식이다.

평소에 코칭은 기업의 리듬에 맞춰져 있다. 예를 들어 코크로 치랩스에서 자유로운 금요일 제도는 엔지니어들에게 기술을 가지고 놀기만 하는 시간을 주려는 것이 아니다.

"엔지니어들은 기술을 구사해 문제를 해결하는 것을 좋아합니다." 스펜서 킴볼이 설명했다. "하지만 열기를 누그러뜨리고, 뒤로 한 발짝 물러서서 심호흡을 하기가 힘들기 때문에" 문제를 해결할 수 있을 만큼 예리한 능력을 소유했는데도 문제에 계속 집착하게 된다. 자유로운 금요일 제도는 새롭고 복잡한 기술을 구축할 때 자신의 속도를 잘 유지하는 방법을 배우는 데 유용하다. 특히 어려운 문제를 해결하려고 작업할 때 휴식 시간을 만들어내서 자신을 소진하지 않게 도와준다.

근무시간 단축제에 적응하도록 직원을 돕는 방법

○ 로렌 그레이(퍼슈트마케팅)

우리는 금요일에 직원들이 출근하는 것을 전혀 기대하지 않는다고 끊임없이 강조해야 했다. 직원들이 목요일 5시 30분에 퇴근해 3일 동안 주말을 즐기기를 바랐기 때문이다. 이제 모든 직원은 어떻게 해야 자기 역할을 성공적으로 수행할 수 있는지 알고 있다. 텔레마케팅 부서든, IT 부서든, 재무 부서든, 디지털 마케팅 부서든 직원은 회사에 수익을 안기고 판매를 하고 보너스를 받기 위해 자신에게 주어진 역할을 해내다. 그리고 목요일이 되면 목표를 달성했다는 사실을 확인한 후 퇴근한다. 금요일에 출근하지 않더라도 전혀 탈이 없으리라고 안심할 수 있으며, 3일 동안 쉬고 월요일에 출근하더라도 아무 죄책감도 의심도 느끼지 않는다.

리더는 직원에게서 시간을 최대로 끌어낸다는 생각에서 벗어나 최대의 가치를 끌어낸다고 생각해야 한다. 그 방법 중 하나는 좋은 행동 모델을 구축하는 것이다.

"주말에 CEO나 이사들에게 이메일을 받은 직원들은 이내 답장을 해야 한다는 의무감을 느낀다고 관리자들이 내게 말하더군요." 피오나 도버가 말했다. "그래서 바람직하지 않다는 사실을 알기 때문에 주말에 이메일을 쓰더라도 보내는 것은 미뤘습니다."

로지 와런은 킨앤코의 대표이니만큼 자신이 사내 분위기를 결정하고, 30명으로 구성된 조직에서 상사의 행동이 방침만큼 중요하다는 점을 인식하고 있다. 이런 개인적인 사례들은 승진을 하거나 경력을 발전시키기가 매우 어렵고 불확실한 시대에 더욱 중요하다. 또 직원들이 좋은 문화에 적합하거나 열정을 충분히 쏟고 있는지 걱정하고, 기업 사다리가 부서지고, 끝없는 자기 브랜딩과 프리랜스 작업의 소용돌이가 몰아치기 시작하는 시대에 더욱 중요하다.

주 4일 근무제는 전략적으로 사고할 시간을 만든다

근무시간 단축제를 도입하는 방향으로 회사를 움직이고 그 제도가 이익을 주는 환경을 유지하려면, 리더는 자신과 회사의 우선순위를 더욱 명쾌하게 생각해야 한다. 또한 회사가 어느 방향으로 가야 하는지도 알아야 한다. 일상 업무 차원에서 생각하면 근무시간에 메일함에 쌓여 있는 메일을 읽고 처리하는 데 급급하지 않고, 다른 사람들의 우선순위에 끌려다니지 않는다는 뜻이다. 또한 회사 차원에서 생각해 유리한 업무를 먼저 처리하고, 성장과 수익에 대한 목표를 매우 분명하게 제시한다는 뜻이다. 시장 지배력, 기업 공개, 기업가치라는 명목 아래 장시간 노동을 요구하지 않는다는 뜻이기도 하다. 리더는 창업자의 행동이나 바람, 성공 측정 방법에 대한 사회적 기대가 아니라 자신의 우선순위를 반영하는 회사의 규범과 미래에 대해 명확한 비전을 품어야 한다. 다른 한편으로 창업자는 전략과 장기적인 목표에 대해 더욱 많이 생각해야 한다.

근무시간 단축제를 시행하면 직원의 채용과 유지, 쪼개지는 업무 일정, 지나치게 세부적인 관리, 긴급 상황에 대한 걱정을 줄일 수 있다. 따라서 창업자는 장기적 관점으로 생각하고 창의성을 더욱 발휘할 수 있는 시간을 만들어낼 수 있다. 전형적인 기업에서 장기적인 사고는 1년에 한두 번 정도 주로 수련회나 공식적인 기획 과정에서 도출되는데, 이런 관점을 일상 업무에 통합하기 위해서는 투쟁을 해야 한다. 모노그래프닷아이오Monograph.io의 공동 창업자인 로버트 유엔Robert Yuen은 동료 기술 기업 창업자들이 대부분 총자본수익률을 즉시 거둘 수 없는 계획을 수립하고 실행하느라 밤과 주말을 보낸다고 주장했다. 하지만 자사에서 수요일마다 휴무하기로 한 이후에는 "주중에 그런 작업을 할 수 있는 시간을 확보했습니다. 이제는 토요일까지 기다렸다가 '이번 주에 무슨 일이 일어났지? 다음 주에는 어떻게 전략을 세워야 할까?'라고 되짚어 생각하지 않아도 됩니다"라고 말했다.

주 4일을 근무하면 신제품에 대해 곰곰이 생각하고, 시장 침체나 소비자 선호도의 변화를 나타낼 수 있는 약한 신호에 주의를 기울일 시간을 1년 내내 확보할 수 있다. 조너선 엘리엇 역시 "기업에서 무언가를 끊임없이 개선하고 바꿔야 하는 리더의 자리에 있을 때, 머릿속으로 아이디어를 가지고 놀 시간을 확보하는 것은 정말 중요합니다"라고 강조했다.

/

주 4일 근무는 리더에게 창의성을 발휘할 시간을 벌어준다

/

애나 로스는 "일주일에 하루를 창의적으로 사고할 수 있는 시간으로 확보하면 (…) 내가 하고 싶어 하는 모든 일이 매우 명확하게 드러납니다"라고 강조했다. 하루를 쉬지 않았다면 발견하지 못했을 새로운 기회를 포착해 생각할 시간을 가질 수 있다는 뜻이다.

케스터블랙은 새로운 색을 정기적으로 소개하는 일을 하는 회사다. 로스는 여분의 시간을 확보해 깊이 생각할 수 있다면 미개척 시장을 더 잘 파악할 수 있다는 사실을 사업 초반에 배웠다. 한 예로 눈썰미가 예리한 이슬람 여성들의 마음을 사로잡기 위해 매니큐어 제조법을 조정하자 회사 매출이 상당히 증가했다. 로스는 기존 매니큐어에 물과 기름이 스며들지 않는 방식에 대해 고객과 이야기를 나눈 후 변화를 시도했다.

"나는 쉬는 날 아이디어를 떠올렸습니다."

자유 시간을 얻은 덕분에 아이디어를 구체화할 수 있었다(이렇듯 명쾌한 사고는 리더와 기업에 좋지만 직원의 건강에도 좋다. 2018년 기술직 종사자들을 대상으로 실시한 조사에서 극도의 피로를 유발하는 최대 원인으로 '지도력 부족과 불분명한 방향'이 꼽혔다).

로지 와린은 수요일 오후를 쉬면서 "전략적이고 창의적으로 사고하고, 침착하게 행동하고, 자사에 여러 차례 성공을 안겨주는 방식으로" 사업을 이끌 수 있었다. 자유 시간을 일상에 끼워 넣고, 휴식의 가치를 인식하고, 더욱 진지하게 휴식을 취하는 습관을 들이면 전략적이고 창의적으로 생각할 시간을 확보할 수 있다.

"언제 더 좋은 아이디어가 떠오르나요? 바쁜 하루가 끝날 무렵인가요, 아니면 아침에 산책을 하고 난 후인가요? 우리 뇌는 고요하고 편안한 장소에 있을 때 더욱 창의적으로 움직입니다."

주 4일 근무제는 리더의 행복을 증진한다

주 4일 근무제로 전환하는 것은 "리더가 취할 수 있는 굉장한 도
전"이라고 나탈리 나겔은 말했다. "리더는 팀과 자신의 행복도를
최대한 높이면서도 여전히 사업을 성장시킬 방법을 모색합니다."

　주 4일 근무제의 목적은 기업인의 바쁜 일과에 여가를 누릴 여
지를 더 많이 만드는 것에 그치지 않는다. 주요 특징인 집중, 한가
한 시간, 통제를 결합하므로 창업자에게 특히 유익하다. 2012년 필
리핀에서 실시한 기업가의 대처 전략에 관한 연구에서는 초보자와
경험 있는 기업가에게서 볼 수 있는 '능동적 대처'와 '회피 대처'의
가치를 비교했다. 전자는 문제가 발생했을 때 정면으로 맞서는 대
처 방식을 말하고, 후자는 긴장을 완화하려고 문제를 남겨둔 채 퇴
근하는 대처 방식을 말한다. 연구 결과에 따르면 경험 있는 기업가
들은 예를 들어 사무실을 벗어나거나 업무에 신경을 끄는 '회피 대
처'를 사용해 더 많은 이익을 얻었다. 하지만 문제를 해결하려고
노력하는 등 능동적 대처와 회피 대처를 결합한 기업가들이 더 높
은 수준의 행복을 느꼈다. 연구자들은 능동적 대처와 회피 대처를
결합했을 때 얻는 이익이 분명하게 드러나기까지는 몇 달이 걸렸

다고 보고했다.

이에 따르면 주 4일 근무제는 리더에게 새로운 도전을 제시하고, 더욱 사려 깊고 미래지향적인 리더십을 요구한다. 그러면서도 더욱 바람직하고 행복한 리더로 발전할 여지를 제공한다.

직원들은 자유 시간을 어떻게 보내는가?

나는 더믹스를 방문해서 몇몇 직원에게 금요일을 보내는 방법에 대해 들었다.

"나는 빨래를 끝내고 수영을 하러 가요. 대체로 혼자 조용히 시간을 보내면서 즐기는 편이에요." 제마 미첼의 말이다.

디자이너 케이 폴링스워스Kay Pollingsworth는 할 일 목록에서 항목을 하나씩 지워나가도록 여분의 하루가 주어지는 것은 "해야 하는 일이 아니라 자신이 원하는 일을 토요일과 일요일에 할 수 있다는 뜻이고, 내게도 이편이 훨씬 좋습니다"라고 말했다.

태시 워커는 쉬는 날 오렌지잼을 만든다고 했다. "내가 열정을 쏟는 일이기는 하지만 시간이 오래 걸리고 주변이 지저분해지죠.

그러니까 가볍게 생각하고 덤벼들 일은 아니에요. 금요일에 쉬면서 취미 생활을 할 수 있어서 좋기는 한데 주방이 마치 폭탄 맞은 곳처럼 되고 말죠."

부업을 하는 직원들도 있다. 어드미니스트레이트에서 스크럼 마스터scrum master(프로젝트에서 팀원들을 조율하고 문제를 해결하며 업무를 진행시키는 관리자-옮긴이)로 일하는 이언 브라운Iain Brown은 개인 트레이너로도 일한다. 인슈어드바이어스에서 인사와 문화 담당자로 근무하는 조지아나 로빌리아드는 친구와 함께 케이터링 사업을 운영한다. 케스터블랙에서 근무하는 한 그래픽 디자이너는 프리랜서로 일하면서 포트폴리오를 제작하고 자신의 스튜디오를 여는 것을 목표로 정했다. 그 자신도 다른 직업에 종사하는 동안 방을 사무실로 꾸며 케스터블랙을 창업한 로스는 부업을 할 수 있는 시간을 '직원에게 줄 수 있는 위대한 자유'로 생각한다.

에이즐 직원들은 건강을 회복하는 데 여분의 하루를 사용한다. 랠스턴은 달리기를 시작했다. "나는 이미 몸무게를 9킬로그램 정도 줄였어요. 그걸 보고 직원들도 모두 운동을 시작하더군요."

제이드 존스턴은 이렇게 말했다. "삶의 일정이 크게 바뀌었어요. 의욕이 솟고 흥분을 느끼면 일을 훨씬 잘할 수 있습니다."

과학자들은 운동과 관련한 생산성 향상을 다른 곳에서도 관찰하고 있다. 스웨덴 연구자들은 근무시간을 줄이고 의무적으로 운동에 참여한 노동자 집단과 근무시간을 줄였지만 운동은 하지 않은 노동자 집단을 대상으로 생산성을 비교했다. 통상적인 근무시간에 일한 동료들과 비교할 때 두 집단의 생산성은 모두 향상됐지만, 운동을 한 집단의 생산성이 그렇지 않은 집단보다 높았다.

지적 작업이 육체를 소모시키는 정도는 사람들 사이에서 자주 과소평가된다. 깊이 집중하는 동안 뇌는 더 많은 양의 음식과 산소를 요구하며, 심혈관계가 강화되면 뇌에도 좋은 영향이 미친다. 게다가 운동을 하면 스트레스에 대한 태도가 바뀌면서 몸과 뇌가 뒷걸음질하지도 움츠러들지도 않고 스트레스에 정면으로 맞선다. 근무시간 단축제로 전환한 거의 모든 기업에서 직원들은 운동을 더 많이 하고, 기분과 건강이 개선됐다고 말한다.

퍼슈트마케팅의 샘 원그렌은 해발 920미터가 넘는 스코틀랜드 먼로산맥을 금요일마다 등산하는 모임을 결성했다. "모임에 나오기 위해 토요일을 포기해야 한다면 팀을 결성하기가 힘들겠죠. 하지만 금요일에는 팀원을 모으고 직장 안팎에서 친구를 사귀기가 훨씬 쉽습니다."

스텐먼은 IIH노르딕이 주 4일 근무제로 전환하자 "이제 운동할 시간이 생겨서 10킬로그램을 감량할 수 있었습니다. 삶이 더욱 활기를 띠게 됐고, 저녁 시간에도 그다지 피곤하지 않습니다"라고 말했다. 에너지와 체력을 충전한 그는 "일하는 시간은 줄었지만 업무 처리량은 늘었습니다. 언뜻 이해하기 힘들 수 있지만 사실이에요"라고 강조했다.

운동을 더 많이 한다는 것은 새로운 생각을 할 수 있는 시간이 많아졌다는 뜻이기도 하다. 창업자 중에는 달리기를 시작하거나 자전거를 타기 시작한 사람이 많다. 곰곰이 생각하거나 생각의 흐름을 느긋하게 따라가는 시간을 가질 수 있기 때문이다.

"나는 자전거를 탈 때 업무 달성 수준이 가장 높습니다." 엘리엇이 말했다. "호바트 주변 도로를 달리다 보면 정신이 명상적인 영역으로 들어가면서 몸 안에 엔도르핀이 돌기 시작합니다." 사무실에서 고민했던 문제에 대한 해결책을 자전거를 장시간 타는 동안 찾을 때가 많다고 했다. "사무실에서 컴퓨터 앞에 앉아 있었다면 그러지 못했을 거예요."

직원에게 운동할 시간을 더 많이 주면 병가가 줄어드는 효과를 얻는다. "병가가 상당히 감소했습니다." 더믹스의 제마 미첼이 말했다. "좀 더 많이 휴식했을 뿐인데 직원들은 4일 동안 최고의 능력을 발휘합니다." 주 4일 근무제를 도입한 첫해에 결근이 76% 줄어들었다고 했다.

퍼슈트마케팅을 예로 들면 전 해에 한 사람당 1.3일이었던 병가가 주 4일 근무제를 도입하고 나서 0.5일로 감소했다. 디지털 마케팅 컨설팅 기업 허그스미전은 2016년 하루 6시간 근무제로 전환한 후 병가가 44% 줄었다. IIH노르딕에서는 1년에 한 번 병가를 내는 직원이 2% 미만도 안 된다.

노멀리가 주 4일 근무제를 도입하면서 직원들에게 자신과 다른 사람을 돌볼 시간이 늘어나자 직원 전체의 상황이 나아졌다.

"주 4일 근무제를 시행하면 사회 서비스에 지우는 부담을 훨씬 줄일 수 있다고 생각합니다." 크리스 다운스가 말했다. "자신의 정신적·육체적 건강을 돌볼 수 있으므로 건강보험의 필요성이 줄어듭니다." 직원은 육아에 소비하는 비용을 줄일 뿐 아니라 노부모와 더 많은 시간을 보낼 수 있다.

"노멀리에서 자유 시간은 누군가를 돌보는 시간입니다"라고 마레이 월러스버거가 설명했다. "누군가는 자신일 수도 있고, 자신의 건강과 행복일 수도 있습니다. 자녀일 수도 있고, 아픈 부모일 수도 있어요. 그들은 우리와 시간을 함께 보내고 싶어 합니다."

"그렇고말고요." 다운스가 맞장구를 쳤다. "직원들이 한 주의 다섯 번째 날에 하는 일은 '돌보기'로 요약할 수 있습니다."

실험 단계를 거치면 프로토타입이 어떻게 작용하는지 관찰하고, 직원이 어떻게 프로토타입을 구축하고 확장하는지 살피고, 그런 다음 좀더 추진할 가치가 있는지 아니면 원래 근무제로 돌아가야 하는지 결정할 기회를 얻을 수 있다.

○ 새로운 문화적 · 사회적 규범을 문서로 작성한다

근무시간 단축제하에서 직원들은 다른 방식으로 함께 일하는 법을 배운다. 협업을 관리하고, 업무를 방해하는 요인에 대응하고, 비상사태에 대처하고, 함께 휴식하고 식사하는 것에 관해 새로운 규칙을 개발한다. 이런 비공식 규칙을 문서로 작성하는 작업은 가치가 있다. 시간이 지나면서 아이디어를 확장하고 수정하는 과정을 신입사원들이 더욱 수월하게 해낼 수 있도록 해주기 때문이다.

○ 회사 안에 새로운 아이디어를 공유하는 과정을 만든다

행동 유도를 많이 시도하는 직원은 그룹웨어를 실험하지 않을 수 있고, 타이머를 좋아하는 직원은 사무실 디자인에 신경을 쓰지 않을 수 있다. 이처럼 직원이 특유의 열정을 소유한 경우가 많으므로 경험으로 얻은 결과를 정규 회의, 온라인 도구, 점심시간의 대화, 심지어 〈TED〉처럼 짧은 강연 형태의 소규모 회의를 활용해 회사 전체와 공유할 수 있는

과정을 마련해야 한다.

○ 고객과 점검한다

새 제도를 실험하기 시작할 때 고객에게 반드시 알려야 한다. 실험이
끝났을 때도 업무와 관계에 대해 고객이 어떻게 생각하는지 확실히 아
는 것이 중요하다. 이따금 고객과 접촉하는 사업을 영위하는 경우에는
특히 그렇다.

○ 핵심성과지표를 확인한다

초기 핵심성과지표를 검토하고 조직이 근무시간 단축제를 추진하는 방
식을 검토한다. 때로는 실험이 원래 조건대로 성공하기도 하고, 간접적
혜택이 추가되어 새 제도를 영구적으로 정착시키기에 유리한 방향으로
기울기도 한다. 또는 의도치 않게 사회생활에 영향을 미치는 등 새 제
도에 거스르는 움직임이 나타나기도 한다.

○ 결정을 내린다

실험 기간이 끝나면 근무시간 단축제를 영구적으로 채택할지, 서머타
임 동안 선택사항으로 적용할지, 폐기하고 정규 근무시간으로 돌아갈
지 공식적으로 결정해야 한다. 제도를 채택하지 않은 경우에도 그 결정
의 근거를 모두에게 알려야 한다. 근무시간 단축제를 유지하기로 한 기
업은 지속적으로 프로토타입을 제작하고, 활용 가능한 새 도구들을 실

험하고, 훨씬 효율적인 방법을 찾아야 한다.

새 제도를 시도하는 내내 개인은 새로운 도구를 사용한 실험 결과를 공유하고, 집단 과정을 개선하기 위해 함께 일한다. 또 개인 생활, 업무에 집중하는 생활, 사무실의 사회생활 사이에 다시 선을 긋는 때로 어려운 작업을 진행한다. 하지만 주 4일 근무제가 사무실 바깥에서 이루어지는 삶을 어떻게 변화시키는지 공유하는 것도 가치가 있다.

○ 자기 이야기를 공유하도록 직원을 격려한다
일부 대기업은 사내 토론 게시판이나 단체 채팅방을 열어서 직원들이 자유 시간에 어떤 활동을 하는지 대화하도록 유도한다. 좀더 규모가 작은 조직들은 이런 과정을 비공식적으로 신속하게 추진할 수 있다. 이런 과정은 먼로산맥을 등반하는 모임처럼 비공식적인 단체를 조직하거나, 다른 직원들이 금요일을 어떻게 보내는지 알아보거나, 단순히 일 중독 문화에서 받는 신호와 정반대로 휴식을 취해도 괜찮다고 직원들을 안심시킬 때도 유용하다.

물론 이것은 근무시간 단축제의 전체적인 실험 과정을 이상적으로 서술한 것이다. 실제 사례에서 각각의 과정은 더욱 반복적이고 즉흥적으로 진행된다. 브레인스토밍, 목표 설정, 프로토타입 제작, 실험 사이를 더욱 빈번하게 오가며 기업이나 업계의 특수한 필요에 맞추어 단계를 다시 배열하거나 배합할 수 있다. 실험 초기에 일부 기업은 근무시간 단축제가 포기할 수 없을 만큼 좋은 제도임을 깨닫는다. 또한 고객에게 알리는 시기는 기업마다 상당히 다양하며, 소기업은 실험 결과를 공유하고 새 도구를 시도할 때 대기업보다 비공식적인 경로를 선택할 수 있다는 사실도 알게 된다. 무엇보다 제도가 효과를 발휘할 수 있는 방향으로 자사만의 과정을 구축하는 것이 중요하다.

SHORTER

패러다임의 전환,
그리고
더 나은 미래에 대한 약속

디자인 씽킹 과정의 마지막 단계는 지금껏 시도한 변화의 과정에 대해 이야기
하고, 더 많은 사람들과 공유하는 것이다. 이 장은 주 4일 근무제를 성공시킬
가능성이 없어 보였지만 결국 매출까지 향상시킨 일본의 료칸 진야^{Jinya}의 이
야기로 시작하려 한다. 진야는 기술 혁신 업체이면서, 동시에 이 산업의 전통적
인 매력을 부각하고자 노력하고 있다. 이런 노력은 주 4일 근무제로 전환한 기
업들의 사례에서 큰 비중을 차지한다. 그들이 시도한 해결책은 일·생산성·시
간·기술에 대한 사고방식의 패러다임을 전환해 비즈니스 혁명의 씨앗을 뿌리
는 것이다.

앞으로 살펴보겠지만 패러다임의 전환은 일에서 더욱 바람직한 미래를 보장한
다. 그리고 고령화된 노동력, 기후 변화, 자동화와 인공지능 등 새롭게 등장하
는 문제들을 해결하는 데 기여할 수 있다.

일본 하다노시, 쓰루마키키타

진야 료칸은 도쿄에서 자동차로 1시간 거리의 가나가와현에 있는 여관이다. 료칸은 다다미방, 솜을 넣은 침구, 온천탕, 일본 연회용 코스요리인 가이세키 요리, 말끔하게 가꾼 정원 등 일본 전통 양식을 갖춘 게스트하우스를 말한다. 일부 료칸은 단순히 전통적인 모습을 보이는 데 그치지 않고 중세적인 모습을 상당히 유지하고 있다. 가장 오래된 료칸은 1,300년 동안 운영되고 있다고 하는데, 진야는 그 정도로 역사가 깊지는 않지만 진야의 소유지와 가장 오래된 건물은 12세기로 거슬러 올라간다.

2009년 미야자키 토미오Miyazaki Tomio는 아버지에게 진야를 물려받은 후 아내 토모코와 함께 지금까지 운영하고 있다. 토미오는 본토박이였지만 여관을 물려받았을 당시에 아내와 마찬가지로 숙박 업계에서 일한 경험이 전혀 없었다. 첫해는 버티기 힘들었다. 빚이 많아서 허덕였고, 운영비 지출 때문에 재정 상태가 악화된 데다 파트타임 직원 100여 명을 관리해야 했다. 게다가 부부가 운영을 맡고 나서 두 달 후 세계 금융 위기가 숙박 업계를 강타하면서 수익이 40% 하락했다.

하지만 진야에는 내세울 만한 장점이 많았다. 원래 명망 있는 사무라이 가문을 위해 지어졌고 손님에게 멋진 경험을 제공할 수 있는 요소를 다양하게 갖추고 있었다. 즉, 도쿄와 요코하마에 가깝다는 탁월한 입지, 1800년대 말 메이지 일왕의 방문을 맞아 건축한 웅장한 특별 행사장, 고풍스러운 신사, 3만 2,000제곱미터에 이르는 아름다운 정원과 대지가 자랑거리였다(토미오의 사촌 미야자키 하야오가 어린 시절 놀았던 커다란 녹나무에서 영감을 얻어 나중에 애니메이션 〈이웃집 토토로〉에 마법의 나무로 등장시켰다). 미야자키 부부는 그 후 몇 년에 걸쳐 진야의 재정 상태를 안정시키고 나서 운영을 현대화했다.

"여관을 운영하기 시작했을 당시 환경은 디지털 환경과 거리가 멀었습니다." 토미오가 말했다. "컴퓨터를 사용할 줄 아는 직원도 한 사람뿐이었어요." 예약 사항을 옛날 방식대로 커다란 장부에 기록했다.

"다른 사람이 장부를 사용하고 있으면 다음 예약을 기록할 수 없었죠." 토모코가 덧붙였다.

토미오의 어머니는 여관을 다시 찾아오는 손님들을 모두 기억했지만, 회계는 엉망이었다. 3만 2,000제곱미터에 퍼져 있는 여관에서는 내부 의사소통이 원활하지 않았고, 손님들은 서비스가 느리다고 불평했다. 료칸 전체가 디지털 시대 이전 방식으로 운영되고 있다는 것은 할 일이 엄청나게 많다는 뜻이었다. 그런데 뒤집어 생각하면 단일 디지털 플랫폼을 사용해 예약, 내부 통신, 대금 청구를 포함한 모든 과정을 체계화할 수 있다는 뜻이기도 했다.

다만 이렇게 기능하는 플랫폼이 없는 것이 문제였다. 료칸은 대형 IT 기업들의 관심을 끌 만큼 규모가 크지 않았고, 대부분이 전통적이면서 기술 지식을 제대로 갖추지 못한 가족경영 조직이었다. 그래서 게이오대학교에서 공학을 전공하고 연료전지를 연구했던 토미오는 직접 플랫폼을 만들기 시작했다. 우선 세일즈포스커넥트Salesforce Connect 위에 회계와 재고, 온라인 예약과 고객 정보, 대금 청구, 채팅 기능을 탑재한 웹 기반 앱을 구축했다. 직원은 태블릿 컴퓨터와 스마트폰으로 앱에 접속할 수 있었다. 새 시스템을 익히느라 애를 먹는 직원도 있었지만 토미오가 급여를 시스템에 통합하면서 전 직원에게 근무시간을 기록하라고 요구하자 금세 적응했다.

변화가 경영과 고객서비스에 미치는 영향은 즉시 나타났다. 토미오와 토모코는 예약과 판매를 추적 관찰할 수 있었고 여관의 재정 상태를 거의 실시간으로 파악할 수 있었다. 이따금 열던 직원 회의는 온라인 채팅 시스템을 활용하면서 거의 필요가 없어졌다. 고객의 요청을 순서대로 입력해놓고 전체 직원과 공유할 수 있었

6장
스토리
공유

다(이것은 일본어로 의사소통을 할 수 없는 외국인 손님에게 특히 유용한 기능이었다). 복도를 지나가거나 정원에서 산책하는 고객을 만났을 때도 저녁 식사 예약과 특별 요청을 기록할 수 있었다. 손님의 알레르기 이력이나 음식 선호에 관한 정보가 주방 모니터에 뜨므로 요리사들은 손님에 맞추어 식사를 준비할 수 있었다.

게다가 실시간으로 의사소통할 수 있어서 직원들이 더욱 다양한 역할을 수행했기에 시간제 일자리 일부를 정규직으로 통합할 수 있었다. 이와 동시에 미야자키 부부는 의사결정을 중앙에 집중시키는 시스템을 원하지 않았다. 전통적으로 여관은 모계 중심으로 운영되며 직원들은 할 일을 지시받고, 역할의 경계가 뚜렷하며, 주도적으로 행동하면 규제를 받는다. 하지만 미야자키 부부는 직원 스스로 판단력을 발휘하고 손님의 요청을 처리하기 위해 협력하는 좀더 권력분산적인 시스템을 갖추고 싶었다. 그러던 중 토미오가 개발한 시스템을 사용하면 손님 개인의 선호와 경험에 대한 정보를 저장해 손님이 다시 여관을 찾았을 때 서비스를 향상시킬 수 있다는 사실을 깨달았다. 메시지를 전달하고 예전에 시간을 많이 소비했던 업무에 들이는 시간이 줄어들었다는 것은 직원들이 손님들과 상호작용하거나 특별한 요청을 처리하는 일에 더 많은 시간을 할애할 수 있다는 뜻이었다.

일본에는 최고의 접대를 뜻하는 '오모테나시おもてなし'라는 개념이 있는데 손님의 필요를 예상해서 요청을 받지 않아도 충족시

켜준다는 뜻이다. 손님의 필요에 대한 정보를 직원들에게 실시간으로 공급하고, 손님이 숙박했을 당시의 정보를 저장해둠으로써 디지털 플랫폼을 통해 오모테나시를 실천하는 능력을 키울 수 있었다.

여관의 재정 상태를 안정시키고, 새로운 시스템을 사용할 수 있도록 직원을 훈련하고, 서비스를 향상시키는 것은 고된 작업이었다. 그렇게 몇 년을 보내고 나자 일상 운영을 맡았던 토모코는 극도의 피로를 느끼기 시작했다. 그래서 2014년에 고비를 넘기고 흑자로 돌아서자 손님이 가장 없는 날인 화요일과 수요일 밤에 휴무를 하기로 했다. 연수익은 8% 감소했지만 가스 요금과 전기 요금에서 절약한 비용이 손실을 상쇄하고도 남았다. 서비스도 향상됐다. 정규직 직원은 일하느라 쌓인 피로를 더욱 잘 해소할 수 있었고, 따라서 직원의 이직률도 낮아졌다. 진야는 많은 파트타임 자리를 정규직으로 전환하고, 직원들에게 유급휴가를 주기 시작했다. 료칸 업계에서는 하나같이 참신한 시도였다.

2년 후인 2016년 1월 진야는 월요일 밤에도 문을 닫기로 했다. 월, 화, 수를 쉬고 일주일에 4일만 집중적으로 영업하자 재무상태표, 서비스, 고객과 직원의 만족도가 더욱 향상됐다. 영업을 하지 않는 며칠 동안 직원들은 함께 훈련하거나 시설을 정비할 수 있었고, 손님을 방해할 염려 없이 영화와 TV 제작진을 위해 료칸을 개방할 수 있었다. 요리사들은 요리를 개선하고 서비스를 향상시킬 시간을 가졌다. 토모코는 결혼식과 피로연 등 수익성 있는 사업을 개발했다. 그와 함께 경영진에게도, 직원에게도 휴식 시간이 더욱 늘어났다.

토미오는 IT 플랫폼을 상업용 제품인 진야커넥트^{Jinya Connect}로 다시 패키징하여 설치비 10만 엔과 사용자당 월 사용료 3,500엔을 부과해 다른 여관에 사용권을 허가했다. 현재 클라우드 기반 시스템은 다른 여관 300곳에 보급되어 연간 2억 엔 이상의 매출을 기록하고 있으며 엔지니어 18명이 담당하고 있다. 2016년 음성을 텍스트로 변환하는 기능과 음성인식 기능이 추가되면서 직원들이 메모하고 공유하는 과정이 더욱 수월해졌다. 이 시스템을 사용하면 손님들이 여관을 방문하고 나서 소셜 미디어에 올린 글을 추적할 수 있다. 또 크로스컨트리 여행자들은 몇 개의 여관을 동시에 예약할 수 있으므로 손님들에게도 유용하다.

여관 300여 곳은 소셜 네트워크이자 온라인 시장인 진야엑스포^{Jinya Expo}에도 속한다. 진야엑스포는 지리적으로 고립되고 다른 여관과 단절돼 있으며 가족이 운영하는 전통적인 소형 여관에 자문을 제공하는 동시에 재고를 판매하고 채용 공고를 게시하는 방법을 제공한다. 이보다 복잡하고 흥미로운 협력도 장려한다. 같은 지역에 있는 여관들은 필수품을 대량으로 공동 구매하는 방식으로 경비를 낮추고, 특정 계절에만 운영되는 시설에서는 직원도 공유한다. 예를 들어 여름 휴양지와 스키장의 숙소라면 같은 주방 직원을 쓸 수 있으므로 셰프와 수셰프들은 거의 1년 내내 함께 일할 수 있다.

실험은 소프트웨어와 모바일 기기에서 끝나지 않았다. 토미오는 정성스럽게 가꾼 정원과 전통 양식으로 장식한 방 아래에 직원들이 건물과 손님을 관리하는 데 유용하도록 센서 층을 깔았다. 손님이 몰고 오는 자동차를 자동 번호판 인식기로 식별해 수위와 접수원에게 신호를 보냄으로써 이름을 부르며 손님을 맞이하고 자동으로 체크인할 수 있도록 돕는다. 온천탕을 사용하는 사람의 수를 센서로 계속 추적해서, 타월을 교체해야 하거나 탕의 수온이나 수위에 문제가 생길 경우를 대비한다. 복도에 있는 센서를 가동해 손님이 떠날 때 직원들에게 알려 작별 인사를 하게 한다. 토미오는 상용 IT 시스템을 개발할 목적으로 호텔을 비롯해 몇몇 중소기업과 제휴를 맺고 있다.

결과적으로 여관의 수입은 계속 증가하고 다각화됐다. 2009년에 거둔 2억 9,000만 엔은 대부분 숙박비에서 나왔지만 2018년에는 숙박비, 연회, 특별 행사로 6억 1,300만 엔을 벌었다. 현재 다른 여관에 비해 숙박비가 비싼데도 진야의 평균 객실 점유율은 전국 평균의 거의 2배인 76%까지 증가했다. 진야커넥트와 진야엑스포로도 2억 엔을 추가로 벌어들였다. 정규직 직원의 수를 늘렸는데도 직원의 평균 급여는 288만 엔에서 업계 평균을 훌쩍 넘어 398만 엔으로 올랐고, 전체 인건비는 25% 감소하고, 직원 이직률은

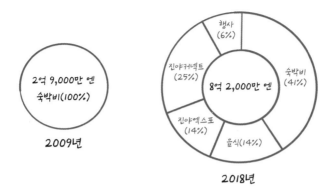

/ 진야의 수입 /

행사
(6%)

진야커넥트
(25%)

숙박비
(41%)

8억 2,000만 엔

2억 9,000만 엔
숙박비(100%)

진야엑스포
(14%)

음식(14%)

2009년

2018년

범주별로 살펴본 진야의 수입. 진야는 주 4일 근무제로 전환해 겨우 살아남은 정도에 그치지 않고 사업을 다각화하고 번창했다.

4% 이하로 떨어졌다.

유럽으로 치면 중세 시대까지 역사를 거슬러 올라가는 여관은 미래를 확실하게 제시하는 장소는 아닐 수 있다. 하지만 진야는 주 4일 근무제로 전환한 기업이 어떻게 자유 시간을 활용해 서비스와 직원 채용을 개선하고, 신제품을 개발하고, 더욱 행복하고 공정하고 장기적인 관점에서 일의 미래를 설계하는지 보여준다.

파산을 가까스로 피한 지 10년이 지난 지금 미야자키 부부가 생각하는 진야는 새로운 소프트웨어의 시험대 이상이다. 2018년 토모코는 한 기자에게 이렇게 말했다.

"나는 산업 전반에 걸쳐 육아와 간병을 포함해 여러 인생 단계를 수용할 수 있는 근무 방식을 보급하고 싶습니다. 여관 산업을 사람들이 일하고 싶어 하는 분야로 만드는 것이 목표입니다."

일의 새로운 패러다임을 구축한다

토미오가 살아남기 위해 고군분투하던 여관 주인에서 직장 혁신 운동가로 발전해온 과정은 매우 비범하다. 기업 창업자 및 리더들과 많은 인터뷰를 하면서 내가 시도한 대화는 실제적인 현실의 전략과 운영에서 시작해 더욱 문화적이거나 철학적인 영역으로 옮겨갔다.

마크 메리웨스트와 에밀리 웨스트는 플록에서 시행한 하루 6시간 근무제가 "기업이 라곰^{lagom}을 추구한 예"라고 한목소리로 설명했다. 라곰은 스웨덴어로 '지나치게 많지도 지나치게 적지도 않다'를 뜻한다.

헨리크 스텐먼은 IIH노르딕에서 시행하는 주 4일 근무제는 "단순히 금요일에 쉬는 제도"가 아니었다고 말했다. "이것은 북유럽식 근무 방식에 가깝습니다. 단순히 업무량을 줄이는 것이 아니라 주 4일 근무를 가능하게 하고, 더욱 나은 도구를 사용해 업무 수행 방식을 개선한다는 뜻입니다." IIH노르딕에 대해 글을 써온 덴마크 언론인 페르닐레 가르데 아빌드가드Pernille Garde Abildgaard는 IIH노르딕에서 시행하는 주 4일 근무제가 "상사와 직원의 신뢰, 평평한 위계, 삶과 일의 균형에 대한 큰 비중, 안정된 구조를 향한 열망, 집단인인 해결의 추구 등 대부분의 북유럽 직장에 깊이 뿌리 내리고 있는 가치"를 바탕으로 형성됐고, 더 나아가 그 가치를 강화한다고 주장했다. "강요당하는 경우는 거의 없지만 우리는 최고의 해결책을 함께 찾습니다."

어떤 사람들은 근무시간 단축이 현대 자본주의의 승자독식 풍조를 완화하는 방식이라고 주장한다. 타워패들보드의 창업자인 슈테판 아르스톨은 나와 대화하는 동안 감정에 휘둘리지 않고 실리적인 CEO의 태도를 시종일관 유지했다.

"나는 자본주의자입니다. 사업주의 관점에서 하루 5시간 근무제는 직원들의 생산성을 극대화하는 방법이라고 생각합니다. 그런데 주 60시간 근무가 진정으로 미국인다운 제도라고 강조하면서 직원들에게 주는 급여를 더욱 줄이고, 업무를 자동화하고, 더욱 많은 노동력을 짜내려고 애쓰는 기업이 지나치게 많습니다." 그는 근무시간 단축은 수십 년 동안 고정 임금을 받고 증가하는 불평등을 겪어온 노동자들이 누려야 하는 "매우 실질적인 혜택"이라고 강조했다(실제로 아마존이 시장에 진출하고 나서 타워패들보드의 매출이 2016년 750만 달러에서 2019년 150만 달러로 급감한 후에도 아르스톨은 하루 5시간 근무제를 포기하지 않겠다고 버텼다. 대신 서머타임 모델로 전환해 6월부터 9월까지 하루 5시간 근무하고 다른 분야로 사업을 다각화했다. 항구 앞에 있는 사무실 건물 일부를 행사 공간으로 개조하고, 전기자전거 시장에 진출하고, 소비자 직접 판매 기업을 겨냥한 새로운 시장을 개척했다).

근무시간을 리디자인하는 과정은 종종 일하는 방식과 이유를 다시 생각해보도록 직원들을 자극한다.

"주 4일 근무제를 시행하려는 리더는 스스로 절대적이라 생각하는 진리를 모조리 다시 생각해야 합니다. 그리고 도전과 실험을 통해 자신의 가설이 옳은지 알아보아야 합니다"라고 월러스버거는 강조했다. "주 5일 근무제도 그중 하나입니다. 일단 리더들이 이처럼 급진적인 재해석을 시도하면, 경영진은 직원들이 실험하고 자신들에게 효과적인 방법을 찾을 수 있도록 공간과 시간과 환경을 지원해야 합니다."

근무시간을 리디자인하는 기업들은 채용, 삶과 일의 균형, 생산성과 관련한 즉각적인 문제를 해결하는 것에서 한 걸음 더 나아가 새로운 시간 구조를 발명하고, 새로운 작업 방식 규칙을 작성하고, 직장에서 문제를 해결하는 방식과 그 해결책의 이익을 공유하는 방식을 근본적으로 바꾸는 방향으로 나아가고 있다. 사업을 추진하기 위한 새로운 패러다임을 구축하고 있는 것이다.

이렇듯 새로운 패러다임의 특징은 무엇일까?

1. 리더가 문제를 정의하고 모두 힘을 합해 문제를 해결한다

기업은 리더의 지원을 받아야 근무시간을 단축할 수 있지만, 리더는 직원을 참여시켜야 근무시간을 단축할 수 있다. 혼자서 회사의 근무시간을 리디자인할 수 있을 만큼 지식을 갖춘 사람은 없으므로 모든 직원을 참여시켜야 한다. 하지만 근무시간 단축제를 영구적으로 채택할지 말지를 최종적으로 결정할 수 있는 사람은 CEO나 소유주뿐이다. 이것은 지휘관이 목표를 설정하고 팀이 실행 방법을 알아내는 대표적인 모델이다.

2. 집중해서 단기간 일하는 것이 그냥 오래 일하는 것보다 낫다

오늘날 비즈니스 세계에서는 책상에 오래 앉아 있는 사람을 매우 헌신적인 직원으로 생각하고, 직원이 늦게까지 사무실에 남아 일하도록 동기를 부여하는 사람을 최고의 관리자로 추켜세운다. 하지만 실제로는 정반대다. 습관적으로 오래 일하는 직원에게 필요한 것은 상이 아니라 코칭이다. 근무시간을 단축하는 기업들은 시간보다 집중을 중요하게 생각한다. 몇 시간 동안 집중하거나 매우 효과적인 팀워크를 이루는 것이 집중도가 떨어진 상태로 오래 일하는 것보다 훨씬 가치가 크다. 이 기업들은 업무와 시간을 서캐디안 리듬에 맞추는 방식의 효과, 집중력과 의사결정력의 자연스러운 기복을 인식한다. 시간은 소중하지만 모든 시간이 똑같이 소중한 것은 아니다.

3. 경계를 긋는 것은 좋다

집중의 가치를 인정한다는 말은 분리의 중요성을 깨닫고 직원에게 재충전할 시간을 준다는 뜻이기도 하다. 근무시간을 검토해 집중해서 업무를 처리하는 시간, 집중도가 떨어지는 활동을 하는 시간, 사교적인 시간 등으로 분명하게 구분하면 세 가지 시간의 질을 높일 수 있다. 이와 마찬가지로 항상 일하는 상태에 있지 않고 집으로 일감을 가져가지 않는다면, 일하는 시간과 쉬는 시간의 질을 모두 향상시킬 수 있다. 마지막으로 시간에 경계를 그으면 직원에게 열정을 가라앉히고, 극도의 피로를 완화하고, 자기 경력에 더욱 지속 가능한 방식으로 다가서라고 격려할 수 있다.

4. 집중은 사회적 성격을 띤다

일반적으로 집중은 뇌, 눈, 화면 사이에 발생하는 현상으로 생각된다. 하지만 실제로는 사회적 현상이어서 중단되지 않는 시간이 필요하다. 즉 주의를 기울일 수 있으려면 외부의 방해를 받지 않는 시간이 어느 정도 지속되어야 한다. 내가 집중할 수 있으려면 상대방이 나를 방해하지 않겠다는 의지를 발휘해야 하고, 반대의 경우도 마찬가지다. 기업이 집중하는 시간을 유지시키지 못하고, 회의와 행사를 진행해 근무시간을 쪼개고, 주의를 산만하게 하는 요인을 증폭시키는 물리적 환경과 온라인 환경에 직원들을 밀어 넣으면 가장 중요한 업무에 집중하려는 직원의 노력은 약화되고 만다. 집중에 가치를 두는 직장에서 방해는 흡연만큼이나 해롭다.

5. 효율성으로 얻는 이익은 직원의 몫이다

주 4일 근무제로 전환하는 기업들은 직원과 사회적 계약을 맺는 것이다. 근무시간을 리디자인하고 더욱 효율적으로 운영하는 방법을 알아내면 지속적으로 시간을 절약할 수 있다. 그러면 직원에게 기술을 연마하고, 기존 기술을 더욱 효과적으로 사용하고, 동료들과 협력해 업무 과정과 일정을 리디자인하도록 인센티브를 제공할 수 있다. 좀더 쉽게 처리할 수 있는 업무를 성공적으로 자동화하면 직원은 잉여 노동력으로 남지 않고, 더욱 도전적인 업무를 처리함으로써 자신의 가치를 높일 수 있다.

6. 직원에게 초능력을 발휘하라고 요구하지 말고 상부 구조를 구축한다

오늘날 직장은 삶과 일의 균형, 생산성, 극도의 피로를 포함한 문제에 대해 개인적인 맞춤 해결책을 찾으라고 요구한다. 이런 태도에는 문제가 있다. 해결책은 모두에게 균등하게 분포되어 있지 않고(전문가들과 중역들에게 집중되어 있을 가능성이 크다), 의도하지 않은 결과를 낳고(유연성 낙인을 극복하기 위해 싸우고 있는 여성들에게 물어보라), 책임을 시스템에서 분리하면서 실패의 책임을 개인에게 묻도록 강요하기 때문이다. 주 4일 근무제를 성공시키려면 우리 모두 같은 도전에 직면해 있고, 시스템을 바꾸면 더욱 효율적으로 도전에 맞설 수 있다는 사실을 인식해야 한다. 개인이 개선하려 노력하기보다 집단으로 행동하는 것이 더욱 중요하다. 근무시간을 단축하려면 모든 직원이 더욱 효과적으로 일해야 하고, 더욱 잘 협력해야 하며, 공평하게 보상을 받아야 한다. 개인에게 노력하라고 요구하지 말고 시스템을 구축하라.

7. 질문을 던지고 답을 찾는다

근무시간 단축제를 시행하면 인습적인 방식에 도전하고, 기본적인 질문을 하고, 매일 당연하게 받아들였던 관행과 제품의 이면에 숨은 구태의연한 논리를 뿌리 뽑으라고 권장할 수 있다. 또 이런 필요에 대답할 기회와 의무도 부여받는다. 기업은 불평을 줄이고 프로토타입을 더욱 많이 만들어야 한다.

8. 고객은 기업의 동맹이다

기업이 근무시간 단축제를 실험적으로 시행할 때 고객은 당연히 많은 점을 궁금해한다. 하지만 기업이 새 제도를 잘 설명하면 고객은 실험 기간 내내 기업을 지지하고, 궤도를 유지하도록 지원하고, 기업의 업무에 대해 피드백을 제공하는 등 중요한 동맹이 될 수 있다. 오늘날 모든 기업은 삶과 일의 균형, 재능 계발, 지속 가능성 등에 관한 도전에 직면해 있고, 더욱 큰 혼란이 발생할까 봐 걱정한다. 따라서 이런 문제를 해결할 방법을 구상하고 있다는 사실이 어느 때보다 기업의 가치를 증대시킨다.

9. 개방적이고 지적으로 의사소통한다

근무시간을 리디자인하는 것은 집단으로 기울여야 하는 노력이다. 물류와 모범적인 관행부터 사회적 규범과 기업 문화에 이르기까지, 모든 요소를 놓고 의사소통을 많이 해야 한다. 팀은 매일 업무를 수행하면서 신속성과 효율성을 높이기 위해 원활하게 의사소통해야 한다. 하지만 동시에 주의 깊게 생각해야 한다. 시기를 잘 맞추지 못하면 의사소통이 오히려 집중을 분산시킬 수 있기 때문이다.

10. 계속 진화해야 한다

기업은 끊임없이 변화한다. 직원들이 왔다 가고, 새로운 경쟁사들이 출현하고, 소비자의 취향이 바뀌고, 시장이 진화한다. 현명한 리더들은 이런 사실을 인지하고, 안주하지 않으면서 새로운 것에 개방적인 태도를 취하라고 자사를 끊임없이 압박한다. 지속적인 변화에 익숙해지도록 직원과 기업을 돕는 것은 디자인 씽킹 과정에서 획득할 수 있는 이익이다.

이처럼 새로운 패러다임은 오늘날 직장과 직장 생활을 향상시킬 수 있는 일련의 원칙을 리더와 기업에 제공한다. 그뿐 아니라 사업·노동·미래에서 누구나 직면할 매우 급박한 당면 문제들을 해결하는 데에도 유용하다.

일의 미래는 지금보다 좋아질 수 있다

시간과 기술 분야를 혁신해서 업무를 향상시킨다는 개념은 어느 때보다 시기적절하고 필요하다. 지난 수십 년 동안 일이 진화해온 방식과 앞으로 일어날 현상에 대한 불안감이 널리 퍼져 있다. 우리는 일과 가정의 요구를 충족하면서 지나친 노동, 삶과 일의 균형, 임시직 선호 경제와 관련한 문제에 직면한다. 또 기업은 우리에게 열정을 보여주기를 기대하는 동시에 충성을 되돌려주어야 한다고 느끼는 부조화를 겪는다.

이런 문제들은 세계화 및 불평등과 관련한 더욱 큰 문제들과 연결된다. 세계화는 많은 사람의 생활 수준을 끌어올린다. 하지만 오래된 산업을 공동화하고, 전 지역의 경제와 미래 전망을 파괴하고, 엘리트 계층을 등장시켜 엄청난 부를 안긴다.

우리는 세계화를 거부하는 역풍과 포퓰리즘의 형태를 띠는 신자유주의, 부상 중인 민족주의, 새로운 형태의 권위주의에도 대처해야 한다. 우리와 자손들이 앞으로 수십 년 동안 상대해야 하는 기후 변화와 환경 파괴 문제에도 대비책을 마련해야 한다. 게다가 머지않은 미래에 인공지능과 로봇공학은 우리의 일상생활과 일, 직장과 기업, 시장과 경제를 더욱 바꿀 것이다.

지금은 일의 미래, 개인과 사회의 직업관, 개인의 삶에서 일이 차지하는 위치, 개인이 노동 · 생산성 · 자동화의 이익을 공유하는 방식을 생각해야 하는 중요한 시기다.

주 4일 근무제는 이 모든 문제를 해결하고, 오늘날 일상 업무 때문에 겪는 개인적인 문제들에 대처하는 데 유용하게 작용할 수 있다. 또 엘리트와 노동자 사이에 발생하는 부의 불평등한 분배, 지리적 지역 간에 발생하는 부의 불평등한 분포, 노동력이 노화하면서 산업과 경제가 직면할 난제 등에 대처할 전략의 일부가 될 수 있다. 일이 에너지 소비와 환경에 미치는 영향을 완화할 때도 유용하게 기능할 수 있다. 또 인공지능과 로봇공학을 어떻게 활용해 생산성을 높이고, 노동자의 삶을 향상시키고, 일자리를 파괴하지 않고 보존할 수 있을지에 관한 모델도 제공한다.

건강과 행복

주 4일 근무제는 선진국에서 시민의 신체적·정신적 건강을 향상시킬 수 있다. 요즈음 노동자들은 〈매드맨〉(1960년대 미국 유명 광고 제작자의 생활을 다룬 드라마-옮긴이) 시절처럼 밤늦게까지 사무실에 불을 밝히며 일하지 않지만, 다른 위험에 노출되어 있다. 즉 일할 때 경험하는 잘못된 경영, 경제적 불안, 과로, 일과 가정의 갈등, 극도의 피로는 높은 수준의 고혈압, 만성적 스트레스, 불안, 알코올과 약물의 남용, 심장병을 유발할 수 있다.

주 4일 근무제는 피로에서 회복하고 자신을 돌볼 시간을 더욱 많이 제공함으로써 신체적 건강을 향상시킨다. 일과 가정의 갈등을 완화하고, 사람들에게 친구를 사귀고 사회적 활동을 펼칠 시간을 더욱 많이 제공해서 행복을 증진한다.

근무시간을 리디자인하면 직장을 더욱 바람직한 방향으로 운영하고 이끌어서 더욱 건강한 장소로 만들 수 있다. 직원에게 업무에 대한 통제권을 더욱 많이 제공하는 방식으로 행복 수준과 직업 만족도를 높일 수 있다. 스트레스를 많이 받는 직업을 대상으로 실시한 연구에 따르면, 업무 통제 수준이 높은 사람은 그렇지 못한 사람보다 행복하고 스트레스도 적게 느꼈다(심지어 위험한 직업에서도 마찬가지다. 제2차 세계대전 기간에 전투기 조종사들은 사망률이 훨씬 더 높은데도 폭격기 조종사들보다 사기가 높았다. 그 이유는 비행하는 방법과 장소에 대해 더 많은 통제권을 쥐고 있었기 때문이다).

집중해서 업무를 수행할 수 있도록 정규 근무시간을 리디자인하는 것은 직원의 행복에 간접적인 영향을 미칠 수 있다. 요크대학교 경영학과 교수인 로널드 버크Ronald Burke와 그의 제자들이 시행한 일련의 연구가 그 이유를 설명해준다. 이집트인과 터키인 노동자를 대상으로 연구한 결과에 따르면 몇 시간 일하느냐보다 얼마나 열심히 일하느냐가 직원의 행복에 긍정적인 영향을 미쳤다. 주4일 근무제를 시행하는 기업에서 일하는 사람들이 궁극적으로 더욱 행복해진다는 의미다. 과도하게 일하지 않고 업무 강도에 우선순위를 두고, 열정을 전부 소진하지 않고 비축하는 작업 방식을 찾도록 직원들을 격려하기 때문이다.

뉴질랜드 신탁 기업인 퍼페추얼가디언의 사례를 살펴보면 주4일 근무제가 업무 · 성과 · 웰빙과 관련한 사회적 · 심리적 요인에 어떤 영향을 미치는지 확인할 수 있다. 오클랜드대학교 교수인 재러드 하Jarrod Haar는 퍼페추얼가디언의 임직원을 대상으로 주 4일 근무제를 시도하기 전과 후의 변화를 조사했다. 그 결과 주 4일 근무제를 시행하고 나서 직업 만족도와 웰빙이 증가했고, 집단의 창의적인 협업 능력을 예측하는 정신 · 사회 자본과 응집력도 향상된 것으로 나타났다. 직원들은 기꺼이 변화하려는 의지, 직업 만족도, 참여도, 삶과 일의 균형을 달성하는 능력이 향상됐다고 보고했고,

이 모든 요인은 결과적으로 직장의 행복을 더욱 증폭시켰다.

근무시간 단축제는 기업가의 삶과 웰빙도 향상시킬 수 있다. 기업가들은 상당히 심각한 정신건강 문제를 겪을 수 있다. 캘리포니아대학교 샌프란시스코 캠퍼스 마이클 프리먼Michael Freeman 교수가 이끄는 팀은 절반 이상의 기업가들이 한 가지 이상의 정신건강 문제를 안고 있으며, 우울증과 기타 문제를 겪는 비율이 평균보다 상당히 높다고 밝혔다. 신규 기업의 주요 실패 원인을 살펴보면 전체 원인의 무려 70%가 창업자들이 겪는 극도의 피로인 것으로 나타난다.

2019년 임상 심리치료사인 폴 호크메이어Paul Hokemeyer는 기업가의 80%가 "자아도취, 졸부 증후군, 가면 증후군(유능하고 사회적으로 인정받는 사람이 자기 능력을 의심하면서 언젠가 무능함이 밝혀질까 봐 걱정하는 심리 상태-옮긴이) 등으로 괴로워한다"라고 썼다. 창업자들은 직원들에게 장시간의 노동과 커다란 희생을 요구하는 한편으로, 투자자들로부터는 막대한 수익을 안겨달라는 엄청난 압박을 받는다. 극도의 불확실성과 사회적 고립을 안고 생활하며, 극도의 피로를 직업상의 위험으로 받아들이고, 자기보호를 경멸할 만한 약점으로 생각한다. 때로는 갑자기 유명인 수준으로 칭찬과 부의 세례를 받기도 한다. 이 모든 상황은 정신건강에 그다지 좋지 않다.

근무시간 단축이 기업가의 정신건강을 향상시키는 데 어떻게 기여할 수 있을까?

/ 창업자들은 심각한 정신건강 문제에 직면할 가능성이 크다 /

우울증	30%	2x*
ADHD	30%	2x
불안	27%	동일
약물 남용	12%	3x
조울증	11%	10x

* 일반 인구와 비교했을 때

기업의 창업자들은 상당히 심각한 정신건강 문제를 겪을 수 있고, 일부 문제에서는 일반인보다 훨씬 취약하다.

창업자들은 주 4일 근무제로 전환하고 나서 가족과 더 많은 시간을 보내고 운동도 규칙적으로 더 할 수 있다고 보고한다. 스웨덴 기업가들을 대상으로 실시한 연구를 살펴보면 주 4일 근무제가 합리적인 전략인 까닭을 알 수 있다. 크리스티나 군나르손Kristina Gunnarsson과 말린 조셉슨Marlin Josephson은 스웨덴 기업가 246명을 대상으로 신체건강, 정신건강, 직업 만족도, 근무시간, 직장 밖에서 시간을 보내는 방법을 측정함으로써 행복과 웰빙 수준을 5년 동안 추적했다. 그 결과, 행복에 가장 큰 영향을 미치는 요소는 사회생활이라는 사실이 드러났다. 리더들은 직장에서 동료가 거의 없기에 다양한 친구들이 있고 활발한 사회생활을 한다는 것은 특히 높은 수준의 사회적 지지를 받고 있다는 뜻이다. 또한 정신적으로 일을 분리하는 능력이 뛰어나다는 뜻이기도 하다. 두 번째로 중요한 요소는 운동이었다.

/ 고령화 사회와 노동력 /

주 4일 근무제는 고령화 노동자와 국가에 좋은 대안이 될 수 있다. 선진국에서는 출산율이 낮아지고, 수명이 늘어나고, 은퇴 시기를 예측하기가 어려워지면서 노동자의 평균 연령이 높아지고 있다. 1990~2015년 세계적으로 65세 이상의 노동인구가 극적으로 증가했고 이런 현상은 중국 · 미국 · 영국 등에서 특히 두드러졌다.

고용 상태를 유지하는 나이 든 노동자들이 많을수록 국가 노동력은 고령화한다. 미국 노동통계국에 따르면 미국에서 55세 미만 노동자의 비율은 1990년대 중반 이후 계속 감소하고 있다(25세 미만 노동자의 비율은 1970년대에 정점을 찍었다). 2024년이면 미국 노동자의 8%가 65세 이상, 18%가 55세 이상이 될 것으로 전망된다. 나이 든 노동자는 직장에 더 오래 머물고, 자신이 원하든 아니든 65세에 은퇴할 가능성이 작다. 2018년 일본 내무성은 일본 노동인구의 12.4%가 이미 65세 이상이고, 국가 전체 인구의 20%가 70세 이상이라고 추산했다.

　이런 경향은 계속될 것이다. 세계보건기구에 따르면 세계 평균 수명은 2000년 66.5세에서 2016년 72세로 늘어났다. 2019년 일본과 싱가포르에서 태어난 아이들의 기대 수명은 85세가 넘는다. 대부분의 유럽 국가에서 기대 수명은 80세 이상이고 미국은 79세다. 사람들은 더 오래 살 뿐 아니라, 인생 후반에 누리는 삶의 질과 건강도 개선되고 있다. 경력·생활·생계를 꾸려나가는 방식을 살펴보면 10대나 20대에 정규 교육을 마치고 60대까지 정규직으로 일한 후에 연금으로 생활한다는 가정이 지금까지 작용해왔다. 하지만 그 가정은 사람들이 80대와 90대에도 신체적으로나 정신적으로 능력이 있고, 합리적으로 100세까지 살 수 있는 세상을 맞이하면서 완전히 무너질 것이다. 그렇다면 40대 들어 에너지가 극도로 소진되기 전에 은퇴할 수 있을 정도로, 30대에 부를 축적하기 위해서 20대에 엄청나게 장시간 일하는 모델은 전혀 타당하지 않다.

　경제학자들은 고령화 국가들이 계속 늘어나는 사회복지비와 낮은 수준의 국가 생산력으로 유발되는 문제에 대처해야 한다고 말한다. 주 4일 근무제는 노동자의 은퇴를 미루고 건강을 유지해주므로 연금에 대한 압박을 완화하고 건강 관리 지출을 줄이는 데 기여할 것이다. 직원들이 고용 상태를 더 오래 유지하므로 국가 생산성 수준도 높일 수 있다.

　더욱이 은퇴하라고 강요하기보다 자신이 좋아하는 직업을 계

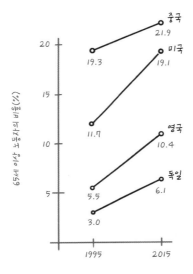

전체 노동인구 가운데 65세 이상이 차지하는 비율은 대부분의 선진국에서 증가하고 있다. 부분적으로는 다음과 같은 전국적인 인구통계 변화를 반영한다. 일할 수 있을 정도로 건강을 유지하고 있는 젊은 노동자의 수는 줄어들고, 나이 든 노동자의 수는 늘어나고 있다. 그 밖에 부적절한 퇴직금 제도, 나이 든 노동자들에게 고용 상태를 유지하라고 부추기는 노동 정책 등도 요인으로 작용한다.

속 유지할 수 있게 해주면 행복이 증가할 것이다. 적절한 노동은 사람들의 삶에 의미와 만족을 안기는 원천이 될 수 있다. 첼로 연주자 파블로 카살스Pablo Casals는 자서전에 "일은 사람이 늙어가는 것을 막아준다"라고 썼고, 심지어 93세에도 이렇게 주장했다. "일하면서 절대 지루해하지 않는 사람은 결코 늙지 않는다. 가치 있는 일에 흥미를 품고 행동에 옮기는 것은 나이를 극복하는 최고의 치료제다."

인지과학자들은 '쓰지 않으면 잃는다'라는 가설을 내세우며 인지 능력은 근육과 같다고 주장한다. 많은 연구 결과에 따르면, 나이가 들어서도 여전히 일하거나 다른 방식으로 활동하는 사람들이 그렇지 않은 사람들보다 신체적으로도 정신적으로도 건강하다. 오스트레일리아에서 실시한 한 연구에서는 근무시간을 단축하는 것은 나이 든 노동자가 고용과 생산성을 유지하는 데 유리할 뿐 아니라 하루에 몇 시간 정도라도 일하는 것이 인지 노화, 즉 정신 쇠퇴의 완화에 긍정적인 영향을 미칠 수 있다고 밝혔다. 2016년 오스트레일리아에서 실시한 한 연구에 따르면, 주 25시간까지 일하는 40세 이상 노동자는 풀타임으로 일하거나 전혀 일하지 않는 사람보다 인지 기능 테스트에서 더 좋은 점수를 기록했다.

스탠퍼드장수센터Stanford Center on Longevity 책임자인 로라 카스텐센Laura Carstensen은 경력을 단거리 경주가 아니라 마라톤으로 생각해야 한다고 주장한다. 그래야 자녀가 어리거나 부모가 연로한 시기에 일을 그만두거나 시작하기가 더 쉬워서 더 오랫동안 근무할 수 있다는 것이다. 주 4일 근무제는 사람들이 더욱 오랫동안 더욱 지속 가능하게 일할 수 있게 해준다. 또 장시간 노동이나 과도한 노동을 가치가 떨어지거나 바람직하지 않은 현상으로 인식시켜 젊은 노동자와 나이 든 노동자가 더욱 평등하게 일할 수 있는 분위기를 조성한다. 사회학자들은 일의 방식과 범위를 바꾸는 능력을 뜻하는 '잡 크래프팅job crafting'을 사용하면, 나이 든 노동자들을 직업에 적응하도록 도와 계속 일하면서 생산성을 유지하게 할 수 있다고 주장한다.

/

교통과 통근

/

근무시간 단축제로 전환하면 출퇴근 시간과 교통에도 상당한 영향이 미칠 것이다.

개인 입장에서도 주 4일 근무하면 교통에 소비하는 시간을 상당히 줄일 수 있다. 하루 6시간 근무제를 도입한 토요타센터는 피크 타임을 피하는 방식으로 정비사들의 통근 시간을 절반으로 줄였다. 뉴욕, 멕시코시티, 리우데자네이루, 로스앤젤레스를 비롯한 대도시에서 대중교통을 이용하는 사람들은 통근에만 하루 2시간 이상을 쓰고, 큰 건물에서 일하는 사람들은 엘리베이터를 기다리느라 몇 분을 더 쓴다. 편도 통근 시간이 평균 27분인 미국 노동자들이 주 5일 근무에서 4일 근무로 전환하면 통근 시간을 연간 46.8시간, 즉 2일 가까이 절약할 수 있다. 게다가 대기 오염 발생량을 줄일 수 있고(자동차 매연은 모든 공기 오염의 약 25%를 차지한다), 오염 물질에 노출되는 정도가 줄어들어 더욱 건강해질 것이다.

지역적으로나 전국적으로 근무시간 단축제를 도입하면 정책 입안자들에게 교통 혼잡과 오염을 줄이는 도구를 제공할 수 있다. 많은 도시에서 교통 혼잡을 완화하기 위해 정부와 기업의 근무시간을 엇갈리게 배열하는 방식을 시도하여 일반적으로 성공하기도 하고 실패하기도 했는데, 이를 근무시간 단축제와 결합해서 시도할 필요가 있다. 그러면 기업은 더욱 유연성을 발휘해 근무일을 계획할 수 있다.

한 예로 필리핀 정부는 장시간 통근과 마닐라의 끊임없는 교통 체증에 노동자들이 대처하게 하기 위해 주 4일 근무제를 허용하는 법안을 논의했다. 또 인도 뭄바이에서는 초만원인 통근 기차를 이용하다가 매년 3,000명이 부상당한다. 철도국은 교통 혼잡을 완화하고 더욱 안전한 통근 환경을 조성하기 위해 직원끼리 엇갈리게 근무시간을 조절하고 주 4일 근무제를 도입하는 방안을 제안했다.

환경에 미치는 영향

근무시간 단축제는 탄소 배출량과 에너지 소비량을 상당히 감소시킬 수 있다. 한 연구에서 OECD 국가를 대상으로 근무시간과 에너지 소비량을 조사한 결과, '근무시간은 환경적 압박과 상당한 관련성이 있다'는 사실이 밝혀졌다. 국가가 근무일을 늘리고 직원의 근무시간이 증가할수록 에너지가 더 많이 소비되고 탄소 발자국도 늘어난다. 한 연구에 따르면 근무시간이 1% 증가하면 에너지 사용은 1.3%, 탄소 발자국은 1.3% 증가하고, 전반적인 환경 발자국은 1.2% 증가한다. 연구자들은 주 4일 근무제를 채택했을 때 직원의 통근 시간과 직장의 에너지 사용량이 줄어들고 다른 요인도 작용하면서 국가의 탄소 배출량이 16~30% 줄어들 것으로 추산한다.

스웨덴에서 이뤄진 한 연구에서는 2040년까지 근무시간을 평균 주 30시간으로 단축하면 '에너지 수요의 증가 속도가 현저히 감소하면서 기후 목표치에 더욱 수월하게 도달할 수 있다'라고 결론 내렸다. 미국에서 2100년까지 근무시간 단축이 지구 온도에 미치는 영향을 조사한 연구에서는 연간 평균 근무시간을 0.5% 줄이면 '현재 대기에 있는 탄소량을 고려할 때 앞으로 수십 년 안에 발생할 지구 온난화 현상을 4분의 1에서 2분의 1까지 완화할 가능성이 매우 크고' 지구 온도를 섭씨 0.2에서 1.2도까지 낮출 수 있다고 추산한다.

하지만 자유 시간이 더 많이 생기면 스키를 타려고 차를 몰고 산을 찾거나, 긴 주말을 즐기려고 경비행기를 타고 다른 도시를 찾거나, 가족을 만나려고 비행기를 타고 고향을 찾는 등 에너지 집약적이고 탄소 집약적인 활동을 하지 않을까?

그럴 가능성은 두 가지 이유로 생각보다 낮다. 첫째, 사람들은 새로 얻은 자유 시간을 운동하고 활동을 벌이고 가족과 시간을 보내는 등 자신의 거주 지역에서 보낸다. 둘째, 연구 결과를 보더라도 일반적으로 사람들은 자유 시간을 더 많이 확보할수록 실제로 에너지 집약적인 활동이나 소비를 할 가능성이 작다.

근무시간과 소비에 관한 2013년 연구는 근무시간이 늘어나는 경우 가정에서 에너지 집약적인 제품을 더 많이 소비한다고 밝혔다. 냉동식품을 더 많이 섭취하고, 외식을 더 자주하고, 자동차와 택시를 더 많이 이용한다. 반면 자유 시간이 늘어나면 직접 요리를 하고 걷거나 자전거를 탈 가능성이 커지고, 에너지 효율적인 활동을 늘릴 계획을 세운다. 시간 때문에 발생하는 스트레스가 커질수록 에너지 집약적이고 물질 집약적인 여가 활동이 늘어날 수 있다. 예를 들어 장시간 일하는 사람들은 집에서 가까운 곳보다는 해외에서 휴가를 보내고, 하이킹보다는 온갖 지형을 다닐 수 있는 차량을 이용할 가능성이 크다. 격무에 가치를 두는 사회 규범이 이런 선택을 부추긴다.

/ 지역 개발 /

헨리크 스텐먼은 IIH노르딕이 도입한 주 4일 근무제가 북유럽식 근무 유형이라고 주장하면서, 기술과 지적 경영을 통해 더욱 균형 잡힌 삶을 달성하는 것을 목적으로 한다고 설명했다. 태즈메이니 아와 중부 잉글랜드 등의 지역에서 활동하는 기업들은 근무시간 단축제를 시행하면 대도시 중심지에서 직원들을 끌어모을 수 있다. 따라서 잠재적으로 주 4일 근무제가 앞으로 지역의 차별화를 추진하거나 경제적으로 어려운 지역에 노동자를 다시 끌어들이는 도구로 쓰일 수 있다.

한국에서 경북 남동부 지역 산업 단지에 입주해 있는 여러 기업은 서울에서 노동자를 끌어모으기 위해 주 4일 근무제를 시행하는 계획을 발표했다. 도지사는 그 계획을 "선진 노동 문화와 일자리를 창출하려는" 노력의 일부라고 표현했다.

한 일본 기업은 주 4일 근무제가 기업과 노동자를 유지하는 데 어려움을 겪는 지방으로 사람들을 다시 끌어들이는 도구라고 생각한다. 구니사키타임Kunisaki Time 은 직원 15명을 두고 3-D 마네킹과 동물 모형 등을 판지로 제작하는 회사로, 2013년 이후 주 4일 하루 8시간 근무제를 시행하고 있다. 마쓰오카 유키Matsuoka Yuki 는 1995년 CAD를 적용해 레이저로 절단할 수 있는 패턴을 판지에 디자인하는 방법을 개발하고, 3년 동안 특허권을 얻기 위해 노력한 끝에 1998년 창업했다. 그때부터 자신의 디자인을 도쿄 · 베를린 · 뉴욕에 있는 상업 전시회, 미술 전시회, 미술관, 백화점에 전시하고 있다.

마쓰오카가 구니사키타임에 주 4일 근무제를 도입하겠다고 결정한 것은 철학 · 지리학 · 경제학적인 이유 때문이었다. 마쓰오카가 태어난 곳이자 구니사키타임의 본사가 있는 외진 시골인 오이타 지방은 최근 수십 년 동안 일본의 나머지 지역과 연결이 증가했지만(1970년대 소니와 샤프 등의 전자회사들이 이곳에서 반도체 · 칩 · 센서 등을 제조했다), 인구는 고령화하고 갈수록 줄어들었다. 실제로 학생이 부족해서 초등학교가 문을 닫기도 했다. 마쓰오카는 대개 도쿄 · 고베 · 나고야에서 일할 인재들을 끌어모으기 위해 주 4일 근무제를 생각해냈다. 더 깊은 의도를 드러내자면 주 4일 근무제는 지역의 좀더 느리고 자연스러운 리듬을 파괴하지 않고 새로운 인재를 끌어들여 "다음 세대를 위해 '새 삶'을 창조하는 방법"이라고 한 소매업자에게 말했다. 주 4일 근무제는 지방을 기반으로 하는 창의적인 산업에도 적합하다. 즉 직원들에게 "등산을 하거나, 낚시를 하거나, 독서를 하는 등 자신이 원하는 활동을 무엇이든 할 수 있는" 시간을 더 많이 제공해 개인의 기술을 발전시키고 사업 효율성을 향상시킬 수 있다. 마쓰오카가 생각하는 주 4일 근무제는 직원 · 업무 · 지역을 새롭게 만드는 방식이다.

기술 혁신

모든 기업과 마찬가지로 주 4일 근무제로 전환한 기업들은 직원이 더욱 생산적이고 효율적으로 일하도록 돕고, 직원 사이에 의사소통과 협업을 개선하고, 업무를 효과적으로 관리하고 고객과 조율하는 데 필요한 자료를 리더에게 제공하기 위해 기술에 의존한다. 하지만 이 기업들이 기술을 채택하고 사용하는 데에는 주목할 만한 독특한 특징이 있다. 새로운 기술을 미래의 직장에 더욱 효과적이고 인간적으로 적용할 방법을 찾을 수 있도록 단서를 제공하는 것이다.

첫째, 그 기업들은 직원을 대체하기 위해서가 아니라 직원의 인지적·신체적 능력을 증대하기 위해 기술을 사용한다. 새로운 기술은 인간의 감각·힘·기술을 확대하고, 따라서 인간의 직업과 일을 보존하는 데 기여할 수 있다. 아니면 인간의 능력을 복제하고, 인간과 기계를 대결시키고, 노동 자본을 줄이고, 궁극적으로 인간의 직업과 일을 파괴하는 방향으로 설계될 수도 있다. 블루스트리트캐피털이 다큐사인을 채택하고, 파넬클라크가 클라우드 기반 회계 시스템을 도입하고, 노멀리가 협업 소프트웨어를 사용하는 까닭은 개인과 팀을 도와 더욱 신속히 일하게 하기 위해서다.

둘째, 주 4일 근무제로 전환하는 기업에서는 직원들이 새로운 도구를 채택하고 실험하는 권한을 부여받으므로 생산 수단, 알고리즘, 자료를 소유하게 된다. IIH노르딕은 기술을 혁신하기 위해 프로그래머들에게 새로운 수단과 관행을 시도할 자유와 권한을 부여하는 상향식 접근법을 사용한다. 직원은 자신만의 기술을 보유할 때 번창하고, 시간이 지날수록 기술을 더욱 연마하고, 더욱 가치 있는 일을 수행할 기회를 모색할 가능성이 크다. 더 나아가 잘 고안된 기술을 사용하고 숙달하는 행위 자체는 직업에 대해 만족을 느끼게 하는 원천이다. 기능을 향상시키기 위한 디자인 작업은 기술의 발달에 따른 실업을 줄일 뿐 아니라 직원을 더욱 바람직하고 행복한 노동자로 만든다.

기능 향상과 직원의 주인의식을 강조하는 기술은 주목할 가치가 있다. 다음 세대의 인공지능과 로봇을 창조할 디자인 틀을 제공하기 때문이다. 지난 몇 년 동안 일의 미래를 둘러싸고 펼쳐진 열띤 논쟁의 주제는 '새로운 기술들이 일자리를 없앨 것이냐, 아니면 궁극적으로 새롭고 더욱 바람직한 일자리를 창출할 것이냐'였다. 지금까지는 결과가 엇갈렸다. 새로운 기술이 두 가지 의학 전문 분야인 방사선학과 수술에 미친 매우 다른 영향을 예로 들어보자.

전통적으로 방사선 전문의들은 가장 고도로 숙련된 의사 집단에 속했고, 방사선과 수련의 과정은 근무 기간도 길었지만 의사들이 매우 탐내는 자리였다. 하지만 온라인 시스템이 발달하면서 미국은 더욱 적은 비용으로 해외 의사들에게 엑스레이 판독을 맡길 수 있게 됐다. 더욱이 최근 들어서는 기계 시각 시스템이 전문가들보다 정확하게 판독한다는 사실이 입증되면서 젊은 의사들 사이에서 방사선학의 인기가 떨어지고 있다.

이와 동시에 로봇 수술 시스템을 도입하면 전문의들이 수천 킬로미터 떨어진 곳에 있는 환자들을 수술하거나 야전병원에서도 응급수술을 할 수 있다. 하지만 현재 로봇 수술 시스템은 외과 의사들을 대체하지 않은 상태로 수술 과정에 통합되어 있으며, 지난 10년 동안 복강경 수술과 로봇 수술의 형태로 발전되어왔다. 수술은 물리적·사회적으로 복잡한 과정이다. 일상적인 수술이라도 의사, 간호사, 여러 전문가(수술실을 청소하는 직원들까지도 특별 훈련을 받아야 한다)가 팀을 구성해 함께 실시한다.

요리를 하거나 새로운 광고 캠페인을 펼치는 활동도 수술과 같아서 전문적인 기술, 협업, 협력이 필수적이다. 겉보기에 '단순한' 업무라도 자세히 들여다보면 지독하게 복잡할 때가 많다. 이런 직업들에서 기술을 향상시켜 생산성을 높이는 최고의 방법은 노동자를 대체하는 시스템을 만드는 것보다 이미 숙련된 노동자들이 업무를 더욱 잘 수행할 수 있도록 지원하는 것이다. 주 4일 근무제로 전환한 기업들은 직원들에게 혁신할 수 있는 자유를 주고 새로운 기술을 채택하는 방식에 대해 통제권을 제공하고 있다. 그럼으로써 새로운 기술이 등장하면서 일자리 수천만 개를 없애는 불행을 피할 수 있고, 대신에 일자리를 보존하고 업무를 개선하고 기업의 생산성을 높이는 미래의 직장을 구현할 수 있다는 사실을 입증하고 있다.

운동의 확산

최근 들어 주 4일 근무제에 대한 관심이 상당히 커지고 있다. 예를 들어 퍼페추얼가디언의 창업자 앤드루 반스는 근무시간 단축제를 공공연하게 지지한다. 퍼페추얼가디언은 2018년 3월 주 4일 근무제를 실험적으로 시행하고 7월부터 영구적으로 도입했다. 9개월 후에는 뉴질랜드에서 다양한 산업에 속하는 18개 기업이 주 4일 근무제를 채택했다.

태시 워커는 더믹스가 주 4일 근무제를 시행한 경험을 담아 보고서를 발표하자 수십 개 기업이 연락해왔다면서, 그중 20~30개 기업이 2019년 7월까지 주 4일 근무제를 시도했다고 덧붙였다. 세계 여러 도시에서 근무시간 단축제로 전환하는 기업들이 속속 출현하고 있다. 2019년 에든버러에서는 미슐랭 별을 받은 레스토랑 21212와 새로 개업한 피오르Fhior가 에이즐의 뒤를 이어 주 4일 근무제를 채택했다. 영국 노리치시에 있는 파넬클라크, 플록, 커브볼 Curveball 등 세 기업은 하루 6시간 근무제를 채택하고 각자의 경험을 공유하고 있다. 스웨덴 고센버그에서는 지방 정부, 대학병원, 요양원, 토요타센터 등이 하루 6시간 근무제를 실험하고 있다.

주 4일 근무제는 산업 내에서도 유기적으로 확산되고 있다. 레스토랑 산업에서는 노마와 라스트랑스L'Astrance 등에서 일하는 동안 주 4일 근무제를 경험한 셰프들이 새로운 도시에 레스토랑을 창업하면서 주 4일 근무제를 도입했다. 근무시간 단축제를 실험하려는 운동은 더욱 캐주얼한 성격의 레스토랑으로도 확산되고 있다. 전직 프로 미식축구 선수인 밥 바움하우어Bob Baumhower는 앨라배마에서 스포츠 테마 레스토랑 체인점 바움하우어스빅토리그릴 Baumhower's Victory Grille을 운영하고 있다. 그는 2018년 말 주방과 홀에 좋은 직원을 채용하고자 주 4일 근무제를 제시했다.

패스트푸드 레스토랑인 쉐이크쉑은 2019년 3월 라스베이거스에 있는 매장에서 관리자를 대상으로 주 4일 근무제를 실험적으로 시행하고, 그해 봄이 지난 후 서해안에 있는 다른 매장들에도 확대 시행했다.

이 책에서 서술한 기업들은 채용을 늘리고, 이직률을 낮추고, 삶과 일의 균형 및 지속 가능성을 지원하고, 창의성을 증진하는 등 자체적인 목표를 세우고 주 4일 근무제를 채택했다. 그 기업들이 결정을 내릴 때 정부 규정은 작용하지 않았지만, 앞으로 주 정부는

주 4일 근무제를 추진하는 운동에서 더욱 큰 역할을 담당할 수 있을 것이다.

유럽을 살펴보면 벨기에, 덴마크, 스웨덴의 노조와 정당은 사무 자동화에 대응하거나 어린 자녀를 둔 맞벌이 부부를 지원하기 위해 주 4일 근무제나 주 30시간 근무제를 도입하자고 제안했다. 영국노동조합회의는 2018년 말 주 4일 근무제를 시행하자고 주장했고, 다음 해 영국 노동당 소속 단체들은 주 4일 근무제를 수용하라고 당에 촉구했다. 일부 국가는 노조 협정에 따라 55세 이상 노동자에게 유연근무를 할 수 있는 선택권을 의무적으로 부여한다.

이런 노력 덕분에 주 4일 근무제는 서구 국가에서 더 널리 보급될 수 있었다. 예상하지 못한 행보를 보인 국가는 중국이다. 2019년 초 허베이성 북부 지방은 내수와 여가용 소비를 촉진하기 위해 기업과 지방 정부에 매주 금요일 오후 휴무를 제안했다. 2030년까지 주 4일 근무제를 전국적으로 시행하고자 2018년 중국 사회과학원이 제안한 내용이었다. 중국 사회과학원은 상하이, 충칭, 베이징 등 도시에 있는 국영 기업들은 2020년부터, 그 외 지역과 산업은 2025년부터 도입하는 등 주 4일 근무제를 10년 동안 점차 확대 시행한다는 계획을 세웠다. 보고서에 담긴 주장에 따르면 주 4일 근무제는 고령화 노동력의 생산성을 유지하는 데 기여하고, 서비스·여가·관광 분야의 소비를 촉진하고, 부모들이 일자리를 더 쉽게 유지하도록 한다.

경제학자들은 2030년이면 중국 인구가 14억 5,000만 명까지 증가할 것으로 예측한다. 중국은 세계 최대 경제 대국으로 부상할 것이고, 아시아는 세계 경제를 움직이는 동력이 될 것이다(2030년 국민경제 규모를 기준으로 추정한 세계 최대 5개국 중에서 4개국이 아시아 국가인 중국·인도·일본·인도네시아다). 중국이 21세기 경제 성장과 기업 행동의 표준을 제시할 것이므로, 이 나라가 주 4일 근무제로 전환할 때 세계 나머지 나라들이 따르지 않기는 어려울 것이다. 외국 경쟁 기업들은 중국 기업을 모방해야 한다는 압박을 받을 것이고, 외국 협력 기업들도 동조할 것이다(건국 초기에 이스라엘은 근무를 일요일에 시작해 안식일 전인 금요일 오후에 끝냈다. 하지만 현재 이스라엘에 있는 대부분의 소프트웨어 기업은 미국 및 유럽의 고객과 조율하기 위해 월요일부터 금요일까지 근무한다).

거대 경제에 새로운 근무제를 도입하는 것이 불가능하다고 생각한다면 중국이 과거는 물론 얼마 전에도 실행했었다는 사실을 기억해야 한다. 중국은 1995년 5월 1일 8년 동안 연구하고 1년 동안 실험한 끝에 주 6일 근무제에서 주 5일 근무제로 전환했고, 그 후 경제는 두 자릿수 성장을 거듭했다. 가까운 과거만 보더라도 주 5일 근무제로 전환한 국가는 중국만이 아니다. 여유 있는 근무시간, 삶과 일의 균형을 추구하는 것으로 잘 알려진 스칸디나비아 국가들은 1960년대 주 5일 근무제를 공식적으로 채택했다. 한국은 1970년대에 주 5일 근무제로 전환했고, 2018년에는 근무시간을

주 52시간으로 제한하는 법안을 통과시켰다. 20세기 들어 주 5일 근무와 하루 8시간 근무가 세계 기준이 됐듯, 2030년에 중국이 채택하는 경우에는 주 4일 근무제가 21세기를 지배하는 기준으로 부상할 것이다.

결론

케스터블랙의 창업자 애나 로스는 이렇게 말했다.

"우리 회사가 주 4일 근무제를 시행하는 까닭은 3일 동안 주말을 보내고 나면 무슨 일이든 할 수 있기 때문입니다."

주 4일 근무제를 실제로 도입하는 것은 오랫동안 불가능해 보였다. 사회에 널리 퍼져 있는 과도한 노동, 이를 강요하거나 옹호하는 다양한 문화적·심리적·조직적·경제적 힘 탓에 과도한 노동은 자연스럽고 피할 수 없는 현상으로 비쳤다. 더욱이 바쁘게 살아가는 것이 가져오는 폐해에 저항하는 사례도 극히 드물었다.

하지만 기업들은 새롭고 더욱 조화로운 근무 방식을 고안해낼 수 있다는 사실을 깨닫고 있다. IIH노르딕·조조·우아한형제들

· 노마 · 노멀리 · 코크로치랩스 등의 기업들은 근무시간을 리디자인하고, 주의를 분산시키는 요소와 바쁜 업무를 없애고, 방해받지 않는 시간을 직원에게 더 많이 확보해주었다. 그럼으로써 정신을 집중해 일할 수 있는 환경을 조성했다. 이들 기업은 프로젝트와 작업 과정을 계획하고 관리해서 예기치 않은 상황을 피하고, 과도하게 노동할 필요성을 없애면서 근무시간을 단축하면 직원의 생산성과 효율성이 증가하리라 믿는다. 실제로도 생산성을 잃지 않고, 수입 또는 수익성을 희생시키지 않고, 경쟁 기반을 약화시키지 않고서도 근무시간을 단축할 수 있다는 사실을 입증하고 있다.

주 4일 근무제는 기업에 문화적인 이익도 제공한다. 새로운 업무 수행 방식을 실험하고, 새로운 기술을 도입하고, 일상 업무를 자동화하는 방법을 찾고, 더욱 생산적인 문화를 구축하려는 상당히 명쾌한 동기를 부여한다. 주의 집중과 직업 만족에는 중요하지만 대개 간과되는 사회적 차원이 있다는 사실도 드러낸다. 직원들이 양육 · 경력 문제로 씨름하고, 삶과 일의 균형을 잡아야 하는 도전을 단순히 개인적인 추구가 아니라 구조적인 문제로 인식하도록 북돋는다. 시간을 대하는 리더들의 태도를 바꾸고, 과도한 노동은 헌신의 표시가 아니라 비효율성이나 조직적인 폐단의 표시라고 깨닫도록 격려한다. 향상된 업무와 더 많은 시간 간의 관계를 매우 명쾌하게 밝히는 방식으로 생산성 향상에 따른 혜택을 기업과 직원이 공유하는 방법을 제공한다. 신자유주의와 세계화를 비판하는

사람들은 노동자 계층의 임금이 수십 년 동안 제자리걸음을 하고 있으며, 불확실성이 증가하면서 전문직조차 어려움을 겪고 있다고 지적한다. 이런 시대에 근무시간 단축 프로그램은 진정으로 대체할 수 없는 자원인 '더 많은 시간'을 직원들에게 제공한다.

다양한 기업이 이미 주 4일 근무제로 도약했고 그 기업들이 속한 산업과 국가가 광범위하다는 사실로 미루어 볼 때, 주 4일 근무제는 아직 규모가 작기는 하지만 세계적인 움직임이면서 계속 확산하고 있음을 알 수 있다(내가 이 결론을 쓰기 전날에도 2개사가 주 4일 근무제를 실험적으로 시행한다고 발표했다). 이제 이 기업들을 선구 기업으로 생각하고, 그들의 사례를 연구하고, 그들의 경험에서 배우고 행동할 때다.

이 책에서 연구한 기업 리스트

○ 다음 리스트는 이 책에서 연구하고 서술한 기업들을 정리해놓은 것이다. 기업 이름
  옆에 별표(*)가 붙은 곳은 근무시간 단축제를 실험했지만 정규 근무시간으로 복귀
  한 기업들이다.

○ 주 4일 근무제를 채택한 기업들은 따로 언급하지 않는 한 하루 8시간, 즉 주 32시
  간 근무한다. 근무시간 단축제와 유연근무제를 결합하거나, 주 4일 근무와 '자유로
  운 금요일'을 결합한 기업들도 책에서 소개했다. 자유로운 금요일에는 사무실을 열
  어놓아서 직원들이 개인 프로젝트를 추진하거나 전문성을 개발하는 활동을 자유롭
  게 할 수 있다.

○ 이 리스트에 포함된 레스토랑은 주 4일 영업하기는 하지만 직원의 하루 근무시간
  은 종종 8시간보다 길다. 그러나 '하루 10시간, 주 4일' 일하는 것만도 주 5일이나
  6일 근무하는 것과 비교할 때 여전히 크게 발전한 것이다.

기업명	국가	산업	근무시간
21212	영국	레스토랑	주 4일
텐마인즈브레오 (10 Minds Breo)	한국	O2O	주 35시간
어드미니스트레이트 (Administrate)	영국	소프트웨어	주 4일
어드바이스다이렉트스코틀랜드 (Advice Direct Scotland)	영국	콜센터	주 4일
AE해리스(AE Harris)	영국	제조업	주 4일(주 36시간)
에이전트마케팅 (Agent Marketing)*	영국	마케팅	주 4일
에이즐(Aizle)	영국	레스토랑	주 4일
알로하호스피탈리티 (Aloha Hospitality)	미국	레스토랑	주 4일
아니아르(Aniar)	아일랜드	레스토랑	주 4일
AO파스타(AO Pasta)	캐나다	레스토랑	주 4일
APV*	홍콩	비디오 제작	주 4일
에이트레인(atrain)	홍콩	컨설팅	주 4일
아티카(Attica)	오스트레일리아	레스토랑	주 4일
백그라운드(Background)	스웨덴	소프트웨어	주 30시간
도서출판 보리 (Bori Publishing Co., Ltd.)	한국	출판	주 4일
바우만라이언스 (Bauman Lyons)*	영국	건축	주 4일
바우메(Baumé)	미국	레스토랑	주 4일
벨커브(Bell Curve)	미국	소프트웨어	주 4일
빅포테이토게임스 (Big Potato Games)	영국	보드게임	주 4일
바이크시티즌스(Bike Citizens)	오스트리아	잡지	주 4일
블루스트리트캐피털 (Blue Street Capita)	미국	금융	주 25시간
브라스(Bråth AB)	스웨덴	소프트웨어	주 30시간
센트리오피스(Century Office)	영국	가구	주 32.5시간
클릭랩(CLiCKLAB)	덴마크	디지털 마케팅	주 4일
코크로치랩스(Cockroach Labs)	미국	소프트웨어	주 4일 + 자유로운 금요일
콜렉티브캠퍼스 (Collective Campus)	오스트레일리아	창업 지원 컨설팅	주 30시간
콜린스SBA(Collins SBA)	오스트레일리아	회계	주 25시간
크리에이티브마스(Creative Mas)	한국	광고	주 4일

기업명	국가	산업	근무시간
커브볼미디어(Curveball Media)	영국	애니메이션, 영화	주 4일
사이보주(Cybozu)	일본	소프트웨어	주 4일 + 유연근무제
데번셔암즈(Devonshire Arms)	영국	레스토랑	주 4일
데브스(Devx)	체코	소프트웨어	주 4일
여행박사(Doctor Travel)	한국	O2O	주 4일
DVQ스튜디오(DVQ Studio)*	미국	마케팅	주 4일
엘렉트라라이팅 (Elektra Lighting)	영국	디자인	주 4일
엘리사(Elisa)	에스토니아	통신	주 30시간
ELSE	영국	디자인 컨설팅	주 4일 + 자유로운 금요일
이메그네틱스(eMagnetix)	오스트리아	O2O	주 30시간
에네스티(Enesti)	한국	화장품	주 4일
에노티카소시알레 (Enoteca Sociale)	캐나다	레스토랑	주 4일
이스마일리(eSmiley)	덴마크	식품안전	주 4일
파넬클라크(Farnell Clarke)	영국	회계	주 30시간 + 유연근무제
피오르(Fhior)	영국	레스토랑	주 4일
필리문더스(Filimundus)*	스웨덴	소프트웨어	주 30시간
플록(flocc)	영국	마케팅	주 30시간
제라늄(Geranium)	덴마크	레스토랑	주 4일
김영사 (Gimm-Young Publishers)	한국	출판	주 35시간
구달 그룹(Goodall Group)	영국	마케팅	주 4일
그라프미빌(Graf Miville)	스위스	마케팅	주 4일
허그스미전(Hugsmidjan)	아이슬란드	마케팅	주 30시간
아이스랩(Icelab)	오스트레일리아	소프트웨어	주 4일 + 유연근무제
IIH노르딕(IIH Nordic)	덴마크	소프트웨어	주 4일
인디큐브(Indycube)	영국	코워킹 스페이스	주 4일
잉그리드&이사벨 (Ingrid & Isabel)*	미국	패션	주 4일
인슈어드바이어스 (Insured by Us)	오스트레일리아	여행보험	주 4일 + 유연근무제
인트레피드카메라 (Intrepid Camera)	영국	제조업	주 4일

기업명	국가	산업	근무시간
제이앤코슈(J & CoCeu)	한국	화장품	주 4일
진야(Jinya)	일본	호텔	주 4일
카이카페(Kai Cafe)	아일랜드	레스토랑	주 4일
케스터블랙(Kester Black)	오스트레일리아	화장품	주 4일
킨앤코(Kin&Co)	영국	광고	주 35시간
구니사키타임(Kunisaki Time)	일본	제조업	주 4일
라라인티미츠(Lara Intimates)	영국	패션	주 4일
마에모(Maaemo)	노르웨이	레스토랑	주 4일
마하비스(Mahabis)*	영국	패션	주 4일
마르케트(Marquette)	미국	양로원	주 4일
모델밀크(Model Milk)	캐나다	레스토랑	주 4일
모노그래프(Monograph)	미국	소프트웨어	주 4일
엠알엘컨설팅(MRL Consulting)	영국	컨설팅	주 4일
엔/나카(n/naka)	미국	레스토랑	주 4일
노마(Noma)	덴마크	레스토랑	주 4일
노멀리(Normally)	영국	디자인	주 4일
엔테그리티(ntegrity)	오스트레일리아	마케팅	주 4일
오가다(Ogada)	한국	레스토랑	주 35시간
옥스레스토랑(OX Restaurant)	북아일랜드	레스토랑	주 4일
퍼페추얼가디언 (Perpetual Guardian)	뉴질랜드	금융신탁	주 4일
피전홀(Pigeonhole)	캐나다	레스토랑	주 4일
플라니오(Planio)	독일	소프트웨어	주 4일
퍼슈트마케팅 (Pursuit Marketing)	영국	콜센터	주 4일
라비헌트(Raby Hunt)	영국	레스토랑	주 4일
래디오액티브PR (Radioactive PR)	영국	마케팅	주 4일
리플렉트디지털(Reflect Digital)	영국	마케팅	주 4일
릴레(Relae)	덴마크	레스토랑	주 4일
라인강스디지털인에이블러 (Rheingans Digital Enabler)	독일	소프트웨어	주 25시간

기업명	국가	산업	근무시간
리오단(Riordan)	한국	비타민	주 4일
록우드리더십연구소(Rockwood Leadership Institute)	미국	비영리 조직	주 4일
세트베인즈(Sat Bains)	영국	레스토랑	주 4일
사타케코퍼레이션 (Satake Corporation)	일본	제조업	주 4일
쉐이크쉑(Shake Shack)	미국	레스토랑	주 4일
심플리비즈니스 (Simply Business)	영국	보험	주 4일
스킨아울(SkinOwl)	미국	스킨케어	주 24시간
슈거헬싱키(Sugar Helsinki)	핀란드	마케팅	주 4일 + 자유로운 금요일
슈프리마에이치큐(Suprema)	한국	전자장치	주 35시간
스바테달렌 (Svartedalens)	스웨덴	양로원	주 4일
시너지비전(Synergy Vision)	영국	의료통신	주 4일
팀엘리시움(Team Elysium)	한국	의료기술	주 4일
글레브(Glebe)	미국	양로원	주 30시간
더믹스(The Mix)	영국	인간행동연구소	주 4일
소트봇(thoughtbot)	미국	소프트웨어	주 4일 + 자유로운 금요일
관광마케팅에이전시 (Tourism Marketing Agency)*	영국	마케팅	주 30시간
타워패들보드 (Tower Paddle Boards)	미국	O2O	주 25시간
토요타센터 고센버그 (Toyata Center Gothenburg)	스웨덴	자동차공업	주 30시간
트리하우스(Treehouse)*	미국	소프트웨어	주 4일
타입에이미디어 (Type A Media)	영국	마케팅	주 4일
운터베거(Unterweger)	오스트리아	화장품	주 4일
유타주 정부 (Utah state government)*	미국	정부	주 4일(40시간)
VERSA	오스트레일리아	마케팅	주 4일
와일드비트(Wildbit)	미국	소프트웨어	주 4일 + 유연근무제
위드이노베이션 (With Innovation)	한국	O2O	주 35시간
우아한형제들(Woowa Brothers)	한국	O2O	주 35시간
워크잇데일리(Work It Daily)	미국	인적자원	주 35시간
집닥(Zipdoc)	한국	O2O	주 35시간
조조(Zozo)	일본	O2O	주 30시간

| 참고문헌 |

따로 언급하지 않은 경우에 창업자와 직원의 말은 내가 2018~2019년 실시한 인터뷰에서 인용했다. 인용문, 통계, 배경 자료를 가져온 다른 출처는 다음과 같다.

서문

슈테판 아르스톨(Stephan Aarstol)은 자신이 저술한 책에서 하루 5시간 근무제를 타워 패들보드(Tower Paddle Board)에 도입한 과정을 설명했다. *The Five-Hour Workday: Live Differently, Unlock Productivity, and Find Happiness* (Lioncrest, 2016). 일에서 문제는 무엇일까?

버트런드 러셀(Bertrand Russell)은 일의 미래에 대해 썼다. "In Praise of Idleness," *Harper's*, October 1932, https://harpers.org/archive/1932/10/in-praise-of-idleness. 1870~1950년 하루 평균 노동시간은 다음에서 산출되었다. Michael Huberman and Chris Minns, "The Times They Are Not Changin': Days and Hours of Work in Old and New Worlds, 1870 – 2000," *Explorations in Economic History* 44, no. 4 (October 2007): 538 – 567, https://personal.lse.ac.uk/minns/Huberman_Minns_EEH_2007.pdf. 계약직, 임시직, 호출형 계약직에 관한 통계는 다음에서 인용했다. Bureau of Labor Statistics (United States), Trade Union Council (United Kingdom), Lancers (Japan), Korea Labor and Society Institute (Korea). 과도한 노동으로 개인과 기업이 치르는 대가를 살펴보려면 다음을 참조하라. John Pencavel, "The Productivity of Working Hours," *Economic Journal* 125, no. 589 (December 2015): 2052 – 2076, https://doi.org/10.1111/ecoj.12166; Jeffrey Pfeffer, *Dying for a Paycheck: How Modern Management Harms Employee Health and Company Performance—and What We Can Do About It* (New York: Harper Business, 2018). 과도한 노동에 관한 통계는 다음에서 인용했다. OECD Better Life Index, 2019, http://www.oecdbetterlifeindex.org/topics/work-life-balance/. 파트타임 근무가 초래하는 스트레스와 여성 문제를 살펴보려면 다음을 참조하라. Tarani Chandola et al., "Are Flexible Work Arrangements Associated with Lower Levels of Chronic Stress – Related Biomarkers? A Study of 6025 Employees in the UK Household Longitudinal Study," *Sociology* 53, no. 4 (August 2019): 779 – 799, https://doi.org/10.1177/0038038519826014. 유자녀 여성의 노동력 참여 비율을 살펴보려면 다음을 참조하라. "Labor Force Participation: What Has Happened Since the

Peak?" *Monthly Labor Review* (September 2016), figure 8, www.bls.gov/opub/ mlr/2016/article/pdf/labor-force-participation-what-has-happened-since-the- peak.pdf.

1장

대한민국 서울, 소월로

김봉진은 샘킴과 대화했다. "Coming Soon to Seoul: Robot-Delivered Jajangmyeon Noodles," *Bloomberg*, February 27, 2019, www.bloomberg.com/news/ articles/2019-02-27/coming-soon-to-seoul-robot -delivered-jajangmyeon- noodles; 김봉진이 디자이너이자 CEO로 활동하는 것에 대해 언급했다. *Digital Insight Today*, www.ditoday.com/articles/articles_view.html?idno=14603, 번역: 앤젤라 김 (Angela Kim).

디자인 씽킹

디자인 씽킹을 이해하려면 다음을 참조하라. Tim Brown, *Change by Design: How Design Thinking Transforms Organizations and Inspires Innovation* (New York: Harper Business, 2009), and Michael Lewrick, Patrick Link, and Larry Leifer, *The Design Thinking Playbook: Mindful Digital Transformation of Teams, Products, Services, Businesses and Ecosystems* (New York: Wiley, 2018). 근무시간 단축 사례 는 다음에서 인용했다. Rutger Bregman, *Utopia for Realists: How We Can Build the Ideal World* (New York: Little, Brown, 2017); Stan De Spiegelaere and Agnieszka Piasna, *The Why and How of Working Time Reduction* (European Trade Union Institute, 2017); and Will Stronge and Aidan Harper, eds., *The Shorter Working Week: A Radical and Pragmatic Proposal* (Autonomy, 2019), http://autonomy. work/wp-content/uploads/2019/01/Shorter-working-week-final.pdf.

2장

근무시간을 단축한 기업들

레스토랑 업계가 겪는 곤경은 업계 잡지에서 자주 거론된다. 관련 내용을 살펴보려면 다음 내용이 좋은 출발점이 될 것이다. Kat Kinsman's website Chefs with Issues (http://chefswithissues.com). 레스토랑 산업에 관한 조사를 살펴보려면 다음을 참조 하라. Katherine Miller, "It's Time to Speak Out on the Kitchen's Toll: Addressing

Mental Health in the Restaurant Industry," James Beard Foundation website, June 20, 2018, www.jamesbeard.org/blog/its-time-to -speak-out-on-the- kitchens-toll. 광고업계에서 겪는 스트레스에 관해서는 다음을 참조하라. Shareen Pathak, "No Slack on Weekends: Agencies Look for Ways to Tackle Employee Burnout," *Digiday*, March 13, 2019, https://digiday.com/marketing/agencies- employee-burnout; Pippa Chambers and Mariam Cheik-Hussein, "Reduce Stigma and Provide Support; Adland's Mental Health Task," *AdNews*, April 9, 2019, www.adnews.com.au/news/reduce-stigma-and-provide-support- adland-s-mental-health-task; Rebecca Stewart, "Two-Thirds of Marketers Have Considered Leaving Industry Because of Poor Workplace Wellbeing," *Drum*, February 20, 2018, www.thedrum.com/news/2018/02/20/two-thirds -marketers- have-considered-leaving-industry-because-poor -workplace. 기술 산업에 관해 서는 다음을 참조하라. Nate Swanner, "Depression Far Too Common Among Tech Pros: Survey," *Dice*, December 5, 2018, https://insights.dice.com/2018/12/05/ depression -tech-pros-common-study, and Stack Overf low Developer Survey Results 2019, https://insights.stackoverf low.com/survey/2019/.

미친 듯이 일했던 리더들

2016년 애나 로스(Anna Ross)의 말은 다음에서 인용했다. Kate Stanton, "From Unhappy Employee to Successful Entrepreneur," *BBC News*, March 6, 2016. 라 이언 카슨(Ryan Carson)에 관해서는 다음을 참조하라. Richard Feloni, "This Tech CEO and His Employees Only Work 4 Days a Week," *Business Insider*, June 23, 2015; Ryan Carson, "Begin With the End in Mind," talk given at Adobe's 99U conference, May 5-6, 2016, https://99u.adobe.com/videos/53977/ryan- carson-begin-with-the-end-in-mind. 사이보주(Cybozu)의 CEO 아오노 요시히사 (Yoshihisa Aono)는 다음에서 자신의 야망을 언급했다. Nicole Jones, "What a Radical Japanese Tech Company Can Teach Us About Retaining Happy Employees," blog post on *Kintone* website, July 25, 2016, https://blog.kintone.com/business- with-heart/what-a-radical-japanese-tech-company-can-teach-us-about- keeping-employees-happy. 주 4일 근무에 관한 일본 노동성 통계자료는 다음에 서 인용했다. Masumi Koizumi, "Japanese Companies Warming Up—Slowly—to Four-Day Workweek," *Japan Times*, February 12, 2019, www.japantimes.co.jp/ news/2019/02/12/reference /japanese-companies-warming-slowly-four-day- workweek/#XXaVOZNKhEI. 이메일 사용에 관한 2017년 갤럽 조사 결과는 다음에 요약되어 있다. Frank Newport, "Email Outside of Working Hours Not a Burden to U.S. Workers," *Gallup*, May 10, 2017, https://news.gallup.com/poll/210074/

email-outside-working-hours-not-burden-workers.aspx. 에스벤 홀름보 방 (Esben Holmboe Bang)은 푸드온더에지 2017(Food on the Edge 2017)에서 지속가 능성을 주제로 강연했다. "Mere Expectation of Checking Work Email After Hours Harms Health of Workers and Families," *EurekAlert!/American Association for the Advancement of Science*, August 10, 2018, www.eurekalert.org/pub_releases/2018-08/vt-meo080618.php.

3장

영국 런던, 태너 스트리트
내가 이 책에서 인터뷰와 현장 경험을 토대로 더믹스가 겪은 경험을 설명했지만, 태시 워커와 더믹스 측도 주 4일 근무제를 실시한 경험을 다음에서 서술했다. Walker, "4 Days a Week," LinkedIn, July 26, 2018, www.linkedin.com/pulse/4-days-week-tash-walker/, and their 2019 report, *Four: What Is It Good For?*, http://themixlondon.com/fourdayweek.

첫 반응
케임브리지 대학교가 실시한 '고용 할당(The Employment Dosage)', 노동시간, 웰빙에 관한 프로젝트를 살펴보려면 다음을 참조하라. Daiga Kamerade et al., "A Shorter Working Week for Everyone: How Much Paid Work Is Needed for Mental Health and Well-Being?" *Social Science & Medicine*, June 18, 2019, https://doi.org/10.1016/j.socscimed.2019.06.006. 벤 셰리(Ben Shewry)는 아티카(Attica)에 주 4일 근무제를 도입한 배경을 다음과 같은 강연에서 설명했다. "No More Cock-Rock," at the 2018 MAD Symposium: Food on the Edge, www.madfeed.co/video/no-more-cock-rock-ben-shewry. 나타샤 질레조(Natasha Gillezeau)는 '번아웃 세대 (The Burnout Generation)'에 대해 썼다. *Australian Financial Review*, July 12, 2019, www.afr.com/work-and-careers /careers/the-price-of-burnout-culture-20190531-p51t68. 킨앤코의 기업 조사와 와린(Warin)의 의견은 다음에서 인용했다. Phillip Inman and Jasper Jolly, "Productivity Woes? Why Giving Staff an Extra Day Off Can Be the Answer," *Guardian*, November 17, 2018, www.theguardian.com/business/2018/nov/17/four-day-week-productivity-mcdonnell-labour-tuc, and https://wednesdayoff-ternoon.com/the-research/.

휴무 요일을 선택하는 방법
수면 부족이 판단과 의사결정에 미치는 영향에 관해서는 참고할 문헌이 많고, 내가 쓴 책에 정리해서 실었다. *Rest: Why You Get More Done When You Work Less* (Basic,

2016), 280 - 282. 법 집행 조직에 관한 윌리엄 디멘트(William Dement)의 언급은 다음에서 인용했다. Bryan Vila, *Tired Cops: The Importance of Managing Police Fatigue* (Washington, DC: Police Executive Research Forum, 2000), xiv. 유타주 정부가 주 4일 근무제를 실시하는 동안 달성한 에너지 절약과 탄소 절약에 관해서는 다음을 참조하라. Jenny Brundin, "Utah Finds Surprising Benefits in Four-Day Workweek," *NPR Morning Edition*, April 10, 2009, www.npr.org/templates/story/story. php?storyId=102938615, and Alex Williams, "To Fight Climate Change, Institute Three-Day Weekends," *Quartz*, October 10, 2016, https://qz.com/770758/how-three-day-weekends-can-help-save-the-world-and-us-too.

회사 소개 - AE해리스 러셀 루콕(Russell Luckock)은 다음에서 AE해리스(AE Harris)에 대해 언급했다. Graeme Brown, "Post Columnist Russell Luckock Looks Back on 60 Years of the Newspaper," *Birmingham Post*, September 17, 2014, www.business-live.co.uk/news/local-news/post-columnist-russell-luckock-looks-7839675, and Luckock, "Four-Day Week Has Triumphed," *Birmingham Post*, December 10, 2010, www.business-live.co.uk/business/russell-luckock-four-day-week-triumphed-3925111.

자유로운 금요일 소프트웨어 개발자들의 세계관을 살펴보려면 다음을 참조하라. Clive Thompson's *Coders: The Making of a New Tribe and the Remaking of the World* (New York: Penguin, 2019), and Ellen Ullman, *Close to the Machine: Technophilia and Its Discontents* (New York: Picador, 2012).

근무시간 단축제 vs. 유연근무제 유연근무와 그 도전에 관한 내 생각은 특히 다음 출처를 포함해 사회학자 정희중이 실시한 연구를 바탕으로 형성되었다. Heejung Chung, "'Women's Work Penalty' in Access to Flexible Working Arrangements Across Europe," *European Journal of Industrial Relations* 25, no. 1 (March 2019): 23 - 40, https://doi.org/10.1177/0959680117752829; "Gender, Flexibility Stigma, and the Perceived Negative Consequences of Flexible Working in the UK," *Social Indicators Research* (November 2018): 1 - 25, https://doi.org/10.1007/s11205-018-2036-7; Chung and Yvonne Lott, "Gender Discrepancies in the Outcomes of Schedule Control on Overtime Hours and Income in Germany," *European Sociological Review* 32, no. 6 (December 2016): 752 - 765, https://doi.org/10.1093/esr/jcw032; Chung and Mariska van der Horst, "Women's Employment Patterns After Childbirth and the Perceived Access to and Use of Flexitime and Teleworking," *Human Relations* 71, no. 1 (January 2018): 47 - 72, https://doi.org/10.1177/0018726717713828.

척도와 주요 성과지표

마틴 뱅크(Martin Banck)는 2015년 직장에서 누리는 행복에 관한 우후 국제회의 (Woohoo's International Conference on Happiness)에서 예테보리 소재 토요타센터가 실시하는 주 30시간 근무제를 주제로 강연했다. "Introducing a 30-Hour Work Week at Toyota Gothenburg," available online at https://youtu.be/aJUEXPP0Hao; see also Liz Alderman, "In Sweden, an Experiment Turns Shorter Workdays into Bigger Gains," *New York Times*, May 20, 2016, www.nytimes.com/2016/05/21/business/international/in-sweden-an-experiment-turns-shorter-workdays-into-bigger-gains.html.

FAQ, 시나리오, 비상 대책

SK그룹이 실시한 주 4일 근무제 실험을 살펴보려면 다음을 참조하라. Young-jin Oh, "4-Day Work Week in Korea: SK Starts with Hope, Doubt," *Korea Times*, May 21, 2019, www.koreatimes.co.kr/www/nation /2019/05/356_269248.html, and Jung Min-hee, "SK Group Introduces 4-day Workweek System," *Business Korea*, May 22, 2019, www.businesskorea.co.kr/news/articleView.html?idxno=32088. 주 4일제 근무에 관한 웰컴트러스트의 찬사는 다음에 자세히 실려 있다. Ed Whiting, "Investigating a Four Day Week—3 Things We Did, 3 Things We Learned," LinkedIn, April 25, 2019, www.linkedin.com/pulse/investigating-four-day-week-3-things-we-did-learned-ed-whiting.

4장

근무시간을 리디자인한다

근무시간을 단축하기 위해 1960년대 기울인 노력에 관해서는 다음을 참조한다. "Four-Day Week," CQ *Researcher*, August 11, 1971, https://library.cqpress.com/cqresearcher/document.php?id=cqresrre1971081100; Janice Neipert Hedges, "A Look at the Four-Day Workweek," *Monthly Labor Review* 94, no. 10 (October 1971): 33-37. 걸으며 실시하는 회의를 더욱 자세히 살펴보려면 다음을 참조하라. Pang, Rest, 94-97, 275-276. 조조(Zozo)에서 열리는 회의에 관해서는 다음을 참조하라. "Doubt the Obvious: Aiming to Introduce the Six-Hour Workday," Toyo Keizai, n.d., https://toyokeizai.net/articles/-/18028 (번역: 알렉산더 스토일렛Alexander Steullet). 룸봇(Roombot)에 관해서는 다음을 참조하라. video "O3 Roombot: Keeping Meetings on Schedule" at https://youtu.be /CdgjBYYKHRI.

쪼개진 시간을 통합한다 폴록(flocc)에 관해 살펴보려면 다음을 참조하라. Emily West's talk at SyncNorwich, "Lagom—Just the Right Amount (Of Work!)," at https://youtu. be/HY7gLFCzK3o. 서캐디안 리듬, 집중, 창의적인 사람들이 근무 일정에 적용해온 방식 의 관계를 살펴보려면 다음을 참조하라. Pang, *Rest*, 특히 53‒92. 안연주의 말은 다음에 서 인용했다. "Woowa Brothers: Elegant Goddesses," *Women Economy*, December 31, 2017, www.womaneconomy.kr/news/articleView.html?idxno=56240 (번역: 앤 젤라 킴). 개방형 사무실에서 내리는 판단에 관해서는 다음을 참조하라. Art Markman, "Your Open Office Is Causing Your Coworkers to Judge You More Harshly," *Fast Company*, January 24, 2019, www.fastcompany.com/90295000/your-open- off ice-is-causing-your-coworkers-to-judge-you-more-harshly. 빅포테이토 (Big Potato)의 근무 일정은 다음에 기술되어 있다. Hazel Sheffield, "Why Four-Day Working Weeks May Not Be the Utopia They Seem," *Wired*, September 16, 2019, www.wired.co.uk/article/four-day-work-week-analysis.

리디자인 기술

이메일과 주의산만에 관해서는 다음을 참조하라. Gloria J. Mark et al., "'A Pace Not Dictated by Electrons': An Empirical Study of Work Without Email" in *Proceedings of the SIGCHI Conference on Human Factors in Computing Systems* (New York: ACM, 2012).

회사 소개 – 파넬클라크: 클라우드 기반 회계 기업 윌 파넬(Will Farnell)이 2017년 5월 27일 인

터뷰에서 말한 파넬클라크의 업무를 살펴보려면 다음을 참조하라. "Will Farnell from Farnell Clarke Accountants Talks About Company Culture," at https://youtu.be/ m72uVR4ZDqc. 직장에서 형성하는 우정에 관해 실시한 2018년 갤럽 조사 내용을 살펴 보려면 다음을 참조하라. Annamarie Mann, "Why We Need Best Friends at Work," Gallup, January 15, 2018, www.gallup.com/workplace/236213/why-need-best- friends-work.aspx.

사교 활동을 리디자인한다

레네 레드제피(Rene Redzepi)는 레스토랑 직원들이 식사를 함께하는 관례를 언급했 다. "Culture of the Kitchen," MADfeed, August 19, 2015, www.madfeed.co/2015/ culture-of-the-kitchen-rene-redzepi/. 직장이 점심식사에 대해 어떤 태도를 보이 는지를 조사한 내용은 다음에 요약되어 있다. Joanna Hein and Weber Shandwick, "Tork Survey Reveals Lunch Break Impact on Workplace Engagement," Tork, May 16, 2018, www.torkusa.com/about/pressroom/tbtlb. 함께 식사하는 관례와 소 방관 사기를 살펴보려면 다음을 참조하라 Kevin M. Kniffin et al., "Eating Together at the Firehouse: How Workplace Commensality Relates to the Performance of Firefighters," *Human Performance* 28, no. 4 (2015): 281‒306, https://doi.org/10. 1080/08959285.2015.1021049.

직원에게 통제권을 준다

통제가 만족도를 높이는 사례와 이케아 효과를 살펴보려면 다음을 참조하라. Michael I. Norton et al., "The IKEA Effect: When Labor Leads to Love," *Journal of Consumer Psychology* 22, no. 3 (July 2012): 453–460, https://doi.org/10.1016/j.jcps.2011.08.002; Farah Mohammed, "Why We Pay to Do Stuff Ourselves," *JSTOR Daily*, August 16, 2019, https://daily.jstor.org/why-we-pay-to-do-stuff-ourselves; Craig Knight and S. Alexander Haslam, "The Relative Merits of Lean, Enriched, and Empowered Offices: An Experimental Examination of the Impact of Workspace Management Strategies on Well-Being and Productivity," *Journal of Experimental Psychology: Applied* 16, no. 2 (June 2010): 158–172, http://dx.doi.org/10.1037/a0019292; John J. Zentner, *The Art of Wing Leadership and Aircrew Morale in Combat*, CADRE Paper 11 (Maxwell Air Force Base, AL: Air University Press, 2001), https://media.defense.gov/2017/Nov/21/2001847044/-1/-1/0/CP_0011_ZENTNER_ART_OF_WING_LEADERSHIP.PDF.

5장

고객은 어떻게 반응할까?

바우만라이언스(Bauman Lyons) 소속 건축가들은 주 4일 근무제를 실시한 자신들의 경험을 서술했다. https://baumanlyonsarchitects.wordpress.com.

주 4일 근무제는 업무 성과를 향상시킨다

에스벤 홀름보 방이 푸드온더에지 2017에서 실시한 강연을 보려면 다음을 참조하라. https://youtu.be/m3jasqTAZcQ.

회사 소개 – 글레브: 주 30시간 근무제를 이용해 간호사의 이직률을 낮추고 간호의 질을 향상시키다 엘렌 다르덴느(Ellen D'Ardenne)의 말은 다음에서 인용했다. Tim Regan, "CCRC to Pay Full-Time for 30 Hours of Work for CNAs," *Senior Housing News*, March 30, 2018, https://seniorhousingnews.com/2018/03/30/ccrc-pay-full-time-30-hours-work-cnas; see also James M. Berklan, "Aid for Aides: 40 Hours' Pay for 30 Hours' Work," *McKnight's Long-Term Care News*, April 5, 2018, www.mcknights.com/daily-editors-notes/aid-for-aides-40-hours-pay-for-30-hours-work; Lois A. Bowers, "CCRC Tests 8-Hour Pay for 6-Hour Day," *McKnight's Senior Living*, April 3, 2018, www.mcknightsseniorliving.com/home/news/ccrc-tests-8-hour-pay-for-6-hour-day. 에밀리 텔랜더(Emilie Telander)의 말은 다음에서 인용했다. Maddy Savage, "What Really Happened When Swedes Tried Six-Hour

Days?" BBC News, February 8, 2017, www.bbc.com/news/business-38843341. 법률회사, 유연근무제, 유지에 관해서는 다음을 참조하라. Cynthia Thomas Calvert et al., *Reduced Hours, Full Success: Part-Time Partners in U.S. Law Firms* (The Project for Attorney Retention, 2009); Ivana Djak, "The Case for Not 'Accommodating' Women at Large Law Firms: De-Stigmatizing Flexible Work Programs," *Georgetown Journal of Legal Ethics* 28 (2015): 521–546.

주 4일 근무와 일하는 부모

유연근무와 경력 단절의 도전과 재정적 불이익에 관한 타임와이즈(Timewise) 조사는 다음에서 인용했다. "Two Thirds of Female Professionals Are Estimated to be Working Below Their Potential When They Return to Work from Career Breaks," PwC press release, November 14, 2016, pwc.blogs.com/press_room/2016/11/two-thirds-of-female-professionals-are-estimated-to-be-working-below-their-potential-when-they-retur.html; 2017년 KPMG 조사 내용은 다음에 요약되어 있다. "I Felt Like My Career Break Wiped Clean All of My Previous Achievements," Vodafone, March 8, 2018, www.vodafone.com/content/index/what/connected-she-can/i-felt-like-my-career-break-wiped-clean-all-of-my-previous-achievements.html. 영국의 일하는 여성에 관해서는 다음을 참조하라. Yong Jing Teow and Priya Ravidran, *Women Returners: The £ 1 Billion Career Break Penalty for Professional Women* (PwC, November 2016), www.pwc.co.uk/economic-services/women-returners/pwc-research-women-returners-nov-2016.pdf. 시간이 경과하며 발생하는 임금 차이를 살펴보려면 다음을 참조하라. Marianne Bertrand et al., "Dynamics of the Gender Gap for Young Professionals in the Financial and Corporate Sectors," *American Economic Journal: Applied Economics* 2, no. 3 (July 2010): 228–255, www.aeaweb. org/articles?id=10.1257/app.2.3.228; Henrik Kleven et al., "Children and Gender Inequality: Evidence from Denmark," *NBER Working Paper Series* 24219 (National Bureau of Economics, January 2018), www.nber.org/papers/w24219. 아르투로 페레즈(Arturo Perez)의 말은 다음에서 인용했다. Valerie Gauriat, "Sweden: Shorter Workdays, Happier and More Productive Staff?" *Euronews*, June 10, 2016, www.euronews.com/2016/10/06/sweden-shorter-workdays-happier-and-more-productive-staff.

주 4일 근무가 창의성을 북돋운다

루이서디자인(Reusser Design)이 실시한 주 4일 근무제를 살펴보려면 다음을 참조하라. Andy Welfle, "Why We Switched to a Four-Day Work Week," Reusser Design, February 25, 2013, https://reusserdesign.com/resources/articles/why-we-switched-to-a-4-day-work-week; Jeanne Sahadi, "The Four-Day Workweek

Is Real . . . for Employees at These Companies," CNN Money, April 27, 2015, https://money.cnn.com/2015/04/27/pf/4-day-work-week/. 크리스티안 레넬라 (Cristian Rennella)는 자신의 경험을 다음에서 서술했다. Rennella, "Why Our Startup Has No Bosses, No Office, and a Four-Day Work Week," *Quartz*, September 6, 2014, https://qz.com/260846/why-our-startup-has-no-bosses-no-off ice -and-a-four-day-work-week. 마리아 브라흐(Maria Braåh)의 말은 다음에서 인용했다. David Crouch, "Efficiency Up, Turnover Down: Sweden Experiments with Six-Hour Working Day," *Guardian*, September 17, 2015, www.theguardian. com/world/2015/sep/17/eff iciency-up-turnover-down-sweden-experiments-with-six-hour-working-day. 이언 테이트(Iain Tate)의 말은 다음에서 인용했다. Patrick Coffee, "W+K London Experiments with Forcing Employees Not to Overexert Themselves," *Adweek*, March 25, 2016, www.adweek.com/agencyspy/wk-london-experiments-with-forcing-employees-not-to-overexert-themselves/104813, and Tate, "Working Differently at W+K London," *Medium*, March 15, 2016, https://medium.com/@iaintait/thoughts-about-working-differently-at-w-k-london-802b09763ec5. 긴장이완, 디폴트 모드 네트워크, 창의성을 살펴보려면 다음을 참조하라. Pang, Rest, 33-50.

주 4일 근무제는 장기적인 행복과 직업 만족도를 높인다

호손 효과(Hawthorne Effect)의 고전적인 연구를 살펴보려면 다음을 참조하라. Richard Gillespie, *Manufacturing Knowledge: A History of the Hawthorne Experiments* (Cambridge, UK: Cambridge University Press, 1991). 근무시간 단축과 행복에 관한 스웨덴 연구를 살펴보려면 다음을 참조하라. Helena Schiller et al., "Total Workload and Recovery in Relation to Worktime Reduction: A Randomised Controlled Intervention Study with Time-Use Data," *Occupational and Environmental Medicine* 75 (2018): 218-226, https://oem.bmj.com/content/75/3/218.

주 4일 근무제는 더욱 나은 리더를 만든다

헨리크 스텐먼(Henrik Stenmann), 코칭, 진화에 관해서는 다음을 참조하라. Mathilde Fischer Thomsen, "Virksomhed har 4-dages Arbejdsuge: 'Vi Passer pa Vores Medarbejdere,'" TV 2 Lorry, February 10, 2017, www.tv2lorry.dk/artikel/virksomhed-har-f irdages-arbejdsuge-vi-passer-paa-vores-medarbejdere; "Her er Hemmeligheden Bag en4-dages Arbejdsuge," StepStone, February 21, 2017, www.stepstone.dk/virksomhed/videncenter/hr-og-rekruttering/her-er-hemmeligheden-bag-en-4-dages-arbejdsuge?lang=en. 리더십을 향한 기술직 노동자들의 불평에 관해서는 다음을 참조하라. "Tech Workers Say Poor Leadership Is Number One Cause for Burnout," Ladders, October 30, 2018, www.theladders.

com/career-advice/tech-workers-say-poor-leadership-is-number-one-cause-for-burnout; on entrepreneurs and coping, see M. A. Uy et al., "Joint Effects of Prior Start-Up Experience and Coping Strategies on Entrepreneurs' Psychological Well-Being," *Journal of Business Venturing* 28 (2013): 583 – 597, www.mawder.com/wp-content/uploads/2017/08/2013JBV.pdf.

6장

일본 하다노시, 쓰루마키키타

미야자키 토미오(Tomio Miyazaki)의 사례는 다음에서 인용했다. Kazuyo Nakamura, "The Kindest Cut: Inn Reduces Work Hours—Yet Staff Pay Rises 40%," *Straits Times*, June 16, 2018, www.straitstimes.com/asia/east-asia/the-kindest-cut-inn-reduces-work-hours-yet-staff-pay-rises-40. 영자 언론에 게재된 진야에 관한 다른 기사들은 다음과 같다. Daisuke Yamazaki, "Engineer Saves Ryokan and Totoro Tree," *Tokyo Business Daily*, February 3, 2015, https://toyokeizai.net/articles/-/58648; Michio Watanabe, "Time-Honored Japanese Inn Rebuilds Business Using Modern Technology," *Kyodo News*, December 9, 2017, https://english.kyodonews.net/news/2017/12/54607a19c365-feature-time-honored-japanese-inn-rebuilds-business-using-modern-technology.html; Kazuyo Nakamura, "IT, Four-Day Work Week Help Inn Cut Waste and Double Sales," *Asahi Shimbun*, February 2, 2018, www.asahi.com/ajw/articles/AJ201802020011.html.

건강과 행복 집중과 직원의 행복에 관해서는 다음을 참조하라. Ronald J. Burke et al., "Work Hours, Work Intensity, Satisfactions and Psychological Well-Being Among Turkish Manufacturing Managers," *Europe's Journal of Psychology* 5, no. 2 (2009): 12 – 30, https://ejop.psychopen.eu/index.php/ejop/article/view/264; Burke et al., "Work Motivations, Satisfaction and Well-Being Among Hotel Managers in China: Passion Versus Addiction," *Interdisciplinary Journal of Research in Business* 1, no. 1 (January 2011): 21 – 34, http://citeseerx.ist.psu.edu/viewdoc/download?doi=10.1.1.472.6646&rep=rep1&type=pdf; and Parbudyal Sin et al., "Recovery After Work Experiences, Employee Well-Being and Intent to Quit," *Personnel Review* 45, no. 2 (March 2016): 232 – 254, https://doi.org/10.1108/PR-07-2014-0154. 퍼페추얼가디언(Perpetual Guardian)이 실시한 주 4일 근무제 실험을 살펴보려면 다음을 참조하라. Jarrod Haar, *Overview of the Perpetual Guardian*

4-day (Paid 5) Work Trial (unpublished ms., June 6, 2018), https://static1. squarespace.com/static/5a93121d3917ee828d5f282b/t/5b4e4237352f53b0cc369 c8b/1531855416866/Final+Perpetual+Guardian+report_Professor+Jarrod+Haar_ July+2018.pdf. 창업자와 정신건강에 관해서는 다음을 참조하라. Michael Freeman et al., "The Prevalence and Co-occurrence of Psychiatric Conditions Among Entrepreneurs and Their Families," *Small Business Economics* (May 2018): 1–20, www.researchgate.net/publication/325089478_The_prevalence_and_co-occurrence_of_psychiatric_conditions_among_entrepreneurs_and_their_families; Paul Hokemeyer quoted in Marcel Muenster and Hokemeyer, "There Is a Mental Health Crisis in Entrepreneurship. Here's How to Tackle It," World Economic Forum, March 22, 2019, www.weforum.org/agenda/2019/03/how-to-tackle-the-mental-health-crisis-inentrepreneurship; Kristina Gunnarsson and Malin Josephson, "Entrepreneurs' Self-Reported Health, Social Life, and Strategies for Maintaining Good Health," *Journal of Occupational Health* 53, no. 3 (March 2011): 205–213, www.researchgate.net/publication/50596291_Entrepreneurs'_Self-reported_Health_Social_Life_and_Strategies_for_Maintaining_Good_Health.

고령화 사회와 노동력 여기서는 다음을 참조했다. Theodore Roszak, *Longevity Revolution: As Boomers Become Elders* (Berkeley Hills Books, 2001); Lynda Gratton and Andrew Scott, *The 100-Year Life: Living and Working in an Age of Longevity* (London: Bloomsbury Business, 2017). 파블로 카살스(Pablo Casals) 는 노화와 일에 관한 주장을 펼쳤다. Casals and Alfred E. Kahn, *Joys and Sorrows: Reflections* (New York: Simon and Schuster, 1970). 노화, 인지, 일에 관해서는 다음을 참조하라. Shinya Kajitani et al., "Use It Too Much and Lose It? The Effect of Working Hours on Cognitive Ability," Melbourne Institute Working Paper No. 7/16 (2016), https://melbourne institute.unimelb.edu.au/publications/working-papers/search/result?paper=2156560; Corinne Purtill, "A Stanford Researcher Says We Shouldn't Start Working Full Time Until Age 40," *Quartz at Work*, June 27, 2018, https://qz.com/work/1314988/stanford-psychologist-laura-carstensen-says-careers-should-be-mapped-for-longer-lifespans/. 잡 크래프팅을 살펴보려면 다음을 참조하라. Dorien Kooij et al., "Successful Aging at Work: The Role of Job Crafting," in *Aging Workers and the Employee-Employer Relationship* (New York: Springer, 2015), 145–161, www.researchgate.net/publication/283807994_Successful_Aging_at_Work_The_Role_of_Job_Crafting; K. A. S. Wickrama et al., "Is Working Later in Life Good or Bad for Health? An Investigation of Multiple Health Outcomes," *Journals of Gerontology, Series B: Psychological Sciences and*

참고
문헌

Social Sciences 68, no. 5 (September 2013): 807-815, https://doi.org/10.1093/geronb/gbt069.

교통과 통근 여기서는 다음을 참조했다. Gabriela Saldivia, "Stuck in Traffic? You're Not Alone. New Data Show American Commute Times Are Longer," *Here and Now*, September 20, 2018, www.npr.org/2018/09/20/650061560/stuck-in-traffic-youre-not-alone-new-data-show-american-commute-times-are-longer; Helen Flores, "Government Urged to Try 4-Day Work Week Amid Traffic," *Philippine Star*, August 20, 2018, www.philstar.com/headlines/2018/08/20/1844163/government-urged-try-4-day-work-week-amid-traffic; "4-Day Workweek Possible in BPO, Say Stakeholders," *Business Mirror*, September 25, 2018, https://businessmirror.com.ph/2018/09/25/4-day-workweek-possible-in-bpo-say-stakeholders/.

환경에 미치는 영향 여기서는 다음을 참조했다. Juliet Schor, "Sustainable Consumption and Worktime Reduction," Working Paper No. 0406, Johannes Kepler University of Linz, Department of Economics (2004), www.econstor.eu/bitstream/10419/73279/1/wp0406.pdf; Anders Hayden and John M. Shandra, "Hours of Work and the Ecological Footprint of Nations: An Exploratory Analysis," *Local Environment* 14, no. 6 (2009): 575-600, https://doi.org/10.1080/13549830902904185; Francois-Xavier Devetter and Sandrine Rousseau, "Working Hours and Sustainable Development," *Review of Social Economy* 69, no. 3 (2011): 333-355, https://doi.org/10.1080/00346764.2011.563507; Carlo Aall et al., "Leisure and Sustainable Development in Norway: Part of the Solution and the Problem," *Leisure Studies 30*, no. 4(2011): 453-476, https://doi.org/10.1080/02614367.2011.589863; Kyle W. Knight et al., "Could Working Less Reduce Pressures on the Environment? A Cross-National Panel Analysis of OECD Countries, 1970-2007," *Global Environmental Change* 23, no. 4 (August 2013): 691-700, https://doi.org/10.1016/j.gloenvcha.2013.02.017; Martin Pullinger, "Working Time Reduction Policy in a Sustainable Economy: Criteria and Options for Its Design," *Ecological Economics* 103 (July 2014): 11-19, https://doi.org/10.1016/j.ecolecon.2014.04.009; David Frayne, "Stepping Outside the Circle: The Ecological Promise of Shorter Working Hours," *Green Letters: Studies in Ecocriticism* 20, no. 2 (2016): 197-212, https://doi.org/10.1080/14688417.2016.1160793; Giorgos Kallis et al., "'Friday Off': Reducing Working Hours in Europe," *Sustainability* 5, no. 4 (April 2013): 1545-1567, www.researchgate.net/publication/273220828_Friday_off_Reducing_Working_Hours_

in_Europe; Qinglong Shao, "Effect of Working Time on Environmental Pressures: Empirical Evidence from EU-15, 1970-2010," *Chinese Journal of Population Resources and Environment* 13, no. 3 (2015): 231-239, https://doi.org/10.10 80/10042857.2015.1033803; Lewis C. King and Jeroen C. J. M. van den Bergh, "Worktime Reduction as a Solution to Climate Change: Five Scenarios Compared for the UK," *Ecological Economics* 132 (February 2017): 124-134, https://doi. org/10.1016/j.ecolecon.2016.10.011.

지역 개발 마추오카 유키(Yuki Matsuoka)의 말은 다음에서 인용했다. "FLATS by Kunisakitime," Alexicious, www.alexcious.com/brands/detail101.html; see also "Flexible Work Hours Can Be an Aid to Motivation," *Gulf News*, January 23, 2015, https://gulfnews.com/how-to/employment/f lexible-work-hours-can -be-an-aid-to-motivation-1.1445238.

기술 혁신 방사선의학과 수술에서 진행되는 자동화는 막대한 양의 문헌에서 주제로 다뤄 지고 있다. 최근 상황을 살펴보려면 다음을 참고하라. Ahmed Hosny et al., "Artificial Intelligence in Radiology," *Nature Reviews Cancer* 18 (August 2018): 500-510, www.ncbi.nlm.nih.gov/pmc/articles/PMC6268174; Brian S. Peters et al., "Review of Emerging Surgical Robotic Technology," *Surgical Endoscopy* 32, no. 4 (2018): 1636-1655, https://doi.org/10.1007/s00464-018-6079-2. 자동화, 로봇공학, 일의 미 래를 다룬 문헌의 양도 방대하다. Erik Brynjolfsson and Andrew McAfee, *The Second Machine Age: Work, Progress, and Prosperity in a Time of Brilliant Technologies* (New York: Norton, 2014) and Martin Ford, *Rise of the Robots: Technology and the Threat of a Jobless Future* (New York: Basic Books, 2015)은 주제를 이해하기 쉽게 소개했다.

운동의 확산

밥 바움하우어(Bob Baumhower)의 말은 다음에서 인용했다. "Alabama's Aloha Hospitality Launches 4-Day Workweek," *AL.com*, March 28, 2019, www.al.com/ press-releases/2018/10/alabamas_aloha_hospitality_lau.html. 노동조합과 주 4일 근무제의 옹호에 관해서는 다음을 참조하라. Guy Chazan, "Germany's Union Wins Right to 28-Hour Working Week and 43% Pay Rise," *Financial Times*, February 6, 2018, www.ft.com/content/e7f0490e-0b1c-11e8-8eb7-42f857ea9f09; Benjamin Kentish, "Give Workers Four-Day Week and More Pay, Unions Urge Businesses," *Independent*, September 9, 2018, www.independent.co.uk/news/uk/politics/ four-day-week-uk-technology-tuc-frances-ogrady-amazon-a8530386. html; Rebecca Wearn, "Unions Call for Four-Day Working Week," BBC News, September 10, 2018, www.bbc.com/news/business-45463868; Sonia Sodha,

"How to Make a Four-Day Week Reality," *Guardian*, October 26, 2018, www. theguardian.com/commentisfree/2018/oct/16/four-day-week-parents. 중국에 서 주 4일 근무제를 실시하자는 요구가 일어나고 있는 현상을 살펴보려면 다음을 참조하 라. Weida Li, "Four-Day Week Proposed in China as Free Time Decreases," *GB Times,* July 16, 2018, https://gbtimes.com/average-leisure-time-for-chinese- people-decreased-in-2017; Cheng Si, "Study: Leisure Life Adds to Happiness," *China Daily*, July 16, 2018, www.chinadaily.com.cn/a/201807/16/WS5b4b- f247a310796df4df68f7.html; Cao Zinan, "Four-Day Workweek by 2030 Called for in China," *China Daily*, July 16, 2018, www.chinadaily.com.cn/a/201807/16/ WS5b4c7373a310796df4df6b95.html; Richard Macauley, "China Wants a 4.5- Day Work Week—To Boost Its Economy," *Quartz*, December 8, 2015, https:// qz.com/568349/china-wants-a-4-5-day-work-week-to-boost-its-economy; "Is the Four-Day Workweek Proposal Feasible? The Proposal of a Four-Day Weekday Stirs Up a Lot of Debate," *Beijing Review*, August 2, 2018, www.bjre- view.com/Lifestyle/201807/t20180730_800136855.html; Alex Soojung-Kim Pang, "Why Companies Should Say Goodbye to the 996 Work Culture, and Hello to 4-Day Weeks," *South China Morning Post*, April 20, 2019, www.scmp.com/com- ment/insight-opinion/article/3006873/why-companies-should-say-goodbye- 996-work-culture-and-hello. 애나 로스의 이야기는 다음에서 인용했다. Kura Anton- ello, "Anna Ross: Founder & Director, Kester Black," The Cool Career, at www. thecoolcareer.com/anna-ross.